夏夜飞行　翟晨旭—主编

THE STORY
OF
CHINESE
WRITERS

中国作家群像

开明出版社

图书在版编目（CIP）数据

中国作家群像 / 夏夜飞行，翟晨旭主编． -- 北京：开明出版社，2025. 4. -- ISBN 978-7-5131-9488-4

Ⅰ．K825.6

中国国家版本馆 CIP 数据核字第 2024B03M48 号

责任编辑：卓玥

书　　名：	中国作家群像
主　　编：	夏夜飞行　翟晨旭
出　　版：	开明出版社（北京市海淀区西三环北路 25 号青政大厦 6 层）
印　　刷：	保定市中画美凯印刷有限公司
开　　本：	710mm×1000mm　1/16
成品尺寸：	170mm×240mm
印　　张：	21.25
字　　数：	340 千字
版　　次：	2025 年 4 月第 1 版
印　　次：	2025 年 4 月第 1 次印刷
定　　价：	78.00 元

印刷、装订质量问题，出版社负责调换。联系电话：（010）88817647

本书作者群像

夏夜飞行：1997年生，公众号"投稿指南"创办人，传播学硕士。

翟晨旭：1997年生，山东人，考古菜鸡，历史教师，不知名作家和撰稿人，公众号"投稿指南"主编。

洛栖：本名梁丹丹，00后在校大学生，爱好阅读、听音乐、睡觉。

折衡：籍贯江苏宿迁，媒体人。专注于人物与文史领域，作品见于《中国妇女报》《黄金时代》等报刊。

青野：1997年生，文学博士，现居南京，从事现当代文学研究与批评。

张九七：前传媒行业老兵，拳击艺术爱好者，现居成都。

丁眉月：曾经是稳重的、写小说的；现在是浮躁的、做电商的。

陈十六：女，1998年生，故乡为河北省雄安新区，硕士毕业后在政府机关工作，定居北京。

狸猫太太：前媒体人，现为品牌咨询顾问。当代社会文化人类学研究爱好者，热衷于观察物质生活、社会构造、心灵反应的变迁史。

笑风生：媒体人，新闻学硕士，现居广州。

元气邓：主业HR，白天搬砖，晚上码字，希望用文字点亮生活，治愈自己，也陪伴你。

雷隐隐：自由撰稿人，专注人物写作，在写作中感受成长。

晓溪：本名邓晓，小学教育专业毕业，现任幼儿园教师，爱好阅读和书法。

陈仁铭：淄博人氏，国企员工，职业人力资源，热爱以写作对话世界，在文字中以独特视角探索世界。

目录
CONTENTS

主编说 I

数星星 I
一个问题与三个答案 V

第一章 土地、创意，他们曾成为先锋 001

莫言：不只是诺贝尔文学奖 002
余华：人生就是出趟远门 009
史铁生：命若琴弦 018
刘慈欣：《三体》爆火后 027
贾平凹：一脚踹破这潼关 034
迟子建：谁能代表东北文学 040
金宇澄：《繁花》背后 049
苏童：大红灯笼高高挂 057
王安忆：我不是一个原地踏步的人 066
孙甘露：重回文坛之巅 075

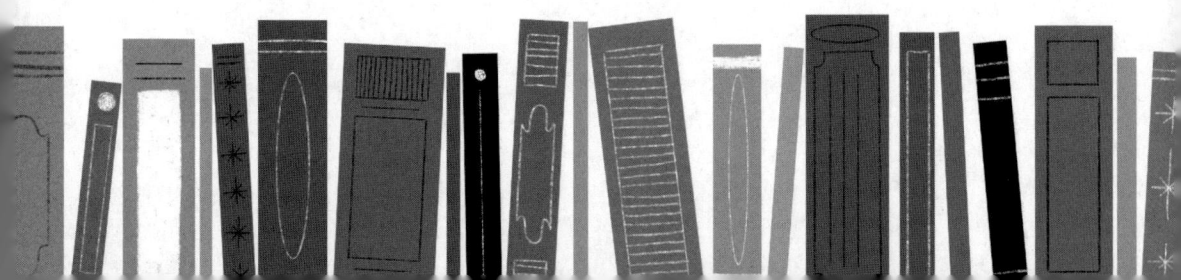

第二章　认知、思考，他们曾发出声音 ······ 083

易中天：道路曲折我走不完 ······ 084
蒋勋：蜗居陋室 ······ 092
余秋雨：人生转过几次身 ······ 098
残雪：人生何必诺奖 ······ 105

第三章　世界、是非，他们曾云淡风轻 ······ 111

刘震云：一句顶一万句 ······ 112
许知远：挨骂最多的文艺青年 ······ 121
当年明月：成名始末 ······ 130
张嘉佳：走，吃饭喝酒去 ······ 140
杨红樱：塑造一代人的童年 ······ 149
郑渊洁：退出作协 ······ 156

第四章　诗歌、腔调，他们曾吟诵人生 ······ 163

叶嘉莹：悠悠百年，赤子诗心 ······ 164
陈年喜：炸开那座山 ······ 172
汪国真：人民说你是诗人 ······ 183

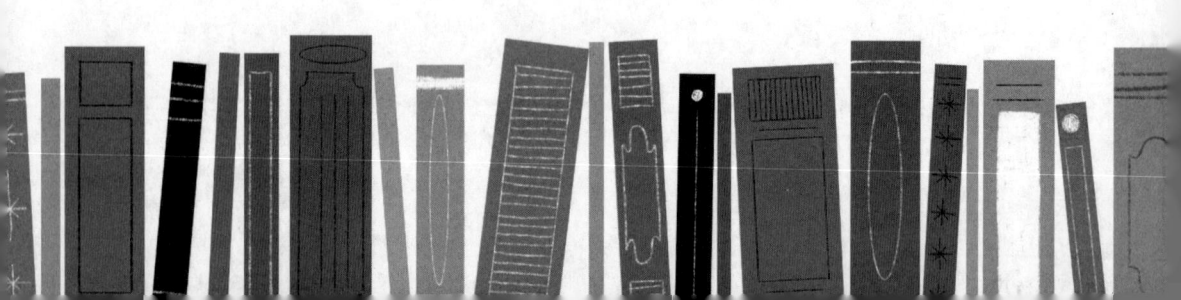

第五章　虚构、想象，他们曾缔造传奇 — 191

金庸：谁都有一片江湖 — 192
唐家三少：网文之王 — 201
南派三叔：他还是回来了 — 208
江南：逐渐"老贼" — 214
马伯庸：小人物最擅长刻画小人物 — 221

第六章　年少、敢为，他们曾开辟阵地 — 231

郭敬明：谁能缔造青春文学 — 232
韩寒：我所理解的生活 — 241
刘同：不是"文艺青年" — 249
大冰：江湖再见 — 257
笛安：打破标签 — 267
双雪涛：砸掉铁饭碗之后 — 275
李娟：天生的作家 — 283
安妮宝贝：一个旅人走到新的边界 — 291

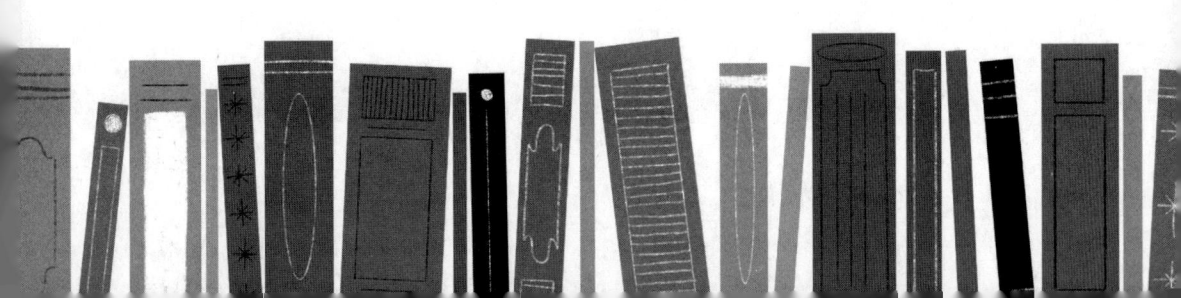

第七章　风花、雪月，他们曾书写爱情······299

亦舒：我在感情上浪费太多时间了······300
八月长安：青春是座巨大的乌托邦······307
蒋胜男：出圈背后，藏着六亿女性的痛······316

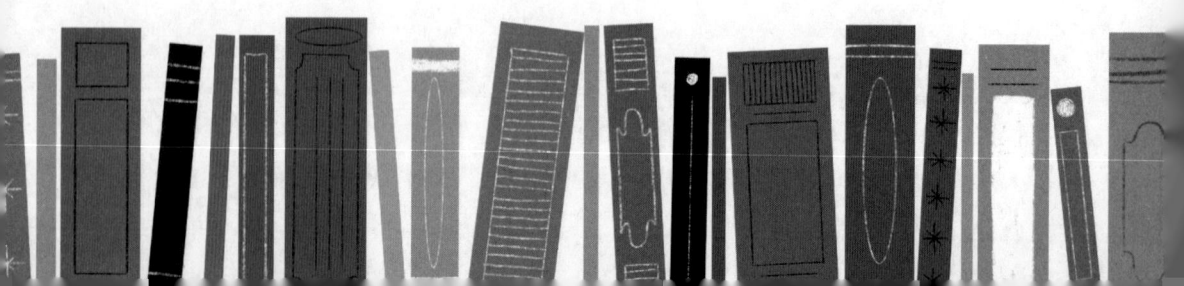

主编说

数星星

留在北京，远要比留在南方城市承受更多的东西。比如冷不丁一次电击，来自金属质地的门把手或者水龙头，那种毫无准备、瞬间迸发出来的痛感，很多次都让我疑惑那到底是静电还是漏电。

这是我在北京提防静电的第三年。按照最初的打算，读研结束后，我是一定要回到南方去的……但，现在我已经在这里工作六个月了。

毕业前夕，凭着公众号"投稿指南"的运营经验和栏目策划经验，我在朝阳一家线上书店找到一份兼任内容运营和编导的工作。本来我设想"干票大的"就走，深藏身与名，没想到两个月才入门，再两个月才渐入佳境。至于现在还没走，大概是因为我入职时在微博上偷偷写下的那句"要成为一个卖书很牛的人"的誓言还没实现。

"投稿指南"这个公众号始自六年前。

2018年夏天，大二进入尾声，一堂新闻传播学专业实践课后，我正式踏上了公众号"投稿指南"的运营之路。

如名称所示，"投稿指南"最开始的定位就是：一个为写作爱好者提供各种征文投稿渠道信息的资讯账号。尽管一开始什么都不懂，但是有样学样，一年时间，我一个人居然也把它做到了近十万粉丝。那时候，公众号的红利期已几近到头，但它仍然给我带来了远超一份普通工作的回报。

当时，类似方向的账号不少，但内容大都低质又敷衍。为了做出差异化，且真正为热爱写作的粉丝朋友们提供一些有价值的东西，我决定顺着"一个写作者的聚居地"的定位，给账号做一次升级。于是在这一年，"投稿指南"组起了第一个线上小团队，青野、小慧儿和我。

在她俩的加持下，我之前的很多天马行空、无从下手的选题设想终于得以落地。比如我们第一个栏目"写手说"，以"寻找我们身体里重叠的部分"为口号，在账号上单独辟出一个板块，让写作者来讲述他们自己的写作故事，以启发写作路上的"后来者"。当时，不少相对成熟的写作者在这里撰文分享了他们的写作初体验：投稿故事、被拒稿经历、第一笔稿费抑或某一刻的文学启蒙……早期的投稿者中，不乏一些已有一定数量粉丝的公众号号主和知乎博主。

此后，沿着逐渐清晰的账号定位，更多有趣且独特的栏目得以延伸，比如定位是"中国文学杂志小传"的"闲话杂志"；比如由翟哥主笔的回溯中国网络文学二十年发展变迁的"网文20年"等一系列围绕写作者的诉求与期待的栏目。它们都曾在一段时间里成为账号的主线内容，持续为读者带来有益、新颖、丰富的阅读体验。

只不过，伴随着这些内容试验与创新的，还有公众号的式微、小团队的解散以及账号偶尔入不敷出的窘境。即便在几年时间里，"投稿指南"的关注者已达到五十多万，但账号仍没能找到一个长效的商业模式。这些就不一一赘述了。

前面之所以着重提及"写手说"这个栏目，是因为这本书成书之前的很多内容都发轫于此。前后的区别是：叙事主体从他们变成了我们，人物对象从"写作圈的无名之辈"变成了"中国现当代作家"。这些转变正是在具体运营中一次次完善、一层层迭代、一点点明晰出来的，最终形成"作家野史"栏目，即《中国作家群像》一书的母本。

《人物》杂志成立之初，曾用"以人为镜可知得失"作为办刊理念，其意是以时代之下的人物为一面镜子，鉴证他人，映照自身。在很长一段时间里，我们也试图把"作家野史"打造成一面"写作者的镜子"。尽管在专业性和成本投入上有着不小的差距，让这一理念的贯彻看上去更像是一场并不高明的东施效颦，但我们那份原始的期许贯穿始终。

一个作家为何开始写作？早年时经历过什么？成名后又面临何种选择？朋友圈子是怎样的？与之相关的人生大事或是鸡毛蒜皮有哪些？……或许不止是我，也是许多尚未踏入文学门槛的初学者、入门者的"窥私心"痒痒作祟，想要知晓的东西。

不止"窥私心"。当我们把视野拨向中国现当代文学的整片天空，将作家们个人的故事解构后重新串联起来，以"写作者"关切的视角，复刻出一张张鲜活真实的作家侧脸时，那些曾经景仰、熟悉或陌生的文学群星已不再是一个个符号，或者一张张生硬的脸谱，而是紧握"一支笔"便能触达的、平行时空的自己。

当然，跳出"写作者"自身的想象，我想这个栏目或者这本书的存在还承载着另一重期待，即在新的传播语境下，利用轻量化的表达形式，消弭横卧在严肃文学与普罗大众之间的鸿沟，为文学传播和普及贡献一点自己的声音。

但愿这层期待不会落空。

这本书的初稿，是从"投稿指南"公众号五百余篇、二百余万字的稿件中甄选而来。在此我要向公众号的全体作者致以最真挚的感谢，尤其是本书选用的数位作者，在这里就不一一点名了，正文中会出现他们的名字。

其中我要着重感谢翟哥，在此书的出版过程中，"对付"编辑、筛选稿件、磋商合同等琐碎的大小事宜均由他代理完成。尤其是当我参加工作后，很长一段时间里，他既是账号主编又是主笔，费力颇多。这份感谢将会在之后换算成数顿酒，一一表示。

前文提到的青野、小慧儿，两位蒙古族姑娘，这条路上最初的两位同行者，这里我也要单独向她们致谢。

同时感谢W，这一切很多东西因你而起。

本书的出版，由何川女士牵头实现，特别感谢她对"投稿指南"的关注和青睐。

其实在很长一段时间里，我所做的这一切，都不太能够被人认可或者理解，很多老师、好友或是家人大多只知道我有一份副业，但并无关于这份副业的更多交流。其中当然有我自己的很多原因，比如功底太浅、视野局促，让很多构想无法以一个更好更直观的姿态呈现。但不被认可终究是一件遗憾的事情。

另外，书中如有纰漏之处，还请各位读者批评指正，权当是一个文学爱好者一次不太成熟的表演。

最后回溯自己的这段经历，大概可以这样写：

小镇少年的某次阅读触动，催生出一个畸形、幼稚的文学梦。长大后接受现实，它又变成一门并不轻巧的营生。种种机缘下，这个梦想以另一种方式延续下来。而后一个平台、一群人、一本书，这条路被不断延长。

提起自己做过的梦，他总是想起更小时候的自己，在夏夜里，躺在如今一堆残砖碎瓦的老屋天台的凉席上，看着盈天繁星，掰着指头，幻想一一数尽。

——"投稿指南"主理人、本书主编

夏夜飞行

2024 年 10 月写于北京

一个问题与三个答案

"我们写的这些东西真的有价值吗？"

大概在2024年的3月，夏夜飞行在和我喝酒的时候问了这样一个问题。

对于这个问题，我惴惴不安，且一直没有给出一个肯定的答案。

那天我们喝了很多酒，我第二天还要去参加研究生的复试，现在想想也是很荒唐。

回到宾馆我睡不着，翻来覆去地想夏夜的那个问题。

在写这篇序的时候，我大概可以试着回答一下了，尽管答案可能并不完美。

01 第一个答案

我是在2021年和夏夜认识的，当时"投稿指南"刚刚开始做"作家野史"这个栏目，我们这些写手会去搜集人物选题，写短篇传记，然后获得阅读量的反馈。

关于"投稿指南"公众号的发展史，夏夜有他自己的回顾，而这里我想谈的是另一个问题：在"选题—搜集素材—创作—获得反馈"的过程中，我们到底在做一个什么样的工作？

我将之定义为"重现或者描绘一个时代的文学记忆"。

文学评价是一个很有玄学色彩的事情，对于一个作家的评价更是如此。一个作家，在百度百科和他的文学作品中会自然地产生一些评价，但这些评价到底是不是公众眼里的他，是大相径庭还是不止如此，都是未知的。更有趣的是，这些内容都会随着时代的变化更迭。一个曾经万众瞩目的作家，会因为晚年的某一件事"塌房";而一个名不见经传的作家,他的名字也许不曾出现在作家富豪榜上,却可能在文学史上留下名字。

当我们试图把一个作家的生平说清楚的时候,会需要一个搜集资料的过程。读了许多资料后,怎么选择、怎么甄别、怎么创作,在道德和基础事实的底线上,创作是一个完全主观的过程。当文章写完,这个作家的名字出现在推送栏目中的时候,读者们会用阅读量以及评论给一个反馈,这当然又是一个纯粹主观的过程,但当所有这些主观凑在一起的时候,就会形成一个社会层面的现象反馈。

说成大白话就是,在我们创作这些内容的过程中,无论这个作品本身成色如何,至少这么多人写过、读过、评论过,从社会学角度说,这至少是一个关于现当代文学基数很大且翔实的社会调查。

如果你是一个对文学史或者社会科学有所兴趣的人,又怎么能不为这样的工作感到欣喜呢?

像历史学家引入一个"集体记忆"的概念,我们在试图刻画这样的内容:我们要回答改革开放以来或者千禧年后人们对于文学作家的印象是什么样的。这就是我对夏夜那个问题的第一个答案。

02 第二个答案

我并不对我们的所有作品都感到满意,甚至觉得对大多数作品都不甚太好。但很荣幸,何川女士联系了我们,并建议我们可以选择公众号里的一部分文章结集出版,做成一个类似"作家群像"的内容,这个策划案最终也获得了开明出版社的支持。

于是第二个问题如影随形,经过几年的连载,我们"作家野史"栏目里至少有上百篇作品,有些作家甚至由不同作者写了多篇。但出书意味着必须有所取舍,因为我们的目的不是做一本学术作品,而是老少咸宜的通俗文本。所以选谁、不选谁,选用哪一篇,成了一个难题。

我们发生了比较激烈的争论,在我和何川之间是这样,但到了我和夏夜之间,这个形容词或许换成"争吵"更恰当些。

但无论怎样,我们都无法完全说服对方。一千个读者中尚且有一千个林黛玉摆在那里,每个人记忆中的现当代文学又岂能一样。

洪子诚、王尧等这些大先生们，当然可以站在一个高度，像排列"鲁郭茅巴老曹"一样，排出一个当代文学史的框架。他们可以游刃有余地按照文学技法和文学影响力，创造一个相对被公认的文学史。

但我们做不到。我们只能靠着草根的视角以及曾经的时代记忆，去描述我们心中那些璀璨的名字。

最后，我和夏夜打了一个很长的电话。我们一个名字一个名字地过，结合手头已有的稿子，最后敲定的原则是：不要讨论这个人为什么没有，而是要讨论在我们有限的能力内，哪个能在。在这个基础上，按照我们划分的几个主题，尽量去平衡。

现在想一下，这个事情真的很疯狂，两个年轻人，没有什么专业背景，就这样"青梅煮酒论英雄"一样，把中国当代一大批作家放到了目录里面，用几千字做一个介绍，然后形成一个集子，变成书放在书店里，确实是很狂妄，但我们还是做了。

归根结底，我们不是在做一本所谓"文学史"这样的东西，而是让人茶余饭后，拿起书来，耳边闪过一些作家的名字，并能在这本书的目录里找到他们的名字，就已经很满足了。

我们两个并没有太多文章放到这本书里，但这个挑选的过程，实际上也已经把我和夏夜的文学记忆赋予了其中，如果能有一本书，在我们几十年后回首的时候，为同龄人留一个文学性质的记忆坐标，也算不枉辛苦了这几年吧。

一个草根的视角，一些社会上耳熟能详的作家，一份关于千禧年后时代的文学记忆。

这算是对夏夜那个问题的第二个答案。

03 第三个答案

最后一个答案，其实是我想对自己说的。

不管上面说得如何冠冕堂皇，归根结底，文学史的构建，放到个人身上，还是一个纯粹主观的过程。一个时代的人，会读哪些书，会对哪些文学印象深刻，统计学会给一个答案，但这不一定是每个人心中的答案。

我在上高中的时候，有过几年极其荒唐的阅读岁月。我几乎不听任何课，每天早上去学校边上的书店里买一本经典小说或者言情文学，在学校里用一天或者两天的时间读完。每天下午五点五十五分结束最后一节课，我会以最快的速度冲下楼，骑上车子飞奔到最近的网吧，以最快的速度打开闪烁着广告的各类盗版网站去读网络小说，为此常常逃掉晚自习。

高中三年，我能留下的印象，其实就是从莫言到川端康成再到唐家三少等人的文学作品如流水般在脑海中闪过，可以毫不讳言，他们都是我的老师。

那些近乎疯狂的阅读时光，支撑着我走到现在，并持续探索着思考和写作的乐趣，伴随着十八岁的天空，恒久地留在某个维度里。

现在想想，在不到十八岁的年纪上，教室里坐着我喜欢的姑娘，课桌里有我喜欢读的书，这个世界真是太美好了。

我想我绝对不是一个人，绝不只是我曾过着这样的日子。每个曾被文学滋养的少年，都有一段自己成长经历中的"文学史"。而我只是他们之中的一个，碰巧真的做出一本书来罢了。

我的老乡魏思孝曾经写过一本书，叫《都是人民群众》。我没有看过这本书，但我很喜欢这个书名，有一点小小的痞气和江湖气。有时候文学就是这样的东西，未必是人民群众写的，但最后就是人民群众来读，形成了另外一种社会记忆，最终长久地流传下来。

传来传去，其实就是文学本身就是人民群众的镜子，照着过去和现在的自己。

以上种种，权且为序。

主编 翟晨旭
2024 年 10 月写于北京师范大学

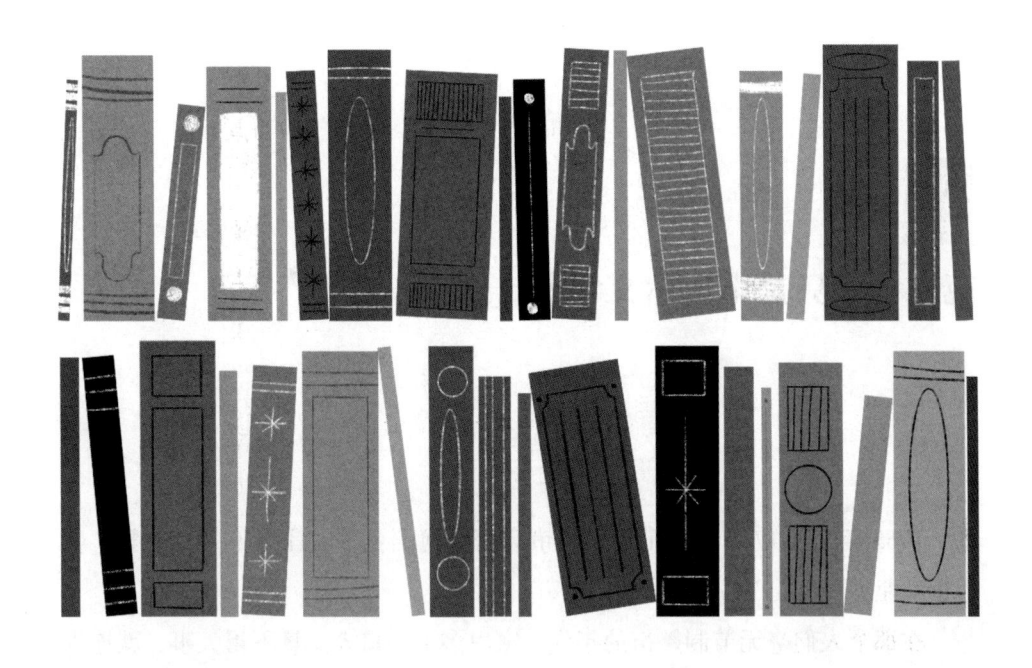

第一章　土地、创意，他们曾成为先锋

莫言：不只是诺贝尔文学奖 / 青野

余华：人生就是出趟远门 / 洛栖

史铁生：命若琴弦 / 张九七

刘慈欣：《三体》爆火后 / 张九七

贾平凹：一脚踹破这潼关 / 翟晨旭

迟子建：谁能代表东北文学 / 笑风生

金宇澄：《繁花》背后 / 狸猫太太

苏童：大红灯笼高高挂 / 笑风生

王安忆：我不是一个原地踏步的人 / 青野

孙甘露：重回文坛之巅 / 青野

莫言：不只是诺贝尔文学奖

青野

1955年2月17日，山东省潍坊市高密县河涯乡平安庄诞下一名男婴，名为管谟业。

在那个人们毫无节制繁衍的年代，家里多了一口人，算不得大事，就连管谟业的母亲也没能记住他出生的具体时辰。

当时的村人怎么也不会想到，那个虎头虎脑的管家老三会摇身一变成为诺贝尔文学奖获得者"莫言"，走出高密、面向世界。

而生养他的平安庄也会在现实之外的文学天地重新捡起它在民国时期的旧名——高密东北乡，就此闻名天下、游人如织。

01 走出高密

莫言的母亲是一个身体孱弱、疾病缠身的乡下小脚女人，十五岁那年嫁给莫言的父亲之后生过许多孩子，但是活下来的只有四个，莫言排行老三。

莫言出生后不久，便遭遇了三年极端困难时期，吃不饱是大多数中国老百姓的常态。

小学五年级，莫言因言论不当和出身问题被赶出了学校。被剥夺了读书权利的莫言就此开始了独自一人在荒原放牛放羊的生活。

同龄人在校园里欢闹嬉戏的时候，莫言只能跟动物和植物说说话，所以他关于童年的记忆始终围绕着两个关键词，一是饥饿，二是孤独。这两点也在某种程度上构成了他日后创作的源泉。

1973年，莫言十八岁，在五叔的介绍下，他进入了县第五棉油加工厂工作，成了一名农民合同工。也是在这里，莫言结识了同样只有小学文化水平的妻子杜勤兰。

但莫言并不想当一辈子的工人，和那个时代的大多数青年一样，他梦想着光荣的部队生活。

1976年，先前多次申请被拒绝的莫言终于收到了那份沉甸甸的入伍通知书。入伍之前，村里的一个复员老兵找到莫言，交代他入伍后要写一封决心书，交给新兵连首长，如果写得好日后就能当文书或者警卫员。

莫言照做了。果然，团里举行新战友欢迎大会之际，他被选作了新兵代表。后面还因为他在日常生活中表现不错，被安排到部队业余学校担任教员。

作为在一个穷苦家庭中艰难长大的孩子，莫言对人生没有什么浮华烂漫的幻想，只有种种具体且切实的现实考量，进工厂是为了谋生，参军是为了能有个好前途，写作也是为了能够改变自己的命运。

在莫言参军时，部队规定：如果有士兵能在报刊发表文章就可以记功，刊物等级越高，相应的奖励表彰自然也会越高。当时的文坛随之涌现了一批军旅作家。

小学都没毕业的莫言心动了。虽然早早辍学，但莫言自小对阅读有着浓厚的兴趣，小时候还因为没有书读，看完了一整本《新华字典》，几乎倒背如流。

不过，写作到底不是一件容易的事。1978年，莫言开始尝试小说创作，但投出去的稿件总是石沉大海，杳无音信。

直到1981年秋，莫言才在河北保定的一家叫作《莲池》的刊物上发表了自己的第一篇小说《春夜雨霏霏》，也是从这篇小说开始"莫言"这一笔名被正式启用，接着又发表了第二篇《丑兵》。

这两篇小说的发表让莫言得到了单位领导的重视。1982年夏，二十七岁的莫言被破格提拔为正排职教员，随后被调到北京延庆某部队机关工作。

虽然人到了北京，但莫言后续创作的小说还是按照过去的路子投给了《莲池》。1983年第5期《莲池》发表了莫言的小说《民间音乐》。

幸运的是，老作家孙犁在机缘巧合之下读到了这篇小说，并且在一篇评论文章中赞扬了它几句，这对当时寂寂无闻的莫言来说，实属莫大的光荣。

正是得益于这篇小说，莫言在 1984 年被解放军艺术学院文学系录取，当初的放牛娃不仅实现了上大学的梦想，也开始走上了专业作家的道路。

02 走红之后

莫言认为自己的成名作是《透明的红萝卜》。

创作这篇小说时，莫言二十八岁，此前他已经进行了四五年的写作，陆陆续续发表了十几篇中短篇小说，但总体反响平平。直到《透明的红萝卜》于 1985 年在《中国作家》第二期发表，莫言才开始获得学界的关注和赞誉。

这篇小说以一个顶着大脑袋的黑孩为主人公，展现一个特殊儿童的心灵世界和特定时期乡村社会的生活形态，在叙事方式上已经显露出独特的莫言风格。

1987 年张艺谋导演的影片《红高粱》问世，先后斩获了第八届中国电影金鸡奖最佳故事片奖、第十一届大众电影百花奖最佳故事片奖等多项国内外奖项。而这部电影的版权正是 1986 年张艺谋花了一千六百元，从当时还在军艺进修班上课的莫言手中买来的。

某种意义上，莫言成就了张艺谋，正是《红高粱》让张艺谋成为第五代导演的领军人物，也让中国电影开始走向国际舞台。

另一方面，张艺谋也成就了莫言。作为小说影视化的成功案例，《红高粱》原著作者莫言借助电影的爆火进一步被大众所熟知，拓宽了自己的市场版图。

从《透明的红萝卜》开始，莫言的写作之路稳中有进，鲜少有挞伐之声，直到 1995 年的惊世之作《丰乳肥臀》的发表，把他推向了风口浪尖。

《丰乳肥臀》是莫言"献给母亲在天之灵"的五十万字长篇巨著。

这部小说中，莫言塑造了一位地母式的母亲形象。她生养的众多女儿所构成的庞大家族被卷入从抗日战争至新中国改革开放的历史洪流当中。整个小说涉及百年历史，笔法汪洋恣肆，被李锐称之为"百年中国的大传奇"。

然而，当时对《丰乳肥臀》的评价出现了严重的两极化。

一方面，这部作品得到汪曾祺、刘震云、苏童等知名作家的赞赏，斩获了第一届大家文学奖，将当时国内文学奖的最高奖金十万元收入囊中；另一方面，这部作品也如平地一声惊雷，在文学界引发巨大争议。当时担任云南作协的领导彭荆风怒斥"莫言的《丰乳肥臀》是肮脏的文学垃圾,是因为在几名不负责任的'名家'吹捧下获得《大家》的十万元大奖"。

批判的矛头指向了《丰乳肥臀》的"表"与"里"。所谓"表"即小说的书名,从中国谈性色变的传统观念来看,"丰乳肥臀"这一书名堪称惊世骇俗。当时很多人认为莫言之所以取这一下流书名,不过是为了哗众取宠,想卖书想疯了。

其实对于这个书名,莫言最开始也有顾虑,他在写作过程中想姑且先叫这个名字,等后面写完有合适的再修改。

但是等到整本书完稿之后,莫言发现,书名还真是非这四个字不可,换成其他的都不对。因此,在出版社动员他进行修改的时候,他断然拒绝,并表示:不改,不发表拉倒。

在莫言看来,"丰乳肥臀"四个字构成了整本书内容主旨的象征。"丰乳"对应的是小说前半部分对母亲不断繁衍后代的顽强生命力和伟大无私的母爱的歌颂,而"肥臀"隐含的反讽意味对应的则是小说后半部分对 20 世纪 80 年代以后商品化社会的批判。

莫言相信读者在读完整本小说之后,自能体会到这一书名的精妙与切题之处。只可惜,很多人连读都没有读,就被书名惊吓或激怒了。

再说这部小说的"里"。多年后的莫言依然能够清晰地回忆起《丰乳肥臀》在当时背负的几大罪状:混淆了两党的区别,不讲阶级斗争,历史唯心主义倾向,黄色描写等。

其实也不难理解,莫言的作品与 20 世纪 50 年代至 70 年代红色文学的叙述方式已然大相径庭,自然会引发当时一些老干部的生理不适。

比如刘白羽就曾怒斥:"世风如此,江河日下,我们浴血奋斗创造了一个伟大的国家,竟然养了这些蛀虫,令人悲愤。"

对还是军队作家的莫言来说,那些来自组织内部的批判在当时构成了"不可辩解的批判"。莫言所在部队和单位的领导不仅要求他写检讨,还要求他主动转业离开部队。

就这样,《丰乳肥臀》之后,莫言脱下了军装,结束了自己整整二十一年的军旅生涯。

03 诺奖登顶

2012年10月11日北京时间下午7点，诺贝尔文学奖评委会宣布本年度文学奖授予中国作家莫言。

诺贝尔文学奖是世界上最具影响力的文学奖项，中国文艺界对诺奖的热望由来已久，因此当莫言成为首位中国籍诺贝尔文学奖获得者之后，国内外对他的关注度呈现了指数级的增长。

不仅莫言本人忙于参加各种活动，以至于没有时间完整地读一本书，而且"莫言"也成为一个文化符号，莫言文化馆、莫言传记等应运而生，就连莫言在山东高密的老家也成了炙手可热的旅游打卡景点。

然而有阳光的地方必然会出现阴影，与文化圈声势浩大的"莫言热"相对，一些尖锐的批判声也随之而来。舆论场中针对莫言的种种负面评议其声音之响亮、内容之复杂、角度之刁钻并不亚于学术界热情高涨的莫言研究。

就在2012年莫言获奖后不久，东华理工大学两位副教授编写了《莫言批判》一书，收录了四十余位文学评论家及大学教授对莫言的批判文章。

其中列举了莫言醉心性描写、热衷写酷刑血腥、沉迷于丑恶事物、放逐道德评判、漠视女性尊严、语言欠缺修炼、叙事不知分寸、写作限于重复等九大"罪状"。

古川、北风、夏业良等十五人也发表了《中国民间人士反对莫言被授予2012年度诺贝尔文学奖——致瑞典文学院诺贝尔文学奖委员会的公开信》，对莫言获奖表示抗议，并要求取消莫言的诺奖资格。

这些负面的声音不谋而合地指向了四个字——莫言不配。

常言道，文无第一，武无第二。出于个人阅读喜好、文学趣味、批评视角的不同，对莫言的作品顶礼膜拜或者嗤之以鼻都是再正常不过的事情。

同样是圈内同行，拿过诺贝尔文学奖的大江健三郎就认为莫言是当今最有资格获得诺贝尔文学奖的亚洲作家。余华也曾十分犀利地说过，获得茅盾文学奖的百分之九十的文学作品都不如莫言最差的作品。但在刘震云看来，莫言并不超群，他能获奖，表明中国至少有十个人也可以获奖。

不管是蹭热度哗众取宠也好，还是借批判莫言呼唤批评自由也好，这些认为莫言写得不好的批评措辞再激烈，也不过是文学领域内的一家之言，难以盖棺定论。

赞扬也好，批驳也罢。和舆论场的持续喧闹相对，莫言本人对外界的种种言论都保持低调和沉默。在一次演讲中，莫言如此说道：

"我获得诺贝尔文学奖后，引发了一些争议。起初，我还以为大家争议的对象是我，渐渐地，我感到这个被争议的对象，是一个与我毫不相关的人。我如同一个看戏人，看着众人的表演。我看到那个得奖人身上落满了花朵，也被掷上了石块、泼上了污水。我生怕他被打垮，但他微笑着从花朵和石块中钻出来，擦干净身上的脏水，坦然地站在一边，对着众人说：'对一个作家来说，最好的说话方式是写作。我该说的话都写进了我的作品里。用嘴说出的话随风而散，用笔写出的话永不磨灭。'"[①]

在莫言幼年时，他的母亲教育他，人要忍受苦难，不屈不挠地活下去。而他的父亲和爷爷又教育他，人要有尊严地活着。

从昔日的放牛娃到后来的诺奖获得者，莫言这一生所走的绝非一条顺遂之路，而他似乎也在坎坷和起伏中淬炼出了某种金刚不坏之身。

无论是鲜花、掌声还是石块、污水，他都能从容一笑，坦然应对。

这是文学家的气度，也是莫言的父母、祖父母给予他的最宝贵的礼物。

作家精彩名句与段落摘录

◎名句

1. 一个人，风尘仆仆地活在这个世界上，要为喜欢自己的人而活着。这才是最好的态度。不要在不喜欢你的人那里丢掉了快乐，然后又在喜欢自己的人这里忘记了快乐。[②]

2. 世界上的事情，最忌讳的就是个十全十美，你看那天上的月亮，一旦圆满了，马上就要亏厌；树上的果子，一旦熟透了，马上就要坠落。凡事总要稍留欠缺，才能持恒。（《檀香刑》）

3. 世事犹如书籍，一页页被翻过去。人要向前看，少翻历史旧账；狗也要与时俱进，面对现实生活。（《生死疲劳》）

---

① 摘选自《莫言诺贝尔文学奖演讲全文：〈讲故事的人〉》，中国新闻网 2012 年 12 月 8 日。
② 摘选自《莫言：生命里，总会有一朵祥云为你缭绕》，中国作家网 2016 年 3 月 15 日。

4. 恋别人是要付出代价的，恋自己不要代价，我想怎么爱我自己，就怎么爱我自己。(《蛙》)

5. 花朵为什么会有血腥味呢？因为大地浸透了人类的鲜血。(《丰乳肥臀》)

◆ 段落

1. 这个世界，总有你不喜欢的人，也总有人不喜欢你。这都很正常。而且，无论你有多好，也无论对方有多好，都苛求彼此不得。因为，好不好是一回事，喜欢不喜欢是另一回事。

刻意去讨人喜欢，折损的，只能是自我的尊严。不要用无数次的折腰，去换得一个漠然的低眉。纡尊降贵换来的，只会是对方愈发地居高临下和颐指气使。没有平视，就永无对等。(《生命中总有一朵祥云为你缭绕》)

2. 人世也好，六道也好，忙忙碌碌，辛辛苦苦，恩恩怨怨。那么最后，站在佛教的角度来讲，都是一场连梦幻都不是的空的、虚的东西。而人类，就是要在这虚和空里找出意义。(《不被大风吹倒》)

3. 在强光照耀下，他感到周身燥热，像着火一样。他急急忙忙地扒掉了自己的破皮袄，热，他又脱掉了棉裤，热，他脱掉破棉鞋，热，摘掉破毡帽，热，他一身赤裸，像刚从母腹中落地一样，热。他伏在雪里，雪片烫着他的皮肤，使他辗转翻滚，热啊，热，他大口吞着雪花，雪花像盛夏炎阳下的砂石一样烫着他的咽喉。热啊！热啊！他从雪里爬起来，一手抓住一根公社大院铁栅栏门上的铁棍，通红的铁棍烫得他手里冒油，他的手粘在铁栅门上，拿不下来了，他最后想叫喊的还是：热啊！热！(《红高粱家族》)

余华：人生就是出趟远门

洛栖

余华出新书了，不过这次出的不是小说，而是一本散文集。

2024年8月16日，余华新作《山谷微风》首发式在三亚阿那亚·三亚社区大草坪举行。该书首发式在抖音直播，超一百三十一万人在线观看，可谓是备受关注，连央视新闻也不止一次发文为其新书宣传。

其实，《山谷微风》同名散文最早发布于莫言的公众号，早在2024年4月就跟读者打了个照面。莫言还为好友余华认真地写了按语。

《山谷微风》收录了余华2024年全新创作的十二篇散文，及精选自1984年以来创作的十七篇散文，创作时间横跨四十年。在这本散文集中，我们仿佛看到另一个余华：松弛、自由，有平凡的烦恼和快乐，对生活充满细腻感悟与思考。

正如书中所说："紧张还是放松，都是生活给予的，什么时候给予什么，是生活的意愿，我们没得选择，只有接受。"[1]

从"冷酷杀手""潦草小狗"及"小清新的温情大师"，余华的每一个阶段仿佛都在蜕变。似乎没人能想到那个写尽人间疾苦的名作家，有一日会有如此小清新的作品，甚至有些网友还担心它会像某些鸡汤文。

当读者粉丝们惊呼又被"知心小狗"治愈时，那个"酷哥"余华却好像已经在喧嚣中逐渐远行……

---

[1] 摘选自余华：《山谷微风》，北京十月文艺出版社，2024年版。

01 特殊的童年

余华，1960年4月3日出生于浙江省杭州市。

那是家家饥荒，青黄不接的时代。当时，余华的父亲华自治在浙江医科大学进修专科，正处于事业进取的关键期，很难为家庭提供收入。所幸母亲余佩文在浙江医院工作，保障了家庭的生活。不久，父亲毕业后也入职同一家医院。父母的职业让余华从小就过上一种相对优渥的生活。

余华和哥哥华旭就在这样的环境中，开始了人生之路。

兄弟俩性格相反，哥哥华旭天生性格活泼爱动，爱闯祸，余华听话而且胆小。

余华曾在接受采访时提到，他小时候与哥哥打架时总是被欺负，而他反抗哥哥暴力的方式是持续大哭，直到父母回来惩罚哥哥。这是一种面对暴力既胆小又渴望的态度，他不敢也没有能力直接反抗，只能期待更强大的暴力来制止暴力。

1962年，余华跟随父亲前往浙江嘉兴市海盐县，一家四口正式在此定居。因父母的工作原因，余华和哥哥只能被锁在家中。他俩只能隔着窗户认识外面的世界，看着田里耕作的农民，还有提着割草篮子在田埂上晃来晃去的孩子。

余华的童年几乎局限于家、医院以及附近的小村庄，而在医院生活的经历对其影响最深。

早期的余华跟现在"段子手"的形象完全不搭边。在所有新潮小说中，他是在主题和叙事上最"冷酷"的一个，这或许与他的特殊经历有关。

在余华读小学四年级时，全家搬进了医院的教职工宿舍，家对面就是医院的太平间。每隔几个晚上伴随余华入睡的是，各种悲惨和歇斯底里的哭声。

生死诀别时是最痛苦不堪的。面对这种惨景，余华在后来回忆中写道："我搬一把小凳坐在自己门口，看着他们一边哭一边互相安慰。有几次因为好奇我还走过去看看死人……"[①]

最著名的事件当然是他跑到阴暗的太平间里睡午觉，因为那里的床非常凉快。他也经常看到父亲沾满血迹的手术服。那些鲜血、病人、生离死别对于幼

[①] 摘选自余华：《没有一条道路是重复的》，上海文艺出版社，2004年版。

时的余华来说逐渐变得稀松平常，可以说死亡原本带给他的好奇、恐惧，到最后只剩下了麻木。

余华讲这段经历时以开玩笑的口吻一揭而过，但对于那个胆小且敏感的小学生余华来说，真正的情绪是如何，我们不得而知。毕竟那种经历，不管小孩还是大人都会觉得恐怖和害怕，并且无法接受。

或许正因余华这异于常人的童年生活，在他的作品中，死亡成为描写最多的主题。

02 疯子的世界

阅读余华早期的作品，你就进入了"疯子的世界"。

在他的小说中有共同的主人公——疯子。最典型的就属发表于1987年第6期《收获》中的中篇小说《一九八六年》。小说中写了一个在特殊时期被折磨疯了的历史教师，人在1986年，精神却总是沉浸在1976年，沉浸在那个时期。最后，他用砍刀、烧红的铁块、钢锯等对自己施行各种酷刑，在令人恐怖的血腥场景中死去。

或许是因为真正经历过那段不堪的时光，相关的年少记忆实在太多。即便到了20世纪80年代，余华仍能看到周围残留的"影子"在做着"疯子"才干的事情。所以，小说中的历史教师才会那么娴熟地将刀狠狠对准自己。

1977年夏天，一项政策的恢复仿若一声惊雷，炸开了无数青年的心，现实为余华提供了一条明亮的道路——高考。

余华当然不会放弃这个机会，父母也帮助他全力备战。可那时的学生们并没有真正系统地学习过。彼时整个海盐县只录取了四十多名考生，应届生只有几名，余华名落孙山。

再接再厉的兄弟二人参加了第二次高考，却依旧以失败落空。就这样，哥哥去当兵了，而余华在父亲的帮忙下进入了武原镇卫生院。十八岁的余华，开启了他的五年牙医生涯。因为实在欣赏不了这个世界上最没有风景的地方，余华为了进入文化馆而学习写作。

他最先接触的作品是川端康成的《伊豆的舞女》。

这种散发着忧郁但唯美、温馨，饱含人情美和人性美的作品给余华带来了深深的震撼。此后,余华成为川端康成的迷弟,并一度影响余华后面的创作。

1983年底,借调文化馆工作后,余华陆续发表了一些小说,逐渐迎来了第一个创作高峰期。第二年的8月,余华正式调入海盐县文化馆。

当余华苦陷创作瓶颈期,而川端康成的作品再不能解决他的问题时,卡夫卡命运般出现了,还有马尔克斯、博尔赫斯、威廉·福克纳等现代主义作家。那些颠覆性的艺术追求和对现实秩序的否定,使余华不再受限于普通的逻辑思维,而是彻底解放了创作主体的想象力。相遇是一种传奇,顿悟后的余华就此走上了先锋的道路。

1987年,余华发表成名作《十八岁出门远行》,随后进入第二个创作高峰期,陆续发表多部中短篇作品。

在这期间,《死亡叙述》《往事与刑罚》《河边的错误》《往事如烟》等几部作品几乎都是直接描写死亡景象、事件或主题。当时的余华妥妥是一位"冷酷杀手",每一部作品都得写死好几个人,并且画面极度血腥,令人头皮发麻。

这是一位"血腥暴力的杀手的狂欢"。

或许对于那时的读者来说,当余华出了新作品就会猜到他又要开"杀"了,更有甚者会猜这次死多少人,用的哪种死法。

因此,余华早期的作品总是给读者以十分残酷的"存在的震撼"与警醒,这也确立了其中国先锋作家的地位。

在他当时的作品中,情绪化的层面难以捕捉,但现实中的余华,却处处显露出悲悯的情怀。其实在那个创作时期,余华本人也不好受,甚至是遭罪的程度了。

"那个时候写了一堆的中短篇小说里杀了十多个还是三十多个……晚上尽做这种梦,不是我在杀人就是别人来杀我……我东躲西藏,醒来是一身冷汗,心想还好是梦。"[①]

写小说能梦到被警察追捕和被人追杀,这也是独属余华的"幽默"了。谁能想到大作家余华会为了躲避警察而抱头鼠窜?此后,他再不敢写这种类型的小说了。

[①] 摘选自余华:《说话》,春风文艺出版社,2002年版。

梦境在某种程度上是心理的一种投射，这正好印证了余华"冷酷"的背后有温情、爱和温暖。

03 人性的回归

1988年，余华进入了鲁迅文学院和北京师范大学联合举办的创作研究生班学习。与他一起的还有莫言，两个人成了室友。

在那个时期，他们共同生活、学习，相互影响对方的文学创作。莫言已经因为《红高粱》而声名大噪，余华则是文坛的新星，正在冉冉升起。

他们在宿舍里一起写作，中间只隔着一个柜子，甚至能听到对方的呼吸声和笔尖在纸上的摩擦声。为了避免写作时互相干扰，莫言还在柜子中间挂了一个挂历。

当时，莫言在创作长篇小说《酒国》，而余华正在写《在细雨中呼喊》。这段学习经历让两个人结下了深厚的友谊，一路"相爱相杀"至今。

20世纪80年代的后期是莫言的时代，一部《红高粱》让余占鳌的形象伴随着莫言的名字火遍大江南北。颇为戏剧性的是，就在余华奋力追赶老朋友的时候，莫言却由于《丰乳肥臀》的争议陷入了低潮期。

两个人的文学境遇，竟然如双生子一般，形成了对照。

1992年，《活着》出世，人性回归。余华在不断探索先锋道路时，终于意识到要脱离道德判断，用同情的眼光去看待这个世界。

小说通过福贵的视角，讲述了他如何从一个挥霍无度的富家少爷变成一个贫穷的农民，他的家人和朋友一个接一个地离他而去，只留他一人与老牛在暮色中慢慢消失。

这些连续的死亡和苦难构成了小说的主要情节，展现了在苦难与不幸境遇中仍能活着的人性光辉。

活着的意义就是活着本身；活着就是最大的勇气和力量；活下去就是这一过程的全部意义和终极追求。

这部小说一经出版，随即大卖，之后更是经久不衰，多次再版，以至于很长一段时间，"活着"乃至"福贵"，都成了余华的代名词。

1995年发表的《许三观卖血记》继承了前面两部作品的内核。他用悲悯的幽默冲淡残酷的故事，给人物带来了生命，赋予了他们立体感和尊严。

从《在细雨中呼喊》到《许三观卖血记》，余华已然处于第三个创作高峰期。但读者的期待值越高，对作品的要求也会上升。

时隔十年，长篇小说《兄弟》终于在2005年发表。对于余华来说，他一直在寻找突破口，但这次好像并不理想。

俗话说希望越大，失望就越大。读者的反馈中逐渐出现了负面评价，相似的主题和写作手法仿佛只是前面作品的延续，这种"人道主义"方法已经用过了，人们早已失去了新鲜感。

余华在之后的采访中也表示，《兄弟》是他以为会好评如潮的作品，但没想到是批评如潮。他懵了，但也在继续进行艰难创作。2013年发表的《第七天》以及2021年发表的《文城》虽然成绩感人，但反响仍不及之前。余华自《兄弟》之后发表的作品总是质疑声、恶评不断，这不得不让人怀疑是否有人刻意贬低和抹黑的因素。

但是，余华的采访及作品产出的频率都在表明他的写作状态已大不如前。

"其实，我一直在抢救三部小说。有差不多三部小说，我写了一半以后搁浅了，现在正在想办法把它们救活，我也不知道哪一本书会先苏醒过来，都属于昏迷状态，你还得做人工呼吸，很累。"[1]

在经历长期的失眠和焦虑后，随着写小说情绪的减淡和无力感的增强，余华又换了另一种方式活跃在大众面前。

04 形象的转变

2021年9月，"网红"余华上线。

其参演的电影《一直游到海水变蓝》上映后就属他的部分最出圈，"段子手"的形象初露苗头。

时隔多年，余华又回到了他的故乡海盐县。

"回首往事或者怀念故乡，其实只是在现实里不知所措以后的故作冷静。"[2]

---

[1] 摘选自王湛、陈渝思：《我正在抢救三部小说，不知道它们谁先醒过来》，《钱江晚报》2016年4月1日。

[2] 摘选自余华：《在细雨中呼喊》，作家出版社，2012年版。

影片的最后，他在大海边行走，讲起儿时的心愿："在我小时候，看着这个大海是黄颜色的，但是课本上说大海是蓝色的。我们小时候经常在这游泳，有一天我就想一直游，我想一直游到海水变蓝。"

天空中平静、广阔和灰暗的蓝与大海互相呼应，开放式的结尾让我们联想到作家们在自我探索和发展中的诚挚和坚韧。脱离这个范围，每一位为了生活而被迫成长的普通人亦是如此。

就这样，余华继续在网络上时而与莫言相爱相杀，被称为"潦草小狗"；又在众多的采访中化身"段子手"，得到年轻人的追捧。同时，他由于真诚"接地气"，成为年轻人的"知心小狗"。

世界破破烂烂，"潦草小狗"缝缝补补。那个"杀手"余华已去，治愈大师正式上线。

从 1983 年开始，余华在写作的道路中行走了三十多年，踽踽独行。余华的这次转型，是对故乡的回望，也是对自我归属的探索。

近几年，余华的作品多为散文和随笔。时代发展飞速，现在的余华在现实平淡的生活里继续写作，从山谷里的微风徐徐，联想到少年时在炎热夏天寻找的穿堂风和蒲扇风。

"小时候的人生是向前看，现在的人生感受是往后看，回忆占多。"

人不可能永远在那么一个好状态里，作家有时候也需要一点运气。余华在近期的采访中表明当年的感觉正在远去，即便现在的身体仍然维持着激烈的状态去创作，但感觉没了。

这种感觉是非常痛苦的，因为最好状态时的时间被"玩"掉了，剩下能好好创作的，也就只有十年左右。要找回好状态来，很困难。

虽然有网友调侃，六十岁正是奋斗的好年纪。但人到六十，目标曾是向托尔斯泰、陀思妥耶夫斯基靠近，有野心的余华也终于发现自己和他们的距离不可逾越。

在新书《山谷微风》的发布会上，电影《一直游到海水变蓝》的留白得到了新的填补："这是我的亲身经历。之前我一直以为游向大海深处看到的是蓝色海水，有一次在杭州湾游泳时，游到离海岸线很远的地方，发现海水是绿色的。"

"后来是海流把我推回了海岸，可以说是一次劫后余生的人生经历。"

1986年，二十六岁的余华带着未发表的作品《十八岁出门远行》参加《北京文学》笔会。在会上，著名的文学评论家李陀审读完肯定："你已经走到了中国当代文学的最前列。"

此后的余华越写越胆大，这几十年真正走在了先锋的最前列。

时光轮回，曾经的先锋如今仍然笔耕不辍，却是为了更好地找回自己。余华选择留在三亚继续写作，希望把感觉找回来，争取在有限的时间和精力里补救搁浅的小说。

维吉尔说："一丝微风勉强把他们的名字吹入我们耳中。"在历史的长河里能被微风吹进耳朵的人是极少数的。

在这个喧嚣的信息社会里，余华仍旧保持着缅怀、沉思与关怀。只不过，作为当代作家中一个特殊的存在，注定了要继续独自前行，以遗忘的姿态留在这长河中……

作家精彩名句与段落摘录

◎ 名句

1. 我不再装模作样地拥有很多朋友，而是回到了孤单之中，以真正的我开始了独自的生活。(《在细雨中呼喊》)

2. 我的悲伤还来不及出发，就已经到站下车。(《第七天》)

3. 生活是属于每个人自己的感受，不属于任何别人的看法。(《活着》)

4. 做人不能忘记四条，话不要说错，床不要睡错，门槛不要踏错，口袋不要摸错。(《活着》)

5. 这就是人世间，有一个人走向死亡，可是无限眷恋晚霞映照下的生活；另两个人寻欢作乐，可是不知道落日的余晖有多么美丽。(《兄弟》)

◆ 段落

1. 他们脸上的皱纹里积满了阳光和泥土，他们向我微笑时，我看到空洞的嘴里牙齿所剩无几。他们时常流出混浊的眼泪,这倒不是因为他们时常悲伤,他们在高兴时甚至是在什么事都没有的平静时刻,也会泪流而出,然后举起和乡间泥路一样粗糙的手指,擦去眼泪,如同掸去身上的稻草。(《活着》)

2. 我的生命在白昼和黑夜展开了两个部分。白天我对自己无情的折磨显得那么正直勇敢,可黑夜一旦来到我的意志就不堪一击了。我投入欲望怀抱的迅速连我自己都大吃一惊。那些日子里我的心灵饱尝动荡,我时常明显地感到自己被撕成了两半,我的两个部分如同一对敌人一样怒目相视。(《在细雨中呼喊》)

3. 文学的叙述就像是人的骨髓一样,需要不断造出新鲜的血液,才能让生命不断前行,假如文学的各类叙述品质已经完成了固定了,那么文学的白血病时代也就来临了。(《我们生活在巨大的差距里》)

史铁生：命若琴弦

张九七

"上帝没有给他健全的身体，但给了他非凡的经验和高尚的灵魂。"

他为人随和，经历传奇，文辞犀利却感人至深，倔强又浪漫。二十一岁时，他遭遇恶疾，双腿残废，成为运动员的梦想一夜化为泡影。

疾病和死亡，这两个词语贯穿了他的一生。二十六岁时，母亲走了；四十五岁时，父亲走了。他再无依傍。三十八岁那年，他遇到了爱情，并度过了人生中最美好的二十年。2010年，他突发脑出血去世，这一天，离他六十岁生日仅差四天。

好在他的生命里还有其他东西。写作改变了他的命运，让他成为一个时代的记忆。

莫言曾说："如果中国作协只养一个人，那也该是史铁生。"余华在节目中回忆起老友："他一生都活在病痛的折磨中，但对这个世界没有任何怨言。"

他说："人的命就像这琴弦，拉紧了才能弹好，弹好了就够了。"[1]

在失业浪潮席卷全球的当下，他的作品与人格精神，时常以各种方式呈现在互联网平台上，鼓舞着无数身处于逆境和低潮中的年轻人。

他曾用残缺的身体，说出了最为健全而丰满的思想。

史铁生，从未远去。

---

[1] 摘选自史铁生：《命若琴弦》，人民文学出版社，2008年版。

01 命运的玩笑

20 世纪 50 年代，史铁生出生在北京东城门脚下。

受家庭影响，史铁生从小立志，十二岁考入清华附中，目标是清华大学无线电系。

除了成绩优异，史铁生还是体育特长生，擅长跑步和跨栏，同学们给他起了个"小飞侠"的外号。高中时，史铁生还拿过全市跳远冠军。

他的偶像是刘易斯，美国短跑名将。如果不是命运的安排，他很有可能成为新中国成立后的第二代田径运动员。

中学后期，为了响应"上山下乡"，史铁生毕业后主动去往陕北农村插队。在同龄人中，他力大无比，常常抢着干粗活重活。据同行的知青后来回忆，史铁生当时能徒手抱起装水的水缸和一只二百来斤的小牛。

由于长期从事高强度劳动，营养未能跟上，加之史铁生患有先天性脊柱裂，导致他积劳成疾，二十岁就患上了腰腿痛病。

那年夏天，史铁生因淋暴雨旧疾复发，高烧不退。当地医疗条件窘迫，史铁生被送回北京医院接受治疗。几个月后，史铁生的腰病虽然治好了，但两腿却落下了终身残疾。这让年仅二十一岁的史铁生不能接受。

被告知下肢瘫痪的那一刻，史铁生差点和医生打起来。他难以相信，在最青春有为的年纪，自己却成了一个身体残缺的人。

有一次主治大夫查房，史铁生突然从床上腾起上身吼道："你治不好我，我一菜刀劈了你。"命运在这里开了一个巨大的玩笑，梦想成为运动员的他，也不得不接受后半生与轮椅朝夕相伴的现实。

病后的史铁生性情大变，整日郁郁寡欢，常常无缘无故发脾气，摔东西，时而哭泣时而朝着屋外狂叫。他在病榻上写道："何时复我男儿骨，扯去囚衣试铁衣。"期待有一天他能够重新站起来。

整整两年，史铁生闭门不出，几度想要了结生命。但好在母亲还在，妹妹还在，家还在。命运之神终究不肯放弃，三次将他从死亡的边缘拉了回来。

这个"神"，便是史铁生的母亲。母亲的坚强乐观与善解人意，给了史铁生继续活下去的勇气。在那个年代，她找人绘图纸，东拼西凑给儿子打造了一架轮椅，推着史铁生走遍了永康胡同和地坛公园的每一处角落。

为了照顾儿子，母亲辞去单位的工作，每天陪史铁生说话、做饭、散步，去北海公园看花，去学校接妹妹。

为了不让史铁生每日无所事事胡思乱想，母亲几次三番建议他去工作，最终史铁生同意了。然而母亲推着他到处求情找工作，却多次遭到单位工作人员的白眼拒绝："我们这全须全尾的还不一定要呢，你回去等着吧。"

据说听完这话，史铁生脸上一阵青一阵白，好长时间不出门。不过好事多磨，在母亲和朋友的帮助下，史铁生最终同意到街道做工，工作内容是给家具厂摹画、描边。

遗憾的是，1979年，史铁生母亲不幸患癌去世，去医院的路上她大口大口地吐着鲜血。彼时，史铁生未成婚，妹妹未成年。

北海的菊花开了又开，母亲最终没能陪儿子去看那场盛大的花会。母亲的死，成为史铁生心头挥之不去的结。后来，他用茨威格的笔调写下：

"那时他的儿子还太年轻，还来不及为母亲想，他被命运击昏了头，一心以为自己是世上最不幸的一个。"[①]

三十岁那年，史铁生又罹患肾病，起居如厕均不方便，之前的工作无法继续做下去。为解决生计，同时也为了排解苦闷，他逐渐将目光放到读书和写作上面。而立之年的史铁生已经习惯轮椅上的生活，享受独处，逐渐走出情绪的桎梏。

70年代末，史铁生摸索着开始"扶轮问路"。他从诗歌和小说入手，先后写下了《爱情的命运》和《午餐半小时》（1979年），在群星闪耀的80年代到来前默默耕耘。

J.D. 塞林格曾说："一个不成熟的人的标志是他愿意为了某个理由而轰轰烈烈地死去；而一个成熟的人的标志则是——他愿意为了某个理由而谦恭地活着。"

寄给朋友的信件中，史铁生说得最多的四个字就是：接受苦难。

最终，史铁生变得成熟了起来，他战胜苦难，并活了下来。

---

① 摘选自史铁生：《我与地坛》，人民文学出版社，2011年版。

02 遥远的清平湾

1983年,《青年文学》的编辑马未都从乱纸堆里抓到了一篇稿子,名叫《我的遥远的清平湾》。

当时,《青年文学》的地位犹如新世纪的《读者》与《读库》,西海岸的《纽约客》与《名利场》,粉丝不可胜数。谁能登上《青年文学》的头条,就等于上了热搜榜单,获得了主流圈子的青睐。

彼时的马未都还未成为后来的"马爷",但在京圈的分量已初显端倪。马爷看罢,决定把这个名不见经传的作者推上头版。《我的遥远的清平湾》一炮而红,获得当年全国优秀短篇小说奖。

史铁生由此崭露头角,由于下肢瘫痪的特殊遭遇,也让公众对他比对其他作家多了一层现实意义上的关注。

《我的遥远的清平湾》是他首次在官方刊物上发表的乡土题材的短篇小说。像路遥笔下的双水村、马原的西藏、莫言的高密东北乡,在作品爆火后被读者熟知一样,"清平湾"这个陌生的地名,也从遥远的陕北高原走入万千读者的视野。

不同于其他作家坎坷的写作生涯,史铁生的写作之路还算顺风顺水,屡有佳作问世。

80年代中期,他陆续发表了《奶奶的星星》《命若琴弦》《关于詹牧师的报告文学》等系列作品,还创作了影视剧本《人生突围》,开始对命运、感情、宗教和死亡进行一次全方位"清算"之旅。

当时,《命若琴弦》被陈凯歌拍成电影《边走边唱》,颇受观众好评。而他的另一部实验性剧本《关于一部以电影作舞台背景的戏剧之设想》,则在其身后被波兰名导陆帕改编成了戏剧《酗酒者莫非》。

80年代中期到90年代末,是史铁生与病痛拉锯的"凡尔登"时代,也是他在文学创作中屡出佳作、独树一帜的铂金年代。

莫言曾说:"如果中国作协只养一个人,那也该是史铁生。"这不仅是对史铁生作品的认可,也是对他在纸醉金迷的大环境下,对文学一以贯之的坚守和高昂精神的褒奖。

1979年到1990年,史铁生三次病重住进北京友谊医院,两次高烧到四十多度，最终从"死神"怀里逃了出来。他曾说："我之所以没死，全靠了友谊。"

20世纪末，史铁生病情加剧，由肾炎逐渐发展成了尿毒症，每两天就需要做一次透析。每次透析长达数小时，他浑身插满了管子。几年下来，他的身上留下了密密麻麻的针眼。用妻子的话说："已经不似个人样。"

透析周期长，治疗费用高昂，无麻，疼痛是常人难以想象的。好在作协帮助支付了每年二十五万的治疗费用，这让史铁生能够安心养病。

每次到医院，他躺在病床上，看着自己的血液从透析器里流出来，又红汩汩流进去，好像听见飞机冲入云霄的声音，好像"自己又多活了一遍"。

虽然有作协支持，但生活费和医药费还得自己解决。因此，在治疗间隙，史铁生一有好转就构思写作，希望借写作的收入来保障生活开销。

住院期间，朋友来看望他。史铁生开玩笑跟朋友说："别人请一桌饭花几百块钱，我现在撒一泡尿就得花五百多块钱。"

在九年的治疗中，《我与地坛》结集出版，发行量达到数百万册。此外，他还写下了之后被引为经典的另外两部代表作品——《病隙碎笔》和《务虚笔记》。

周国平读罢后大为赞叹："在经历了绝望的挣扎之后，他竟然获得了前所未有的精神上的健康。"

但读者不知道的是，在作品问世前，史铁生已经做了数百次透析，身体早已百孔千疮。他的主治医师曾对记者说："史铁生之后，谈生是奢侈，谈死是矫情。"

史铁生则调侃道："我的职业是生病，业余写点东西。"

03 永恒的地坛

有豆瓣读者曾说："1991年整个中国文坛没有文章，只有《我与地坛》活着。"

这话或许有些过誉，但足以说明《我与地坛》对当时华语文坛的震动和作家本人的重要地位。

1990年年底，长篇散文《我与地坛》在《上海文学》杂志上发表。作品发表后，深受广大读者喜爱。成千上万封信件如雪花般飞向雍和宫 26 号院（史铁生家）。最多的时候，史铁生一天要接待五波客人。

从《我与地坛》开始，史铁生真正成了家喻户晓的当红作家。在史铁生之前，小说长期是主流文种，散文一直靠边站，极少数优秀散文作品也几乎被台湾作家包揽。

可以说，在那个年代，史铁生凭一己之力撑起了华语散文的半壁江山，将大陆散文从"中缝文学"带入了一个新的高地。接连几部佳作，为史铁生带来了经久不衰的荣誉。余华、莫言、王安忆、刘震云、格非等一众文坛举足轻重的人物，陆续成为史铁生家中的常客。

有读者说，"《我与地坛》之于史铁生，如同《活着》之于余华，《平凡的世界》之于路遥"。

这不是因为它多次登上人教版课本（节选）和语文阅读指导篇目，而是作者在命运面前展现出的从容不迫的气度，重新站立的勇气，超越生死的坦然和大彻大悟的悲悯。

哲学家邓晓芒撰文评价："我们面前终于出现了一位作家，一位真正的创造者，一位颠覆者。他从自己的灵魂本原地创造出一种语言。从未来看，他的作品必将逐渐呈现出思想的前所未有的深度和超前性。"[1]

史铁生的文字是深刻的——深刻到当时可能没读懂，但在若干年后生活的某个时刻，你才能感受到他思想的庄严。

每个人的心里都有一座地坛。或许是亲情，或许是爱情，或许是友谊。

它给正在遭遇不幸的人们送去了一束光亮，给奔波劳累的人们带来了热爱生活的理由。无数读者从这里收获了慰藉和力量。

04 梦幻的爱情

如果说有一样东西支撑史铁生活到最后，我想一定是爱情。

史铁生的爱情，始于 1979 年。这一年，母亲离世，妹妹还在上学，史铁生因下肢麻痹患上了严重的肾病，三个月靠葡萄糖注射液维持生命。

---

[1] 摘选自邓晓芒：《灵魂之旅：90 年代以来中国文学的生存意境》，上海文艺出版社，2009 年版。

也在这一年,西北大学的陈希米读到了一篇名为《爱情的命运》的小说,她怀着激动的心情,给作者写了一封信。不久,史铁生回信,一来一往,两个人逐渐引为知己。

1989年,史铁生再次病重,陈希米得知情况后飞赴北京友谊医院,第一次线下看望史铁生。他醒后,她见到他第一句话是:"你是我想象中的样子。"

为了爱情,陈希米选择从单位离职,不顾家人劝阻,毅然来到北京照顾史铁生。几个月后,史铁生病情好转,他向陈希米求婚:"若不是爱情,请你离开;若是,那么留下来,我们一起活出生命的荣耀。"

陈希米最后选择了留下来。这一年史铁生三十八岁,陈希米二十八岁,二人正式步入婚姻的殿堂。婚后,两个人的感情十分甜蜜。二十年携手人生,他们从未吵过架。

史铁生读书杂,常常给妻子讲各种故事。他喜欢吃面包、各种小食,陈希米就做给他吃。

作家铁凝曾谈到自己在史铁生家做客的场景:

"一个不足70平方米的小房子里,陈希米亲自和面团、烤面包,这个充满面包香的家,整洁、朴素、温暖,那样的有尊严,他们过的每一天,都那么有情有义。"

对于妻子的到来,史铁生十分感激,他形容她是"顺水漂来的孩子"。

在生命最后的十年里,他为爱人写下了多首诗歌。

> 你来了黑夜才听懂期待,
>
> 你来了白昼才看破樊篱。
>
> 陌路之魂皆可以爱相期。

(《希米,希米》节选)

直到史铁生去世前几年,他才悄悄把这些诗拿出来发表。妻子当时并不理解。

史铁生去世后,陈希米远走德国,写下了《让死活下去》,为两个人的爱情写下终章。她在书中回忆道:"他似乎是在为死做准备,他要感激她,要彰显她,要给她荣耀,现在她才懂得他的良苦用心。"

05 告别的余声

2010 年 12 月 31 日夜,史铁生突发脑出血,猝然离世。

这一天,离他六十岁生日仅差四天。岁月的年轮没能转到属于他的甲子。当夜,寒风凛冽。在离世前的九个小时,他忍受着全身痉挛的痛苦,被救护车载着接连转运了两家医院。

面对死亡,史铁生一向看得很开,因为此前三十年,他一直在做着准备。他曾在书中写道:"死是一件无须乎着急去做的事,是一件无论怎样耽搁也不会错过了的事,一个必然会降临的节日。"

按照其生前意愿,史铁生的脏器被成功捐赠给多位患者,他的大脑和脊椎被用于医学研究。

新年第一天,阳光明媚,一位刚刚移植史铁生肝脏的患者从天津医院苏醒过来。史铁生,宛如"重生"。

对于艰难活着的人们来说,死是一件轻易的事。向死而生,才需要莫大的勇气。罗曼·罗兰说过:"世界上只有一种英雄主义,那就是在认清生活的真相后,依然热爱生活。"

活在世上,每个人都有自己的命运,每个人都有自己的路要走。理想实现不了没有关系,但是生活依然是值得爱的,依然可以步履不停。

史铁生的葬礼在他生日那天举行,仪式很低调。现场来了很多人,有作家、有学生、有领导、有诗人。有人带来了鲜花,有人带了书。很多纪念卡片上写着"铁生,生日快乐"。

他的骨灰被安放在一个香木匣子里,陈希米外出总是随身带着。史铁生死后,马未都在回忆文章中写道:"他未变,时代变了;时代变了,他未变。"

他从大雪中走来,历经磨难,带着等身著作和孩童般的欢笑在人世漂流。如大梦一场,又悄然离去。

作家精彩名句与段落摘录

◎ 名句

1. 所谓好运,所谓幸福,显然不是一种客观的程序,而完全是心灵的感受,是强烈的幸福感罢了。(《好运设计》)

2. 我们的生命有很大一部分,必不可免是在设想中走过的。(《务虚笔记》)

3. 人的命就像这琴弦,拉紧了才能弹好,弹好了就够了。(《命若琴弦》)

4. 我曾走过山,走过水,其实只是借助它们走过我的生命。(《务虚笔记》)

5. 我什么也没忘,但是有些事只适合收藏。不能说,也不能想,却又不能忘。(《我与地坛》)

◆ 段落

1. 莽莽苍苍的群山之中走着两个瞎子,一老一少,一前一后,两顶发了黑的草帽起伏躜动,匆匆忙忙,像是随着一条不安静的河水在漂流。无所谓从哪儿来、到哪儿去,也无所谓谁是谁……(《命若琴弦》)

2. 我们太看重了白昼,又太忽视着黑夜。生命,至少有一半是在黑夜中呀——夜深人静,心神仍在奔突和浪游。更因为,一个明确走在晴天朗照中的人,很可能正在心魂的黑暗与迷茫中挣扎,黑夜与白昼之比因而更其悬殊。(《病隙碎笔》)

3. 生命的意义本不在向外的寻取,而在向内的建立。那意义本非与生俱来,生理的人无缘与之相遇。那意义由精神所提出,也由精神去实现,那便是神性对人性的要求。这要求之下,曾消散于宇宙之无边的生命意义重又聚拢起来,迷失于命运之无常的生命意义重又聪慧起来,受困于人之残缺的生命意义终于看见了路。(《病隙碎笔》)

刘慈欣：《三体》爆火后

张九七

2019年春节，《流浪地球》全球公映。上映第六天，影片票房破二十亿，中国影史票房排名前三。电影监制兼原著作者刘慈欣兴奋地表示："《流浪地球》开启了中国科幻大片的大门。"

只是这扇大门，仅仅几个月后就被《上海堡垒》"关上了"。进入21世纪20年代，行业迎来寒冬。资本撤资，经验人才稀缺，IP改编遥遥无期，长篇科幻的创作增长乏力。

不少网友发出声音："刘慈欣拯救不了中国科幻。"

如今，刘慈欣逐渐淡出公众视野，《三体》开局即巅峰，科幻小说作为类型小说重归小众。这些似乎都正在印证这一说法。

01 工人血统

1963年夏，刘慈欣出生于首都北京。

刘慈欣的童年时代，父亲被下调到山西地方煤矿，于是他便跟随父母在山西阳泉长大。

大学毕业后，刘慈欣被分配到娘子关电厂担任工程师，负责维护厂里的计算机系统，成了一名正儿八经的电力人。

经过二十多年，火电厂从地方小厂建设成一座能够容纳两千多人的国营大厂，刘慈欣也从无名"小刘"成长为拿满12级薪资的高级工程师。

电厂远隔人烟，工作清闲，离家近，食宿医娱样样俱全，刘慈欣对这些十分满意。为排解无聊，刘慈欣与工友们时常聚在一起打牌。无奈"牌艺不佳"，在连续输掉好几次后，刘慈欣决定创作小说，希望用稿费弥补损失。

八十年代末，刘慈欣正式进军科幻小说，写下了第一版《超新星纪元》。不过，由于尚处于探索阶段，刘慈欣对自己最初的创作并无信心，在将近十年的时间里，他"隐姓埋名"，几乎未对外公开发表过作品。

1999年，刘慈欣从以往的作品中挑选了五个短篇，寄往杂志《科幻世界》，希望选用其一。编辑看稿后当即回复："决定全部录用。"

在这批作品中，有为人熟知的《鲸歌》和颇具寓言色彩的《带上她的眼睛》。同年，《带上她的眼睛》获得中国科幻最高奖银河奖一等奖，刘慈欣由此初露锋芒。

十年沉淀，一夕绽放。

千禧年后，电工刘慈欣在一台老旧的台式电脑前，用宏大开阔的想象力开启了属于他的"科幻时代"。

02 摸鱼写作

贫瘠封闭的太行山，却是想象力恣意生长的绝佳土壤。自2000年起，刘慈欣先后写下了《流浪地球》《地火》《乡村教师》《全频带阻塞干扰》等多部中短篇佳作。

此时，刘慈欣斩获了国内多项科幻大奖。2003年，刘慈欣出版了《超新星纪元》和《球状闪电》，这两部长篇是他前期颇具标志性的作品。

体制内的生活规规矩矩。大多数时间，刘慈欣都在厂区度过，早晨出班，傍晚下了班接女儿，朝九晚五，周末和夫人一起做做家务，看起来与其他工人无异。

《球状闪电》发表后，刘慈欣收到了三万多块的稿费。但由于寄送失误，出版方直接将现金寄到了工作单位，这一度让工友们心生误会，以为刘慈欣吃了回扣。多年以后，面对媒体采访，刘慈欣仍旧对此事耿耿于怀。

对于写科幻小说的爱好，刘慈欣一直小心翼翼维护，然而因为稿费事件，同在工作室的同事们才恍然醒悟：原来一向安分寡言的老刘已经暗中写作（摸鱼）多年。

2006年,《三体》开始在《科幻世界》连载,一直到当年年底。小说发表后,赢得了王晋康、何夕、韩松等一众圈内大佬的盛赞。此后连续几年,刘慈欣凭借《三体》系列包揽了中国科幻大奖的各类奖项。2010年前后,《三体》逐步开始在全世界内发行。

据说,时任美国总统奥巴马在看完《三体》的第一部后,被书中人物和宏大的叙事所吸引,于是致电美国出版商,催促对方赶紧发行剩余几部作品,要求在翻译完成后第一时间将小说送至总统家中。

十余年间,在娘子关电厂计算机办公室内,刘慈欣利用工作间隙写出了日后令其声名大噪的作品,前后累计十余部,超二百五十万字。

有网友调侃称,"刘慈欣是摸鱼届的榜样,一直摸到雨果奖"。

03 "雨果"封神

2015年8月,美国宇航员谢尔·林德格伦(Kjell Lindgren)在距离地球三百五十公里外的太空舱实时宣布:"本届雨果奖最佳长篇故事奖得主——《三体》,刘慈欣。"消息传到神州大地,举国欢腾。

由此,刘慈欣从阳泉走向世界。遗憾的是,刘慈欣没有到现场领奖。

几个月前,《三体》入围世界科幻大奖"星云奖",刘慈欣兴致勃勃地赴美参加颁奖典礼,结果一无所获。之后,《三体》获雨果奖提名,刘慈欣认为获奖机会不大,索性不去。因为在近半个世纪的获奖名单中,还没有任何亚洲作家的名字。

毫无疑问,偏居一隅的刘慈欣创造了一个新的历史时刻。获奖当天,《三体》系列销量暴涨,销售榜排名从四十多位冲至各大平台榜首。

同为科幻作家的韩松评价说:"他的想象很奇特,汪洋恣肆,漫无边际,像庄子。"他还认为,刘慈欣将中文科幻往前推了很大一步,"他建立了自己的话语体系,并且拥有独特的技术表现"。

雷军早在作品获奖前,就向员工和同行极力推荐,称赞《三体》"不仅是最好的科幻故事,还是一本不可多得的哲学之书"。扎克伯格看完《三体》后惊叹:"它根本不属于人类。"他不相信书中故事是人类所写。

资深书迷潘石屹在一次会面中激动地对刘慈欣说:"《三体》三部我看了三

遍！"不料刘慈欣当即劝道："它就是本科幻小说，看看就行，没必要翻那么多遍的。"

04 续写三体

2009年，世界气候大会在哥本哈根召开，中国向全世界承诺节能减排世纪目标。一大批污染大气的火电厂倒下，以煤炭作为发电原料的娘子关电厂也未能幸免于难。

电厂的倒闭，给刘慈欣的生活留下了阴影，共事多年的工友一时间都下岗了，这也给他的创作抹上了一层冷峻的悲观色彩。

《三体Ⅱ》的结尾，刘慈欣干脆把罗辑和章北海写死了。他后来解释道："首部的销量并不可观，当时就没再打算续写第三部。如果知道要写《三体Ⅲ》，绝不可能让主角死。"

在第三部作品中，刘慈欣把博士生程心设定为故事主角，作为人类文明的幸存者。

《三体Ⅱ》完稿后，猜疑链、技术爆炸、面壁者计划、宇宙社会学等一系列设定令编辑惊喜不已。业内均认为，这是一部与其他科幻作品风格迥异的长篇佳作，集故事性与文学性为一体，宏伟瑰丽。

《三体Ⅲ》送稿后，仍然让科幻世界副主编姚海军感到惊诧："作品的呈现远远超出了我的预想，没想到他能爆发成这样，在点子上做到了极致！"

水滴、智子、二向箔、死线、曲率飞船等引发书迷争相讨论的设定，无疑是刘慈欣笔下最具想象力的点子。2010年秋，《三体Ⅲ：死神永生》正式发行，开启了中国科幻史上一个崭新的纪元。

《三体》系列发表后，引起了科幻界和文艺界的广泛关注，囊括了"星云奖""银河奖""轨迹奖""类型文学双年奖"等一系列奖项。作品出圈后，很快吸引了美国科幻界的注意。

2014年，美国著名科幻出版社托尔图书正式引进《三体》系列，并预付了一百二十五万美金的版权费用。当年10月，《三体Ⅰ：地球往事》英文版发行。第二年，刘慈欣凭此荣获世界科幻小说最高奖——雨果奖。十年间，《三体》系列全球销量累计突破千万册，成为华语科幻领域的一大里程碑。

韩松看完作品后感叹："我们以前写的那些东西——至少绝大多数，在《三体》面前，简直不值一提！"他说，《三体》最根本的来源，是仰望星空时所感到的恐惧，"刘慈欣总是在悲天悯人，像佛陀，他的作品有一种宗教上的意味，大悲大悯"。

对宇宙浩渺的敬畏和对人类脆弱的悲悯情怀，构成了刘慈欣系列作品暗藏的底色。

批评家严锋不吝盛赞："他凭一己之力把中国科幻提升到了世界水平。"

不过，对于一部作品来说，既然有溢满屏幕的赞美，也少不了意料之内的批评。有网友认为，"刘慈欣生长于特殊年代，作品难免带有伤痕文学的印记。撇去科幻的外衣，作品书写的无非是另一种版本的《活着》"。也有读者挑刺，"刘慈欣作品中存在不少'硬伤'，其作品的艺术价值不如故事本身"。

大刘本人也承认，《三体Ⅱ》密集的故事叙述其实是以牺牲文学性为代价的，但这不妨碍它作为一部优秀的科幻巨作存世。

05 问道未来

《三体Ⅱ》发表后，刘慈欣参加了一次酒局。

饭桌上，刘慈欣认识了导演张番番。张番番夫妇想一口气买下《三体》的影视版权，报价十万。刘慈欣当场就答应了这笔交易。六年后，张番番夫妇反手将版权卖给了游族网络，作价1.2亿，转身离场。

时至今日，《三体》电影多次传出拍摄消息，但结果依旧杳无音信。影视公司内讧和同行之间无休止的攻讦，导致IP版权几经易手，加之现有条件的不成熟，剧情完成度引人担忧，这些都令书迷们难掩失望。

昔日鼓吹的银幕巨献、史诗大片，听起来更像是击鼓传花的资本游戏。不少网友发出叹息之音："刘慈欣拯救不了中国科幻。"作家本人不能，浩瀚的银河故事也不能。

甚至有读者认为，《三体》之后，大刘再无长篇佳作，其巅峰生涯早已结束。

在一次刘慈欣参加活动的过程中，现场主持人突然发难："最近几年您都没有新作品面世，很多人说您江郎才尽了，您怎么看待？"

刘慈欣稳重地回答："这个问题我已经在《三体》里回答过了，'现实的引力太沉重了！''在中国，任何超脱飞扬的思想都会怦然坠地''我需要为了生计、金钱、名誉奔波，这是我自己都选择不了的'。"

在《三体》中，刘慈欣也借托马斯·维德之口回答道："失去人性，失去很多；失去兽性，失去一切。"

对于渺小又脆弱的人类来说，生存才是永恒的要义。刘慈欣也不例外。

作家精彩名句与段落摘录

◎ 名句

1. "我有一个梦，也许有一天，灿烂的阳光能照进黑暗森林。"(《三体2·黑暗森林》)

2. 远山对于我已成为一种象征，像我们生活中那些清晰可见但永远无法得到的东西，那是凝固在远方的梦。(《流浪地球》)

3. 生存本来就是一种幸运，过去的地球上是如此，现在这个冷酷的宇宙中也到处如此。但不知从什么时候起，人类有了一种幻觉，认为生存成了唾手可得的东西，这就是你们失败的根本原因。(《三体3·死神永生》)

4. 给岁月以文明，给时光以生命。(《三体2·黑暗森林》)

5. 死亡是唯一一座永远亮着的灯塔，不管你向哪里航行，最终都得转向它指引的方向。一切都会逝去，只有死神永生。(《三体3·死神永生》)

◆ 段落

1. 我们基本上被自己所知道的历史骗了：那些名垂青史的人物并非全是英雄，他们中也有卑鄙的骗子和阴谋家，他们用权势为自己树碑立传且成功了。而那些为正义和真理献身的人，有很多默默地惨死在历史的尘埃中，没有人知道他们的存在；也有很多在强有力的诬陷下遗臭万年，就像现在宋诚的命运；他们中只有极少数的人得到了历史正确的记忆，其比例连冰山的一角都不到。(《流浪地球》)

2. 有时下夜班，仰望夜空，觉得群星就像发光的沙漠，我自己就是一个被丢弃在沙漠上的可怜孩子……我有那种感觉：地球生命真的是宇宙中偶然里的偶然，宇宙是个空荡荡的大宫殿，人类是这宫殿中唯一的一只小蚂蚁。这想法让我的后半辈子有一种很矛盾的心态：有时觉得生命真珍贵，一切都重如泰山；有时又觉得人是那么渺小，什么都不值一提。反正日子就在这种奇怪的感觉中一天天过去，不知不觉人就老了……（《三体1》）

贾平凹：一脚踹破这潼关

翟晨旭

20 世纪 80 年代的文学史上，曾经留下这样一张照片：在毛乌素沙漠的边缘，在当时已经崭露头角的作家们意气风发，或躺或卧。盘着腿的是陈忠实，侧身卧倒的是路遥，在照片边缘坐着的是贾平凹。

在很多很多年以后，"陕军东出"成了文学史上的名词，照片上的年轻人也大多作古。

只剩下一个贾平凹，操着一口不算浓重的陕西话，脸上的皱纹不断加深，却一直站在那里。

01 非典型性"关中冷娃"

1952 年，贾平凹出生在陕西南部的一个村子里。从西安开车一个半小时，就可以到贾平凹的老家丹凤县棣花镇。

这里并不是很典型的"关中冷娃"产生地，即使是泡馍的馍，贾平凹吃的跟老乡陈忠实或者路遥的比起来都完全不一样。棣花镇一带的馍干净、雪白，而且很薄，不需要掰开，只要撕成一片片的就可以泡到汤汁中。

馍并不是当地常有的食物，番薯和苞谷才是贾平凹小时候饭桌上的常客。

他在这里一直生活到 1972 年考上大学离开。童年的贾平凹在亲身经历了父亲被打成"反革命"和那个时代特有的贫困后，逐渐感受到人情冷暖和世事无常。

贾平凹自己也认为"这种苦难经历很难带来多少昂扬的东西"，这使得他

"不像五六十年代的作家那样慷慨激昂"。

在某种意义上说，这片土地和二十年的回忆，构成了贾平凹日后四十年里创作的主题。

与许多作家不同的是，贾平凹在成为作家这件事上，非常按部就班。他大学就读于西北大学的中文系（这也是他的女儿贾浅浅任职副教授的学校），毕业以后分配到了陕西人民出版社做编辑，吃的就是文字这碗饭。

这是那个时代独有的浪漫或者说时代红利，一个热爱文字、学习文学的人毕了业可以很自然地被挂上"笔杆子"的标签，被分配从事文学方面的工作。

到了1982年，贾平凹又被调动到了省文联工作。无论他愿不愿意，他得成为一名专职作家，也就顺势踏上了文学之路。

对于写作这件事，贾平凹后来回忆："人在这时候，最需要有一只凳子，你站上去，才会发现，你还有着许多没有挖掘出来的才能和智慧。而这只凳子，就是突然闯进你心中的一个想法、一个念头。"①

在工作的头几年里，贾平凹无疑找到了这只"凳子"，他开始尝试以一种狂热的感情投入写作中，换回来的，是满满两大箱的退稿稿件。

但毫无疑问，这种尝试成了贾平凹写作的基础，后来人们往往将贾平凹鬼斧神工一样的文笔誉为天赋，殊不知，在这种天赋背后，是贾平凹近乎十年磨一剑的笔耕不辍。

1986年，贾平凹带着他的第一部长篇小说《浮躁》出山，一举奠定了自己在文坛上的地位。在这部以农村青年金狗为人物主线的小说里，贾平凹以他特有的视角和文笔，描写了改革开放初期农村的一系列变化。

一个宏大的商州系列，逐渐开始在贾平凹的笔下展开，之后的一系列作品，像《天狗》《高兴》《秦腔》，皆围绕这一世界展开。正如赵庄之于鲁迅，东北乡之于莫言一样，商州成了贾平凹文学世界里独有的一处风景。

只是谁也没想到，就在《浮躁》发表之后，一部《废都》让贾平凹成了文坛的众矢之的。

---

① 摘选自黎峰、贾平凹：《贾平凹：写作实在是我的宿命｜访谈》，"青年作家杂志社"公众号2017年4月3日。

02 如果没有《废都》

谈贾平凹，如果不谈《废都》，那将是一个伪命题。

贾平凹写《废都》的灵感，来源于他父亲的逝世。当时贾平凹自己也身陷一场官司之中，在几重痛苦下，他开始转变看待世界和人生的态度。

创作《废都》的那段时间，也许是贾平凹人生中最黑暗的一段岁月，他只能用文字麻痹自我。贾平凹自称当时进入了"写作模式"，每天闭门十个小时以上，杜绝和外界联系。

他在耀县用了近一个月的时间，完成了《废都》三十万字的稿子，平均一天一万字，这个速度别说是在钢笔和草稿纸的时代，就是在网络小说泛滥的今天都不容易达到。

贾平凹没有休息，他马不停蹄地赶去了其他县城。在县计生办的一间二层小楼里，伴随着刺骨的寒风和剧烈的咳嗽声，贾平凹开始了艰难改稿。终于，在 1993 年 1 月 23 日，农历腊月二十九，《废都》宣告完成。

在写完的那一刻，贾平凹已然察觉到了这本书将会带来的巨大争议。在这本小说中，贾平凹塑造了"庄之蝶"这一人物和他遇到的一位位女性。其中诸多过于露骨的两性描写，成了人们日后批驳这本书的主要原因。

贾平凹也曾困惑地问自己："这一部比我以前的作品更优秀呢，还是情况更糟？是完成了一桩夙命呢，还是上苍的一场戏弄？"也许一切正如主角的名字"庄之蝶"那样，庄周梦蝶，蝶梦庄周，原本就没有答案。

半年后，《十月》杂志社顶着压力开始连载这部小说，同时北京出版社决定将《废都》的首印定为五十万册。一时间，《废都》洛阳纸贵，大有现代"金瓶梅"的感觉。

没承想，《废都》出版不到一年，就遭到了封禁。北京出版社被处以百万的巨额罚款，相关责任编辑也被迫离职。

《废都》遭受的批判和封禁，是 90 年代文学界的一件大事。批评的人占绝大多数，甚至以大胆著称的王朔都怒斥道："完全是扒厕所的东西，真是颓废到无聊的程度。"

力挺《废都》的两个人，一个是季羡林，认为"作品将在 20 年后大放异彩"，果不其然一语成真；另外一个是王小波，他用特有的语气调侃道："贾平凹先生的《废都》，我就坚决不肯看，生怕看了以后会喜欢——虽然我在性道德上是无懈可击的，但我深知，不是每个人都像我老婆那样了解我。"①

但支持者终归是少数，铺天盖地的谩骂和讽刺，淹没了1994年的贾平凹。他自嘲道："《废都》之前，我是陕西文坛干净的人，《废都》之后，我却成为文坛最肮脏的人。"

如果每个作家的写作都有一个分水岭，那对于贾平凹来说，1994年的初春，无疑是这个分水岭的开始。

03 打破潼关之后的日子

贾平凹在《废都》封禁之后的消沉，直到《秦腔》的出版才得以缓解。2009年，《废都》解禁，人们得以看到贾平凹三部曲——《浮躁》《废都》《秦腔》的全貌。

这时，距离1993年《废都》完稿的那个除夕前夜，已然过去了整整十六年。

时光荏苒，贾平凹再也回不到那个四十出头，风华正茂的年纪，也回不到那个文学风行的八九十年代了。那批以黄土高原著称的陕西文学派作家，逐渐在岁月中凋零。

1992年，曾经和贾平凹一起立志"不信打不出潼关"的路遥逝世，2016年，陈忠实病逝于西安医院，陕西文坛的"三驾马车"，转眼只剩下了贾平凹一个人，孤独地走在一个离文学渐行渐远的时代里。

我很久之前看自媒体，无意间看到了贾平凹入驻"今日头条"的消息，同时担任"抖音全民读书好计划"的荐书人，并在社交媒体上推广自己的新书《诸神充满》。

只是点击量数据，似乎很不尽如人意，他入驻一周后，粉丝不足万人。恍惚间，又有点唏嘘，我不禁想起了1993年《废都》狂卖几十万册的购书场面，以及贾平凹来到王府井书店时前呼后拥的场景。

这二十多年，即使抛开作品本身，贾平凹的个人经历何尝不是一部当代文学的兴衰史呢。

---

① 摘选自王小波：《论战与道德》，《沉默的大多数》，北方文艺出版社，2006年版。

到底是时代造就了贾平凹,还是贾平凹没能留住那个他缔造的文学时代?这个问题的答案,也许正如他在书中说的那样:"上帝到底存不存在,上帝知道。"

作家精彩名句与段落摘录

◎ 名句

1. 会活的人,或者说取得成功的人,其实懂得了两个字:舍得。不舍不得,小舍小得,大舍大得。(《自在独行》)

2. 有了苦不要给人说,忍着就是。灾难既然躲不过,咱都要学会接受。(《秦腔》)

3. 或许或许,我突然想,我的命运就是佛桌边燃烧的红蜡,火焰向上,泪流向下。(《带灯》)

4. 冬天不是树叶不发,是天不由得;夏天不是树叶要绿,是身不由己。(《带灯》)

5. 弱者都是群居者,所以有芸芸众生。(《自在独行》)

◆ 段落

1. 这样,在街头上看一回人的风景,犹如读一本历史,一本哲学,你从此看问题、办事情,心胸就不那么窄了,目光就不那么短了,不会为蝇头小利去钩心斗角,不会因一时荣辱而狂妄和消沉,人既然如蚂蚁一样来到世上,忽生忽死,忽聚忽散,短短数十年里,该自在就自在吧,该潇洒就潇洒吧,各自完满自己的一段生命,这就是生存的全部意义了。(《自在独行》)

2. 总爱在枯黄的沙石坡上享受那蓝天和白云,呼吸中有酷霜的味道。退着走想晒晒屁股又歇歇眼,太阳睁着光芒,它把我的目光顶撞回来。这意味深长暖香如玉的春阳,是暖炉吗我愿熔进你心里,是火灶吗我愿是一根耐实的干柴。如果是魔镜你吸了我去。太阳真的把人人物物占有但也属于人人物物。(《带灯》)

3. 清风街的故事该告一个段落了吧。还说什么呢？清风街的事，要说是大事，都是大事，牵涉到生死离别，牵涉到喜怒哀乐。可要说这算什么呀，真的不算什么。太阳有升有落，人有生的当然有死的，剩下来的也就是油盐酱醋茶，吃喝拉撒睡，日子像水一样不紧不慢地流着。(《秦腔》)

迟子建：谁能代表东北文学

笑风生

哈尔滨旅游火了，东北文学也跟着又火了，共享这泼天的"富贵"。

论起这片白山黑水养出来的作家，不得不提的一定是迟子建。苏童曾说："每年春天，我们听不见遥远的黑龙江上冰雪融化的声音，但我们总是能准时听见迟子建的脚步。"

董宇辉曾在直播间深情表白《额尔古纳河右岸》里书写的东北："我第一次充满了对力量、对生命、对森林、对流水、对落叶、对日月、对清风、对起舞的萨满、对夜里的月光的深深的爱。"

最终，这本小说狂卖了150多万本，迟子建的大名在互联网上，也被口口传颂。

换作其他人，短时间内获得这么大的热度，还不乘风赶上，趁机营销一把。但迟子建不炒作，不作秀，不蹭热度。

她甚至坦言："我不用微信，没看过直播，是同事帮我找到董宇辉直播的视频。"换句话说，她连热度都不太知道，更遑论在不在意。

可以，这很迟子建。

01 雪景、村庄

1964年，迟子建出生在漠河市北极村。

在那个年代，她的父母都是知识分子。母亲是漠河乡广播站广播员，父亲任塔河县永安小学校长。

第一章　土地、创意，他们曾成为先锋

因为喜欢曹子建的《洛神赋》，父亲给她取名"子建"，希望她能像曹植一样才高八斗。迟子建的小名叫"迎灯"，因为她的生日是正月十五，那天父亲总是想办法做盏灯。

漠河的冬夜很冷很黑，外面零下三四十度，父亲用一瓢热水浇上着霜的罐头瓶，底掉了，拿铁丝穿上去，拿钉子做立柱，把蜡烛插上去点燃，就是一盏灯了。正月十五，迟子建就提着它走。

父亲的毛笔字写得好，每逢春节都要铺开红纸书写对联。父亲鼓励迟子建编写对联，她拿起笔就写。门楣上挂起的"龙飞凤舞"，算是她最早期的作品。

六岁那年，迟子建被母亲送往姥姥家寄养。她大哭大闹，摔碗摔筷子抗议，但还是没能改变母亲的决定。"那种仿佛被遗弃的痛感，一直伴随着我的成长。"

漠河每年多半的景致是白雪皑皑，冬天零下三十多度，夏天则会有极昼。她的童年，家人虽未缺席，却多了一份独自感知风霜的孤寂，这让她早早品味到白雪之下的感伤。

她喜欢探究村庄里的人们。他们的生命静水流深，像一部部史诗：骑着马下山换盐的鄂温克人，生了痴呆儿的喜欢穿长裙子的苏联老太太，姥爷、姥姥、小舅和二姨……[①]

迟子建记忆里最深刻的是自己在广袤的天地间肆意奔跑，观察着神奇的自然世界。她记得寒假时跟随父亲到山上拉烧柴，看到林间奔跑的动物，云雾四时的变化，静静流淌的黑龙江。

后来迟子建坦言，写作最初的动力来自大自然给予的感动。东北大地上，月光伴随着山间的雾气飘动，炉火伴随着林中的野猫跳舞。这一切都让少年的她怦然心动，文思泉涌。

那时，家庭是她写作的空间。因为没有写字台，迟子建就在缝纫机上练笔。

写不下去的时候，她就看花圃上的蝴蝶，枝叶扶疏的稠李子树，窗外的菜

[①] 摘选自迟子建：《额尔古纳河右岸》，人民文学出版社，2019年版。

园,远山蓝幽幽的剪影,丝绸般涌动的月光,土路上经过的行人、狗和鸡。她记录下自己喂过的猪,猪吃得满意时,小尾巴会晃来晃去。腊月宰猪时,迟子建因舍不得而大哭,但过两天,她又能开心地和家人一起吃肉了。

"这就是生活吧。"在最早写作之际,她就知道自己会被什么打动。

02 文字、转变

高考没考好,迟子建去了大兴安岭师范学校读书。

大学期间的生活费不多,但迟子建想买喜欢的文学书,就只好在吃上克扣自己。高粱米最便宜,她总是吃,把胃吃坏了,不止一次呕吐。

晚上寝室熄灯,迟子建还想继续看书和写作,就得点蜡烛。她怕影响室友睡觉,就用手指把烛芯掐短,让烛火散发的光更微弱。但长此以往,蚊帐还是被熏黑了。

她写日记,写小说,写人物,也写风景。迟子建不断地投稿,常常背着写完的作品,沿着学校外的山间车道走到邮局,看长长的列车在身侧呼啸而过,把稿子寄出去。

投出的稿件大都杳无音信,偶尔收到编辑的修改意见,迟子建会很认真地修改,但有时却越改越糟糕。无论如何,迟子建没有放弃写作和投稿。

1984年她毕业了,她是宿舍八个人里最后走的。临行前的晚上,迟子建独自和衣而睡,回想四年种种,怀念而感伤。于是,她提笔写下小说《那丢失的……》,记录下追忆似水年华的真情。这个短篇小说,最终发表在《北方文学》杂志上。

1985年,迟子建参加了黑龙江省作家协会在呼兰县举办的小说创作班。《人民文学》编辑朱伟受邀前来讲课。在朱伟离开前,迟子建鼓足勇气把自己的作品《北极村童话》递了过去。

在迟子建手中,厚厚一沓的手写稿装订到一起,每一页的旁边有两个锥子钻的小孔,拿一根线绳穿着。

朱伟来去匆匆,带走了迟子建的手稿,不久之后,文章出现在了《人民文学》上。

这篇《北极村童话》,是迟子建大学晚自习写下的中篇小说。在此之前,她收到过太多的退稿信。一次，《北方文学》的杂志编辑对她说："你不要想着你的小说要去承载什么东西，你要写你自己熟悉的、喜欢的。"

编辑一语点醒迟子建。她不再执着对技巧、思想极致的追求打磨，而是将视野拉回到这片成长生息的故土。

在《北极村童话》里，迟子建用梦幻而温柔的笔触，写下了在姥姥家度过的童年。在那段哀伤又童真的岁月里，她和天上的云作伴，觉得它们像蜷着睡觉的兔子；她偷偷给家里的傻子狗喂馒头，在夏天给它端盆凉水……

这份孩童视角下天马行空的想象力，唤醒编辑和读者内心深处的本真与快乐，带着每一位翻开《北极村童话》的人，在自然的天地遨游，感受东北的神奇、温暖和苍凉。

迟子建曾说，想象力是作家的命脉。"有了想象力，你就不会把生活那么快就用空，你的内心总会有激情和动力。保护和发掘想象力，它是写作的火种。"[1] 在迟子建的作品里，随处可见这种丰富想象力散发的魅力。

在《亲亲土豆》中，她写"你不由在灿烂的天庭中落泪了，泪珠敲打着金钟般的花朵"，把土豆花写出了神性的光辉。

在《越过云层的晴朗》里，以一条黄狗的眼睛去观察人类世界，写下了"火车是会跑的帐篷""河水瘦了"，灵气斐然，视角新奇，实在妙不可言。

"那些拥有丰富想象力的作家，有如一颗恒星，会持久地爆发光芒。"[2] 这是迟子建对想象力的理解，也是对她作品最好的注解。

03 家庭、忧伤

迟子建刚搬到哈尔滨，父亲于盛年因脑出血去世。

父亲去世时正值腊月，迟子建后来在散文《灯祭》里写，那年家里没有点灯，她坐在暗处想着父亲兴许只是迷路了。

父亲是迟子建生命中影响深远的男性。她曾说，父亲的去世让她感受到了

---

[1] 摘选自迟子建、舒晋瑜：《迟子建访谈：我热爱世俗生活》，"上海文学"公众号 2019 年 12 月 26 日。

[2] 同上。

人生的寒流。多年后，三十四岁的迟子建遇到了另一个重要的男人——她的丈夫。她和塔河县委书记黄世君结婚了。黄世君年轻有为、风度翩翩，和迟子建志趣相投、琴瑟和鸣。

每天早晨，为了看到第一缕曙光，迟子建和丈夫早早起床。玻璃窗上蒙着霜花，他们用手指在霜花上刮出一道月牙形的口子，让阳光透进来。

下班之后，她会亲自洗手作羹汤，为丈夫准备可口的饭菜。晚饭之后，他们爱去呼玛河边散步。

在丈夫的鼓励和支持下，迟子建完成了七十万字的长篇小说《伪满洲国》。这本书的撰写堪称马拉松长跑，资料准备了七八年，写了两年，直到出版，花费了整整十年。这部作品也开启了迟子建的长篇创作的契机。

她曾谈论写长篇，要看作家对题材是否产生了感情。作家心动，心灵产生共鸣，融入了感情，才能驾驭这样的题材。在《伪满洲国》的扉页上，迟子建为黄世君写道："把我目前为止最满意的一部作品送给你，它是我的，更是你的。"

2002年5月，黄世君不幸车祸去世。迟子建说，那是她经历的所有北方的春天中，最残酷、黑暗、绝情的日子。

推开家门，她能看到丈夫用过的剃须盒，送给她的钢笔，盖过的被子，喝过的酒杯……她不敢上街，更不敢去商场，因为那里留下太多他们共同的回忆。

人面不知何处去，桃花依旧笑春风。迟子建甚至常常不由自主地拨打丈夫的电话，但听到的只有重复冰冷的提示音。那段日子，她痛不欲生，肝肠寸断。

黄世君去世那天，迟子建在日历上写下"我最爱的人去了"。

有一天，迟子建看到电视新闻报道黑龙江发生了一起大型矿难，导致一百多人丧生。在受难者家属悲苦的眼神中，迟子建感受到了心灵的触动。

她想，一个知识分子至少还可以用一支笔寄托哀思，而他们呢？她决定把笔和苦难联系在一起，于世界的痛感同身受，去探讨生死的意义。

迟子建将丈夫的去世视为自己写作的分水岭。

"我爱人因车祸离世对我的迎头痛击，毁掉了我的俗世幸福，却对我的文学成长，起到了一种催生作用。"①

04 洗牌、重塑

此后，迟子建的作品里，总会探讨个人和世界的关系，以及对待死亡的态度。

"一个世界在我的文学天地里重新洗牌了，一个作家应该懂得生命的重量该是什么。"

她把新闻中的煤矿环境拉入到小说《世界上所有的夜晚》里，探讨死亡、社会，以及隐含其中星星点点的人性。这部小说的女主人公的丈夫也因车祸辞世，迟子建写道："我想把脸涂上厚厚的泥巴，不让人看到我的哀伤。"

创作让迟子建的心灵和作品一起经历成长，她把死亡和世间百态写得水乳交融，让人读书时为之一振。

死亡以不同的形式出现在她的作品里。在《群山之巅》中，人物辛开溜是一位上过战场打过仗，但被诬陷为逃兵的人。他在生前遭人唾弃地活着，死后火化时却被发现骨灰中残留的弹片。他活着的时候，与死是一样的；死的时候，却被"复活"了。

"人是什么？死亡是怎么到来的？人在一生当中究竟该做什么？"迟子建用文字不断地叩问，从生中望见死，也从死里看到生。

《世界上所有的夜晚》获得了第四届鲁迅文学奖，但迟子建还在坚持寻找新的题材，希望写一部能够告慰亡夫的书。

2004年，迟子建从报纸上看到鄂温克画家柳芭的故事。这个被称为"神鹿的女儿"的鄂温克女人给迟子建留下了深刻印象。鄂温克族部落生活在额尔古纳河右岸，那里有一片广袤的原始森林和漫长的冬季。

为了拿到一手资料，迟子建跟着鄂温克人生活，仔细观察他们狩猎、交换食物以及唱歌跳舞这些朴素的生存和娱乐方式。

在那里，她看到了这个古老民族有别于"原始""野蛮"更为真实的一面。鄂温克人从不滥砍滥伐，也不会过度索取，生活环境艰苦，却乐在其中。

---

① 摘选自李鸿谷主编：《光荣与道路：中国大时代的精英记忆》，现代出版社，2019年版。

最后，迟子建找到了鄂温克族最后一个女酋长玛丽亚·索，并以她为原型，用自述口吻写下了小说《额尔古纳河右岸》。

书中的鄂温克族人日出而作，日落而息，在森林里穿行狩猎，在月色下燃起篝火。他们平和、坚韧、乐观、知足，就如陪伴在身边左右的高山白雪，日月星辰。

在书写这部作品时，迟子建的心中非常平静。她觉得丈夫一定遥远地注视着自己，她想一直顽强地写下去。在这本长篇小说中，迟子建不仅要书写一个大众视野下神秘而陌生的民族，还要在有限的篇幅中讲述其近百年的故事。

所幸，她太熟悉这片小时候就奔跑过的山林，鄂温克人早就融入了她的童年记忆。走近这个民族带给迟子建的心灵震撼，更使得她发自内心地欣赏这个朝气蓬勃的民族。

当写到现代文明对鄂温克人的收编时，迟子建难掩惋惜和忿恨之情。

"我们为了所谓文明生活，对我们认为落伍的生活方式大加鞭挞，本身就是一种粗暴。"

"我们太贫血了，所以当真正的鲜血喷溅时，我们以为那是油漆！"

2008年11月，迟子建因这本小说获得了第七届茅盾文学奖。站在颁奖台上的那一刻，她深情地说：

"我要感激一个远去的人——我的爱人，感激他离世后在我的梦境中仍然送来亲切的嘱托，使我获得别样的温暖。"

05 坚守、当下

在作家也开始走到荧幕前吆喝的时代，迟子建仍保持着令人瞠目结舌的"旧"，手机用的是十几年前的非智能机，已经磨掉烤漆了，微博只在电脑上用。

晚上做饭的时候，她还会听广播。即便这样，对迟子建来说，可能都是一种"进步"了。毕竟更早点，她还在用纸笔写作。

与这种"旧"相对应的，是近年来她依然新作频出。

2017年，她凭借《空色林澡屋》获得第十七届百花文学奖中篇小说奖；

2018年，她凭借《候鸟的勇敢》获得第十八届百花文学奖；2019年，她凭借《炖马靴》获得第十届"茅台杯"《小说选刊》年度短篇小说奖。2020年，长篇小说《烟火漫卷》出版；2022年，作品《喝汤的声音》获得第一届高晓声文学奖短篇小说奖。

抛开互联网，迟子建是一个完全打开的人，就像一块海绵，喜欢在生活的汪洋里汲取写作的养分。

《烟火漫卷》里，热气缭绕的澡堂，香气扑鼻的炖菜，烟火气十足的哈尔滨街头，都在她的"溜达"和"唠嗑"中累积成型。她在书中写："无论冬夏，为哈尔滨这座城破晓的，不是日头，而是大地卑微的生灵。"

成名多年，迟子建一直定居在哈尔滨，不愿离开故乡。她曾说："没有故乡，就不会有我的写作。"

可她笔下的东北，并非一直如那冬日的暖阳般明媚，有时像白雪覆盖群山，让人感到恬淡、肃穆又哀伤。

在接受马东的采访时，迟子建说道："真正的伟大的作家，是可以看到人内心深处的鲜血——一个鲜活生命体内在的眼泪、哀愁和无奈。"

"文学要能够给予这些人面对艰难生活的一种温暖的渴望或希望，就像寒夜尽头的几缕晨曦。"

《额尔古纳河右岸》中，年届九旬的"我"终日守着那团跳跃的篝火，一如守护着"我"的民族和心中坚守的"道"。

"无论遇到狂风、大雪、暴雨，我都护卫着它，从未熄灭过，这团火，就是我跳动的心。"[1]

还在写着的迟子建，也是这守护火种的人。

---

[1] 摘选自迟子建：《额尔古纳河右岸》，人民文学出版社，2019年版。

作家精彩名句与段落摘录

◎名句

1. 我是雨和雪的老熟人了,我有九十岁了。雨雪看老了我,我也把它们看老了。(《额尔古纳河右岸》)

2. 看来最不想丢的东西,最容易撒手离去。(《额尔古纳河右岸》)

3. 如果说我的第一个媒人是饥饿的话,那么我的第二个媒人就是战火。(《额尔古纳河右岸》)

4. 一个伤痛着的人置身一个陌生的环境是幸福的,因为你不必在熟悉的人和风景面前故做坚强,你完全可以放纵地流泪。(《世界上所有的夜晚》)

5. 我想把脸涂上厚厚的泥巴,不让人看到我的哀伤。(《世界上所有的夜晚》)

◆段落

1. 我这一生见过多少座山,已经记不得了。在我眼中,额尔古纳河右岸的每一座山,都是闪烁在大地上的一颗星星。这些星星在春夏季节是绿色的,秋天是金黄色的,而到了冬天则是银白色的。我爱它们。它们跟人一样,也有自己的性格和体态。有的山矮小而圆润,像是一个个倒扣着的瓦盆;有的山挺拔而清秀地连绵在一起,看上去就像驯鹿伸出的美丽犄角。山上的树,在我眼中就是一团连着一团的血肉。(《额尔古纳河右岸》)

2. 天上出现曙光的时候,我披衣起来,走到昨夜大家欢聚着的地方。结果我看到了三种灰烬:一种是篝火的,它已寂灭;一种是猎犬的,伊兰一动不动了;另一种是人的,母亲仰面倒在地上,虽然睁着眼睛,但那眼睛已经凝固了。只有她身上的羽毛裙子和她斑白的头发,被晨风吹得微微抖动着。这三种灰烬的同时出现,令我刻骨铭心。

林克走了,母亲也走了。我的父母一个归于雷电,一个归于舞蹈。(《额尔古纳河右岸》)

金宇澄:《繁花》背后

狸猫太太

"《繁花》不知道会被王家卫改成什么样,金宇澄跟我说没法看。"去年,许子东在一档文化播客节目里八卦。

长篇小说《繁花》拿下了中文圈几乎所有的文学奖,之后王家卫于一众竞争者中拿到影视改编权。捂了八年,如今王家卫终于把它搬上荧幕。金宇澄当然清楚影视剧已是他人的创作,他的表达很克制:"给别人拍也是拍,给王家卫拍,当然更放心一些。"

小说《繁花》,不仅如王家卫所说毫无影视倾向,而且还有一部分读者表示根本啃不动。一堆分不清谁是谁的人,不分行的对话,挨挨挤挤的大段落,读得一个头两个大。

但另一部分读者却喜欢得紧。口语铺陈,自由断句,不带修饰,不加滤镜,一来一往,一件事带出一件事,一个人带出一个人,俗世男女,鸡零狗碎,生前身后,蝇营狗苟,可说不可说地撂杂起来,完全不在意什么草蛇灰线,一件事没有结果就仓皇跳过了,一个人无缘无故就不知所终了,一生也就快过完了。

即使你的阅历和其中人物毫无相似处,种种碎片也会被勾带出来,谁与谁不期相遇,谁与谁猝不及防失散,始末缘由嘈嘈切切,借《繁花》的脉络旧梦重温,唏嘘怅惘。熙来攘往,温情中又无差别悲凉,金宇澄是浮世绘高手。

01 底色

金宇澄个人生活的浮世绘,始自1952年他出生的上海。父亲"吃政府饭",母亲复旦毕业。金宇澄出生时正是父母相对舒心的一段日子,所以他最早叫金舒舒。

金父像电影中的人物一样,脱离苏州黎里大家族,赴上海成为潘汉年麾下白区特工,被日本人逮捕又侥幸获救,新中国成立后没几年被审查、抄家,自认一生是滑铁卢式的结局。担惊受怕的金母一直希望丈夫能安稳写作为业。

金父具有不寻常的信息碎片搜索和文字复盘能力。也许正是因为这种超出职业所需的敏感力,他并不算一个好特工。

"1942年7月29日那夜,我吃饭后去福熙坊,天很热,与心正两个人走上向北的晒台,向福熙路眺望,对面正是外国坟山,黑黢黢的,夜光隐隐然照见那些白森森的大理石墓碑。不知怎么,心里惆怅,很不愉快。十二点多步行回辣斐德路,上床大概一点了,过不多久,突然前面电铃声大作,蒙眬间我想是谁家生孩子了,后门的皮鞋声也大作,惊起一看,后门日本人冲入……"

金父笔下这种沉浸式回顾现场的记录,被金宇澄收在回忆父母过往的《回望》一书中。好在这种打捞记忆碎片、绵密详瞻还原的能力,由金宇澄承继下来。

同样喜欢文字的还有金宇澄的母亲,她在一封写给丈夫的信中提到时年三岁的金宇澄:

"舒舒现在很会讲话……上一个星期日,抱舒舒去看医生,有人牵一匹白马走过,舒舒盯着马看很久,睡午觉时问了一串问题:马为什么白颜色?有绿颜色的马吗?拉它到哪里去?为什么马要背一只袋袋呢?袋袋里有什么……"

初次见到马的金舒舒并不知道,他生命中将有一段时间在两千公里外的黑土地上做马夫。1955年金父因潘汉年案被捕,全家被边缘化。到学龄时,金宇澄进了一家"社会新生事物"——民办小学。

彼时恰逢50年代上海就学高峰期,粗通文墨、会写粉笔字的少奶奶、老阿姨、小姆妈即可充当民办教师,让出私房支援教育。

金宇澄在《繁花》中借沪生的视角回味了这一奇特经历:

"瑞金路女房东,让出自家客堂间上课,阴天舍不得开电灯……楼板滴水,允许撑伞……上到第三节,灶间飘出香气,老师边吃带鱼边教课……有男人进来,老师脱了眼镜,香气四溢……每个学期,转几个课堂地点、换几个老师上语文算术,习惯进出大小弄堂……"

金宇澄的家也搬了多次，从异国风情的洋房，到香料厂气味扑鼻、氧化铁颜料厂红尘滚滚的城郊，生活方式与环境落差巨大。

父母无暇管束，他像《繁花》中的沪生、阿宝、小毛一样，逃学在弄堂里转，结识家庭背景迥异的朋友，一起攒邮票、看电影、养金鱼、寄明信片。

辗转在世俗生活中的金宇澄，被市民阶层扑面而来的闲言碎语、人情世故、衣饰打扮、家居物事包裹，好奇一扇扇窗子背后发生了什么。

银器、食物、杂志，理发店的转椅、格子窗前的红酒杯，都是日后作品中不胜枚举的器物。公园、商店、咖啡馆、公交车线路，上海的地理空间在头脑中形成精确图景，成为他小说中上海这座丛林的 GPS。

人、空间、物品、气味兜合起来，暧昧黏稠又疏离落寞，以极细的颗粒度，刷写了少年金宇澄的底色。

他和他的小友们，就像《繁花》开头十岁的阿宝和六岁的蓓蒂爬上屋顶时那样，还不知道时间的洪流将他们冲向何方。

02 命运

命运的分叉，往往取决于一秒钟的选择。金宇澄作品中如此，他的经历也如此。

1968 年，十六岁的金宇澄花一秒钟在云南和黑龙江之间选择了后者。理由是"云南一年四季种地，东北冬天不用干活"。

中学辍学生、无业闲散青年，扛着樟木箱、老式皮箱、绣花丝棉被、父母塞进行囊的上海食品、地下交流的翻译小说，集体投放到嫩江一个苏式农场。

各地各城的青年一起混，"好多年的恩怨情仇，罄竹难书"。金宇澄种玉米大豆，盖房、装窑、伐木、磨豆腐、做粉条，几乎进入了当地所有人家盘火炕、修炉子，熟练地套马、骟马，甚至做棺材。

他试过躺进棺材，等真盖上盖子，"发现里面不是一般的黑"。他在 1986 年的小说《风中鸟》中记下了这个细节。

意识到自己也许一辈子都无法离开，人进入平静无望的阶段，就会接受细节，被所谓的技能渗透，甚至有了些格物致知的意思。

金宇澄的手艺人天赋被擦亮，日后他作品中工匠般的细部雕刻皆源于此。

写信给上海的家人、朋友成为他的精神寄托。信中不仅有详尽的文字描述，还附上工笔插图，便于说明北方的房顶、大炕如何构建。

有朋友回信说："写得很好，你可以写小说。"寥寥几字在金宇澄心中埋下种子。

多年以后《繁花》获得茅盾文学奖，单位门房交给金宇澄一封信。这位身居海外久无联络的朋友在信中祝贺他得奖，并用英文写道："你当充分享受你的快乐。"

回城潮开始了，有人不惜弄残自己也要回到上海。

得了胃病的金宇澄吃了五次钡餐，冒名帮朋友体检。医生识破后没有举报他，只是叮嘱别再玩儿命。绝望之下，金宇澄觉得也可以接受回苏州黎里老家，接受姑姑的介绍，和黎里一个本地姑娘相亲。

父亲第一时间拍来电报，原文如下："就是天仙美女也不能见面。"几个字再次改变了金宇澄的轨迹。在东北度过七年多之后，他终于病退回到上海。

近八年的东北经历，金宇澄的态度十分复杂。他在早期小说《碗》中说过，肠子悔青了也没用，当年其实有百分之一二的机会，任凭居委会敲锣打鼓动员，打死也不下乡的。

但没下乡的几个朋友，在冷冷清清的里弄工厂和残障青年一起上班八年，眼看知青热热闹闹地回来，会不会也后悔？没人说得清。

"那些躲避了上山下乡的同龄人，我能感觉到他们视角的狭隘，可我还是宁可留在里弄加工组。但如果不去东北，我写不出《繁花》。"[1]

万语千言，人只归于自己，甚至连自己也看不清。因为看不清，金宇澄后来的写作有意剥离了批判的意图，自然地白描如日常一样的故事，连心理描写也一概略去。

人生的路其实很窄，人人都是大时代里的小齿轮，要不要转？如何转？转哪里去？因缘流转，谁也不比谁高明。所以金宇澄的写作轻轻落笔，把自己当说书人，没价值观，没主张，不美化也不补救，不提升意义和内涵，散发力量的只有叙事。

---

[1] 摘选自孙今泾：《从东北到上海，从生活到写作，作家金宇澄讲述他的过往｜访谈录》，"小鸟与好奇心"公众号 2018 年 9 月 10 日。

当时从各地农村回来的青年，如水银泻地，虾有虾路，蟹有蟹路，重新在上海寻位置，大部分人去了工厂做工。东北八年，从一米六长到一米八的金宇澄，回上海后也栖身于里弄钟表零件加工组。

随笔集《洗牌年代》中有篇《史密斯船钟》："我师傅姓秦，钟表厂八级钳工，额角戴一只钟表放大镜，讲宁波口音上海话。1980年代初，我随秦师傅踏进车间，眼前一排一排上海女工，日光灯下做零件。"

金宇澄继续以手艺为生，也和同时代人一样手做大小家什。80年代初朋友结婚时做沙发，金宇澄在旁帮忙就学会了。把麻袋、棕丝塞进高级面料，打上黄铜沙发钉、金丝线，"蛮有意思"。

但很快时代巨变，改革开放，产品被取代，厂子、机器、师傅都消失了。人们又重新找位置，一代人千疮百孔。上海就像一块大海绵，有多少水波都被吸干了，再无痕迹。

一个下雪的日子，金宇澄心有所动，写了一篇文章回忆北方的漫天大雪，一投即中，随后进入区文化馆工作。

《失去的河流》《方岛》获1986年、1987年《萌芽》小说奖，《风中鸟》获1988年《上海文学》小说奖。题材都是北方记忆，一度有人以为他是东北作家。

不久后，金宇澄调入《上海文学》做编辑。那是文学神圣的年代，三十多岁的金宇澄也希望自己再写出些什么。但1991年《轻寒》发表于《收获》后，白天当编辑、晚上写作的金宇澄愈发挑剔，自己写的句子改来改去不顺眼。

自此埋头编辑，从小字辈干到杂志社最老的一个。还要怎样呢？金宇澄承认，自己够幸运了。

03 末班车

《圣经》说，"上帝给每个人三次机会"。

"就看你能不能抓得住。我可能什么都没抓住，《繁花》是我的末班车。"金宇澄说。

20世纪90年代初到新世纪，上海乃至中国高速成长，也是金宇澄人生的中年盛期。

经济热潮之下，人们的兴趣转移到财富追求上，文学类杂志式微。出国热的时候，一起下乡的同伴拉金宇澄同去新西兰："怎么样？出去看看？"

似乎人人都在寻找机会，你做生意，他从香港、美国来投资，热火朝天。不只上海，《编辑部的故事》《我爱我家》中，也时常出现下海、跑各种关系、搞批文、送礼的情节。金宇澄也被牵扯进各类目不一的饭局。

90年代就像一场流水席，在"人生安稳的底子"中，饭局一个接一个。有同行回忆说，各类饭局里，金宇澄总是旁观者，像小时候想探究一扇扇窗子背后的故事那样。"我在这个世界上生活，特别想听故事。"

设局人、局精、局托儿、陪客、花瓶，角色一个不少。神侃、讲段子、做生意，无意义的八卦、小动作、眼神，官商汇聚，红男绿女，鱼龙混杂，浮夸至极。

金宇澄还记得1995年、1996年除夕，上海乍浦路、黄河路饭店云集，燃放烟花的垃圾堆了半尺厚，最大的烟火箱子都是单人床大小。

"时代进入一场接一场的狂欢，上海像一条洪流在滚。"[1]

王家卫电视剧《繁花》的预告片中，像水库开闸，放出浪奔浪流的1992年黄河路往事。这符合金宇澄的心愿。

当年金宇澄被问及"希望王家卫拍出上海的哪些日常"时，明确说："1990年代的黄河路，那些金碧辉煌的色彩和粉色灯光交替……五花八门的'动植物、微生物'都出来了，就是上海话'市面'。"

爱以闲谈而消永昼。然而一个个的欢场，总有终局。繁花生树之后，就是繁华落尽。

随便一个日子里，有人不在了，有人下落不明。熟悉的老上海街区，也在城市更新中变得陌生。这种繁华落尽的感觉在金宇澄见到一个老太太之后达到顶峰。他认出老太太年轻时曾是某条弄堂里的美女，如今在街边叫卖，无人问津。

金宇澄忽然觉得必须要写。花无百日红，篇终皆混茫，再不写，这一切就真的消失了。

2011年5月，他在"弄堂网"上以"独上阁楼"为笔名，发了一个帖子，写些自己亲历和目睹的人与事。

---

[1] 摘选自《新周刊》编：《我和我的九十年代》，中信出版社，2017年版。

没想到网友回应热烈，更新稍慢就催爷叔①赶紧讲古。互动之下，金宇澄状态更佳。电脑坏了，他凌晨跑进网吧继续写。五个月后，竟有三十三万字，暂名《上海阿宝》。

多遍修改之后，改名为《繁花》，取"花开花落终有时"之意。《繁花》出世，2012年获茅盾文学奖，金宇澄时年六十岁。

本意是打家劫舍，没想到搞出一个江山。金宇澄说："有人告诉我：'老金，这本书可以当你的枕头了。'意思就是我可以死了。我说我也同意。不过我真的还想写一本小说，《繁花》是无意中写出来的，最好的状态就是无意的触发。"

又一个十年过去了。2017年，金宇澄将父母的故事写成非虚构的《回望》。到了这个年纪，他明白能写出来的只是很小的比例，甚至不敢说懂得上海，只要把自己立足的几平米写明白就好。

历史吝啬精简惜墨如金，几百年一笔带过。人们短暂存活几十年所面对的种种，死后顷刻间被压缩、消失。没有意义，这就是生活的本质。惟其如此，才要更珍视生之美好。

金宇澄借用费里尼的话说：

"罗马是一位生有更多孩子的母亲，她漠不关心，你来的时候任你来，你走的时候任你去。"

上海如是。人间如是。

作家精彩名句与段落摘录

◎名句

1. 上帝不响，像一切全由我定……。（《繁花》）

2. 上流人必是虚假，下流人必是虚空。（《繁花》）

3. 做人，不可以花头花脑，骑两头马，吃两头茶。（《繁花》）

---

① 该论坛的网友对金宇澄的称呼。

4. 记忆有时会使人不懂了欢喜,也不知忧伤,它只是痴痴的一种神态与表情;不饥不渴,不以物喜,不为己悲,你想一想要说什么吗?(《碗》)

5. 老友见面,以为有讲不完的话题,其实难以通达,长期的间隔,性格习惯差异,因为蜂拥的回忆,夹头夹脑,七荤八素,谈兴非但不高,时常百感交集,思路阻塞。(《繁花》)

◆ 段落

1. 这些来自四面八方的图书与主人间的联系,早就被彻底割断了,每一个来者,此刻都念想着过去,眼前这座大库也确实盛满了过去,但只是一种复杂的堆叠,纠缠着深不见底的破碎记忆,每人要找的每一页字纸,已熬煮于目眩神乱的这个旋涡之中,必与主人无缘。(《回望》)

2. 阿宝说:佛菩萨根本是不管的,据说每天,只是看看天堂花园的荷花。天堂的水面上,阳光明媚,水深万丈,深到地狱里,冷到极点,暗到极点,一根一根荷花根须,一直伸下去,伸到地狱,根须上,全部吊满了人,拼命往上爬,人人想上来,爬到天堂来看荷花,争先恐后,吵吵闹闹,好不容易爬了一点,看到上面一点微光,因为人多,毫不相让,分量越来越重,荷花根就断了,大家重新跌到黑暗泥泞里,鬼哭狼嚎,地狱一直就是这种情况,天堂花园里的菩萨,根本是看不见的,只是笑眯眯,发觉天堂空气好,蜜蜂飞,蜻蜓飞,一朵荷花要开了,红花莲子,白花藕。(《繁花》)

3. 沪生,我写信来,是想表明,我们的见解并不相同,所谓陈言腐语,"花鸟之寓目,自信心中粗",人已经相隔千里,燕衔不去,雁飞不到,愁满天涯,像叶芝诗里所讲,我已经"支离破碎,六神无主",也是身口自足。我们不必再联系了,年纪越长,越觉得孤独,是正常的,独立出生,独立去死。人和人,无法相通,人间的佳恶情态,已经不值得一笑,人生是一次荒凉的旅行。我就写到这里,此信不必回了。祝顺利。姝华。(《繁花》)

苏童：大红灯笼高高挂

笑风生

图书直播爆火的 2024 年，苏童和余华去董宇辉直播间带货了。

他们跟《收获》主编程永新"合体"一起推荐杂志。短短两个半小时，成交量超过千万。

苏童说："我发《收获》比余华早。"余华反击道："但是你发的不是成名作。"

回忆与玩笑之间，两个人多年来深厚的老友情谊也徐徐展开。

"潦草小狗"余华是热搜常客，大众并不陌生，苏童这些年则常常神隐。有时得搬出"《大红灯笼高高挂》原著作者"的头衔，有的人才恍然大悟。

苏童这一生擅写女人，甚至比女人更懂女人。连莫言都说："他对女性情感的把握准确，是我望尘莫及的。"

01 苏州城里的少年

苏童，原名童忠贵，1963 年的小年夜里，出生于苏州。父亲是公务员，母亲是水泥厂工人。那天母亲本想去上夜班，不料突然临产，仓促将苏童生于一只木盆中。

"我父母除了拥有四个孩子之外基本上一无所有"，每月凑起来 80 多元的收入，只能勉强支撑起这个六口之家。

苏童的老家在镇江地区扬中岛，后来搬到苏州，身边的邻居都是老苏州人。

苏童一家使用扬中岛方言，那听起来是与周遭格格不入的苏北话。

他幼时多次目睹姐姐和表姐们跟其他女孩子吵架，因为长辈们的口音受到牵连。"反正你们不是苏州人，是苏北人。"故乡是未曾谋面，却跟日常点滴紧密绑定的标签，像生下婴孩却又远走他乡的母亲，亲密又疏离。每个人被排挤之时，企图隔绝故乡；融入新地时，则努力遗忘故乡。苏童说，"孩子们是没有故乡的，更何况，是我们这些农村移民的孩子"。

苏州城里的苏童，不仅在想象和发现故乡，也在观察和洞悉着故乡的人。一条老街，房子是平房，东家走到西家，连门都不要敲，家家门户洞开。年幼的苏童发现，只要留心，就能记住无数个活灵活现的市井女人。

首先被记住的是母亲。苏童在多年后，仍然能想起母亲提着篮子走去工厂上班和他们家四个孩子围坐在一起吃白菜肉丝汤等场景，外婆、母亲、姐姐的身影在家中晃。苏童触碰到女性的温暖与柔情，深刻与复杂。

苏童的母亲有着很广的交友圈，"乐于充当其他妇女的业余法官"。家长里短和日常琐事从小就在苏童的脑海中盘旋。他对女人的血泪账耳濡目染，那是每每来到家中的阿姨们如泣如诉和盘托出的。

多年后苏童回顾童年说："女性天生是文学化的性别，她们的人生是生产故事的魔盒。"

除了女性，自身的经历也为苏童的文学创作奠定了基础。苏童九岁时患上严重的肾炎和并发性败血症，曾休学一年。

这段经历让他饱尝对死亡的恐惧，也让他日后写作的笔触多了一份压抑和残酷。"这是我的一块根据地、一个出发点。我一动笔，一个孤苦伶仃的少年形象就会不由自主地在我脑中涌现。"病榻上的日子，他找到了唯一的朋友——文字。

最早的时候，苏童仰着头看墙上糊的报纸，后来看二姐给他带回的书，今天是《苦菜花》，明天是《海鸥》，有一些甚至没有封皮。一天，姐姐带回来了一本书，苏童在其中看到大量关于"吻"的描写，让他产生特别的热情。

后来他在大学的图书馆与之重逢，才知道这是托尔斯泰的《复活》。

20世纪70年代，新华书店开到了苏州，少年苏童的身影常出现其间。海明威、福克纳、卡森·麦卡勒斯……文学的大门向他敞开，令他心驰神往。

1977年，他去苏州第一届书展买书，好不容易挤到柜台前，却只剩下一本微积分。苏童只好把这本书买下来，抱着不能浪费的心态看完了第一章。后来高考，数学是他所有科目中的最高分。苏童如愿进入北京师范大学。

02 按部就班文学路

1980年的9月，十七岁的苏童在坐了二十个小时的火车后走出北京站。那天下午阳光明媚，北京站带着五十年代的气息和拥挤的人潮扑面而来，苏童就这样邂逅了新的生活。

苏童的大学生活富足而充实，他有时在西四的延吉面馆吃一碗便宜的冷面，有时在北京的美术馆里流连忘返。

文字依然是他最长久而亲切的朋友。苏童借过博尔赫斯的小说集，深深陷入他的迷宫和陷阱里。有一次，他花一天读完塞林格的《麦田里的守望者》，发现教室里已经空空荡荡。

就像那个时代许多怀揣梦想的中文系学生一样，苏童带着文学梦想，开启了自己的文学之路。

他写了一篇八千字左右的文章寄给《苏州日报》，可惜被退稿了。"我表哥拿到了一封厚厚的信，还以为是我写给谁的情书。"大学阶段，他在读书之余仍然潜心创作，拼命投稿。因为害怕被拒稿被同学知道，他征得女同学的同意，把地址留成她的家。

1983年，苏童发表了四首诗歌和两篇小说。短篇小说《桑园留念》刊于《北京文学》第二期，它被苏童视为自己第一部真正意义上的小说。

小说的主角是"我"、毛头、肖弟等几个少年，还有丹玉、辛辛两个女孩，在香椿树街的澡堂、码头、石拱桥、桑园相识、纠缠与分离。少年的早熟，性意识的萌芽，堕胎、死亡与青春的感伤，都降临黑暗中的青石板路上，又消散在潮湿的空气里。

小说中的"香椿树街"，后来在苏童的作品中屡屡出现，幻化成故乡的意象。"我从来不知道我对香椿树街固执的描绘是出于缅怀之情还是毁坏之心，我替一条街道说话已经说了很多年，那条街道始终保持沉默。"

1985年，毕了业的苏童，成了当时《钟山》杂志最年轻的编辑。此后他写出了《1934年的逃亡》，发表于同年《收获》第五期，一举成名。

苏童塑造了一个叫枫杨树的乡村，并将之视为祖辈居住地的影子。它漂浮不定，难以再现，让人拔剑四顾心茫然。书中的叔叔陈三麦以决绝的姿态离开枫杨树，从家乡到异乡，从乡村到城市，发财致富，释放着欲望，走向自身难以扭转的宿命，最终死在了城里。临死前，陈三麦的手中紧握着祖传的大头竹刀，那是他割舍不断的乡愁。

苏童的一生，在逃离故乡，也在发现故乡。十七岁前，他身份资料的籍贯一栏，填写的是扬中县。很多年后他回到扬中，天地寂寞如雪，故乡的踪迹已然杳不可寻。

20世纪80年代以后，籍贯要求填写出生地，此后苏童是苏州人和苏州作家，与这块土地紧密联系。"香椿树街"是记忆里的苏州，"枫杨树村"是想象里的扬中。

故土和故乡是他的红白玫瑰，亲切又疏离，沉默又有着声声回响。正如他在书中写道：

"无数双赤脚踩踏着先祖之地，向陌生的城市方向匆匆流离。几十年后我隐约听到那阵叛逆性的脚步声穿透了历史，我茫然失神。"[1]

03 作品与家庭

1989年的一个春夜，二十六岁的苏童在独居的阁楼上写下《妻妾成群》。这年二月，苏童的女儿"甜蜜隆重地诞生"，他形容对女儿的爱"深得自己都不好意思"。

写作的时间被家庭分去一半，"理该如此，也没有什么舍不得的"。那时苏童没想到，两年之后，张艺谋把这本小说改编成电影《大红灯笼高高挂》，获奖无数。多年后，这本书成功入选中国改革开放四十周年最有影响力小说，家喻户晓。

这部电影也为苏童带来了国际声誉，甚至有海外商人找他联合开发电影里姨太太锤脚的木头锤子，让他非常震惊。

---

[1] 摘选自苏童：《1934年的逃亡》，上海社会科学出版社，1988年版。

第一章 土地、创意，他们曾成为先锋

小说将关注点投向深宅大院的女人。受过新时代教育的女学生颂莲，在十九岁时自愿嫁给年老病态的陈佐千做四姨太，从此在高墙深院的明争暗斗中饱受苦楚，最终在陈府这口"死人井"里走向精神崩溃的悲惨结局。

苏童这样概括："痛苦中的四个女人，在痛苦中一齐拴在一个男人的脖子上，像四棵枯萎的紫藤在稀薄的空气中互相绞杀，为了争夺她们的泥土和空气。"主角颂莲，来自童年故乡里的香椿树街。苏童的母亲有一个裁缝女友，说着带有上海腔口音的苏州话，带着三个女儿，听闻是给人家"做小的"。

小时候在苏州街头，苏童看过很多别家婷婷袅袅的"小老婆"。他常常好奇，在想大老婆去哪了。

在小说里，他写了大老婆，还有三个小老婆，写气派恢宏的陈府如摇摇欲坠的旧宫殿。女人们的生命如同依附在府邸墙壁上的藤蔓，生根盘绕，纠缠错乱，却没有力量挣脱出来。

写作时，苏童不断提醒自己，要细腻再细腻。这般精细的笔触也描摹出陈府女人们一潭死水之下被压抑的旺盛生命力。三姨太梅珊出门找医生偷情前，颂莲问："你出门？这么大的雪。"梅珊展露迷人的笑靥说道："雪大怕什么？只要能快活，下刀子我也要出门。"

小说的最后，梅珊事情败露，成为井底白骨。生命消散，但痛苦也随风而去。颂莲还活着，但每天要看着院子里那口吞噬生命的井。于是她疯了。

比物理生命逝去更可怕的是：意志的崩坏，自我的毁灭。正如苏童把颂莲比喻为"一条新上的梁柱，还散发着新鲜木材的气息，却也是最容易断裂的"。

时至今日，众多读者仍能共情其中所写的恐惧，将这本小说奉为经典。

登载《妻妾成群》那期《收获》的发布之日，苏童的母亲正在做癌症手术。他在去医院的路上顺便拐进邮局，买了一本刚出版的杂志，却害怕自己的好运最终给母亲带来厄运。

"当我在我的文学路上'飞黄腾达'的时候，我母亲的生命却一天天黯淡下去——我无法确定这种因果关系，我害怕这种因果关系。"[①]

[①] 摘选自苏童：《我从来不敢夸耀童年的幸福》，《北方人》2010年第10期。

手术结束前，医生便向家属宣布母亲的病不可治愈了。苏童记得"我当时想掐住医生的喉咙，不让他说出那句话，但最终我什么也不做，什么也做不了"。次年七月，苏童的母亲去世。小说中的神来之笔，终究没有在生活中出现。正如苏童写的那样："我迷恋于人物峰回路转的命运，只是因为我常常为人生无常历史无情所惊愕。"

04 "最会写女人"

面对"中国最会写女性的作家"的称号，苏童本人不置可否。他认为自己"只不过是用平等的眼光把女性放在和男性同等的地位上去探索她的内心世界"。

小说《红粉》讲述建国改造时两个妓女和一个嫖客之间的恩怨情仇，两个相依为命的好姐妹最终因为一个男人反目成仇，各自走向了截然不同的命运。

这看似是一个传统"三角恋"的故事，写的依旧是那些婷婷袅袅靠男人吃饭的女人。但苏童以冷静细腻的笔触写女人们相互照顾又彼此嫉妒，相依为命却相互伤害，复杂又深婉，令人叹息。

写性格，写宿命，写历史的车轮，写个体的无力，写被抛弃的女人，也写作古的时代，写"落得个白茫茫大地真干净"。"无限利用'人'和人性的分量，无限夸张人和人性力量，打开人生与心灵世界的皱褶，轻轻拂去皱褶上的灰尘，看清人性自身的面目，来营造一个小说世界。"

获得第五届鲁迅文学奖的短篇小说《茨菰》，聚焦一个来自乡下的逃婚姑娘顾彩袖。她被家人逼迫嫁给患羊角风的老头，随后被一帮知识青年"拯救"到城里，藏在了"我"家，又在城里求助无门回了家，最后服农药自杀。

在苏童的叙述中，彩袖并非单纯地被迫害或者被拯救，而是像一只绣球一样被抛来抛去。善意仅是一腔热血，没有人为她的命运负责。"出走的娜拉"既无法假装合上睁开的眼睛，亦无法左右自身如茨菰一般的命运，最终选择结束这飘若浮萍的一生。

五十岁这年，苏童把笔对准了男人，推出了长篇小说《黄雀记》。这是苏童自己选择的文学转型。他曾对媒体解释道，自己从来没有说写作的人物中心是女性。真的写女性的作品只占他整体作品创作中的十分之一，但是它们的传播特别成功。他自己无法解释这样的意外和偶然有什么样的意义。

2015年,《黄雀记》获得第九届茅盾文学奖。2019年,这部小说入选"新中国70年70部长篇小说典藏"。《黄雀记》的主角是两个少年——保润和柳生。保润因为被栽赃强奸"仙女"银铛入狱,而真正的罪人其实是柳生。出狱之后,保润实施报复杀死了柳生。

在这起案件中,当事人互为对方的蝉、螳螂、黄雀。其实,生活与时代才是他们的大佬,使他们臣服,品味被捕捉的恐惧与被吞噬的无奈。《黄雀记》既写了三个人的命运纠缠,也叙述着80年代的惶惑、脆弱。

新世界的列车并不承载每个人,有人被碾碎,有人途中被抛下,甚至轰隆一声列车停下,许诺过的必经之地也许不会到达。"在人的叙事中,我们还是可以窥见历史的影子。"不论是深宅的小老婆,被改造的妓女,还是乡村的男女老少,苏童拿着放大镜挖掘人性,给每个角度切近景,历史的车轮声亦贯穿始终。

05 与自己重逢

近些年,从"知天命"到"耳顺",苏童也通过媒介跟大众走得近了些。他作为常驻嘉宾,和老友余华、西川参加了文化综艺节目《我在岛屿读书》,豆瓣评分9.1。

网友爱听他们讲书、聊文学,也爱看老友之间的斗嘴。"相爱相杀"的苏童和余华总是互呛,花样百出看得人乐此不疲。节目里余华对苏童说:"就你给我写的信最无聊。"

原来,当年在《钟山》做编辑的苏童给余华寄去邀稿信,却被对方从信纸上的笔印发现,信件与其他作家除了开头的名字不同,其余一字不差。苏童也在节目里回忆起当编辑的岁月:和同道们讨论文学,为了一篇稿子是否能发表在刊物上吵得面红耳赤。

编辑的意义是"抹去宝石上的灰尘",既见才华的闪光,也可以看出"灰尘在哪"。闲聊之际,苏童曾动情地回忆往昔。当年跟莫言、余华几位老友出门,他负责背史铁生,从北京机场到湛江上轮船,最后到海口。"我是记得他的体温,从某种意义上是我觉得背着一个文学圣洁的灵魂。"后来叶兆言身体不好了,聚会时苏童也背过他。

这是苏童罕见地在大众面前流露出真实自我的时刻。在海风和鲜花之间,他不再被冠以"中国最会写女性的作家"的称号,不被猜测如何躲在阴暗人物背后搅动风云。人们开始看到另外一个形象的苏童,他是一位贴心的朋友,一个真诚开朗的旅伴,一个喜欢回忆的帅气老头。

老友们不止一次在节目中提到他帅气周正的外表。余华说他有波斯血统,长得一点不像苏州人;欧阳江河更笑称"苏童每活一天,就浪费自己的帅一天"。

在这档文化节目里,苏童也谈及自身对阅读的观点。他认为阅读首先是一种识字以后的潜意识的动作。因为你识字,那么你的需要其实是跟你的内心生活是有呼应。一本书、一部小说引导你进入某一种内心生活,你就是比别人活得稍微丰富一点。

岁月洗练,临近花甲的苏童也坦言,好多经典你年轻时候读,跟现在读是不一样的,所以这就是经典的意义。二十岁的时候拒绝了它,但是你在五十岁的时候接受它、赞美它,这就是经典。

"写作是一件很麻烦的事。尤其是写长篇小说,它是一场自我斗争,是跟小说里的人物作斗争,跟结构作斗争,从来都不是一个愉快的过程。"[①]

外部的环境在剧烈变化,他上综艺也上直播,对"文学带货"的董宇辉说,"你在我们文学界当中是一个传奇",在被采访时问记者:"一百万字的东西现在还有人看吗?"

苏童仍在埋头写作,为读者也为自己。《我在岛屿读书》里,苏童看到海浪拍打礁石,感慨道:"海浪打在石头上,它形成一次相见,形成下一次相见,就是没完没了地,重复这样的一种相遇。"

笔耕不辍对于他而言是一种重逢,也是一份新生。苏童在写作里一遍又一遍地与故乡重逢,与故人重逢,与青春重逢,与历史重逢。他敞开胸怀迎接海浪,将一生的年华沉浸其间,任由文学的浪涛将生命打磨,成为一个纯粹的作家。

---

① 摘选自花瓢白:《专访苏童:00后爱〈妻妾成群〉》,《新周刊》公众号2023年6月28日。

正如苏童自己写道："每一个读者都暗自与作家订立了一份契约，作家从来没有见过那份契约，但他们始终知道那份契约的存在。"

作家精彩名句与段落摘录

◎ 名句

1. 一个人如果喜欢自己的居住地，他便会在一草一木之间看见他的幸福。（《活着，不着急》）

2. 别人的春天鸟语花香，他的春天提前沉沦了。巨大的空虚长满犄角，一下一下地顶他的心。（《黄雀记》）

3. 真诚的力量无比巨大，真诚的意义在这里不仅是矫枉过正，还在于摒弃矫揉造作、摇尾乞怜、哗众取宠、见风使舵的创作风气。（《活着，不着急》）

4. 许多事情恐怕是没有渊源的，或者说旅途太长，来路已经被尘土和落叶覆盖，最终无从发现了。（《桑园留念：苏童短篇小说编年卷1——1984~1989》）

5. 一个人无法张罗自己的葬礼，身后之事，必须从生前做起。（《黄雀记》）

◆ 段落

1. 平原上的战争是一朵巨大的血色花，你不妨把腊月十五的雀庄一役想象成其中的花蕊。硝烟散尽马革裹尸以后，战争双方吸吮了足够的血汁，那朵花就更加红了，见过它的人对于战争从此有了一种热烈而腥甜的回忆。（《三盏灯》）

2. 小街的日常生活一切依旧，就像一只老式的挂钟，它就那么消化了一个轰轰烈烈的时代，消化着日历上的时间和新闻报道中的时间，它的钟摆走动得很慢，却镇定自若，这钟摆老气横秋地纠正着我脑子里的某种追求速度和变化的偏见：慢，并不代表着走时不准；不变，并不代表着死亡。（《活着，不着急》）

王安忆：我不是一个原地踏步的人

青野

"如果有一天AlphaGo（人工智能）也能进入写作，也能够写出比我们好得多的小说，那我们这些人干什么呢？我想大概还是写作。因为写作本身是有乐趣的，这种过程是无法替代的。但我也怀疑人工智能是否能做到替代我们写作，因为毕竟生活不是按常理出牌的。"

上面这段话出自王安忆在华东师范大学和余华的一次对谈活动上。面对人工智能的发展可能带来的失业危机，王安忆并不心焦。

写作对她来说是职业化的一件事，同时也是出自一种本能需要，那种自发的愉悦感显然不会过多受到外部环境的左右。

从20世纪80年代初涉文坛至今，王安忆出版的小说、随笔、编剧作品已经超过百部，其中不乏厚重之作。勤奋，是她作为写作者最常被提及的品格。

王安忆从来不甘于被批评家赋予的理论标签所束缚，不断寻找新的主题，探索新的写作可能。以至人们很难对她的写作做出某种整体性的、概括式的评价。

然而和写作方面的求新求变相对，出现在公众视野中的王安忆并没有同时代的莫言、余华那般幽默逗趣的"吸粉"体质，而是始终保持着传统知识分子式的严肃、专注、不动声色。

用陈村的话说，王安忆的生活状态比她的小说更节制。在近五十年的写作生涯中，王安忆经历过时代的风暴，也遇到过为自己锚定方向的人，经过不断地练习、钻研、蜕变，最终培植出了一个"文学工匠"所具备的长久耐力与稳定内核。

01 革命时代的父亲母亲

1954年3月王安忆出生于一个知识分子家庭，母亲是作家茹志鹃，父亲是剧作家王啸平。对中国当代文学有一点了解的人，想必都听过茹志鹃这个名字。

1958年3月，茹志鹃在《延河》月刊发表了短篇《百合花》。这篇小说以淮海战役为背景，歌颂了解放军和老百姓之间的美好情感。

茅盾读到这篇作品后，在《谈最近的短篇小说》一文中高度肯定和高度赞扬了《百合花》，认为这篇小说"是最近读过的几十个短篇中最让人满意，也最使人感动的一篇"。于是《百合花》一文成为茹志鹃的代表作，后来也被选入高中必修语文课本，被一代代读者所熟知。

王安忆提到母亲这篇小说时说道："茅盾先生对我母亲这篇小说的称赞，其实对我们全家都是有重要的意义，因为它使我母亲可以有自信来做一个作家，不仅是她能够做作家，似乎我们一家又有了一个合法的身份。"[①]

之所以这样说，是因为《百合花》发表时，王安忆一家正陷入风雨飘摇的境地之中。在政治斗争的年代里，王安忆的父亲王啸平被划为了"右派"，受到了开除党籍、逐出军队、降职降薪等一系列政治惩戒。

风声鹤唳的时代氛围下，作为"右派"分子家属的茹志鹃一度承受了很大的精神压力："啸平处于岌岌可危之时，我无法救他，只有每天晚上，待孩子睡后，不无悲凉地想起战时的生活，和那时的同事关系。"

右派家庭成员在生活中难免遭受冷眼相待，出于对战斗年代人和人之间温馨情谊的怀念，茹志鹃写下了《百合花》。而《百合花》所受到的来自文化权威的肯定，也成为乱世中的一把保护伞，让她得以在丈夫失势的情况下独自撑起一个家庭。

出于政治原因，在很长一段时间里，父亲对王安忆来说都是很模糊的存

[①] 摘选自王安忆、曹可凡：《王安忆：别人的定位不那么重要》，中国作家网2018年9月19日。

在，就像她后来在《父亲从哪儿来》中写的那样：

"人们都知道我的母亲茹志鹃，而我的父亲王啸平却极少有人知道，包括我自己，从来对父亲是不了解的。"

在幼年的她看来，父亲是极"不合时宜"的一个人。他既不擅长料理家庭琐事，也不懂得人情世故，甚至率性任为到有他不喜欢的客人来访，他会在客人刚转身跨出门槛时，就朝人背后扔去一只玻璃杯。

"文革"时期，得知父亲曾是右派分子后，王安忆和姐姐感到巨大的失望和愤懑。直到长大成人，对过去的历史有了更理性的认识之后，王安忆才逐渐理解了父亲"不合时宜"背后的赤子之心。悲剧遭遇背后的是对革命与艺术的忠诚。

"我看见父亲做一名青年的时候，是如何克服着他的性情，去适应一个人事复杂且纪律严格的环境；他的交响曲式的革命图画在现实中如何一步一步得到修正；他在中国这一个梦寐以求的回归之地，是如何真实地开拓他的痛苦与感动的经验。"[1]

也正是由于王啸平的种种遭遇，茹志鹃最开始并不愿意自己的孩子再去涉足"是是非非的文学艺术"。比起小说家，她更希望女儿安忆长大后做个医生，靠一技之长安分地治病救人。

然而，无论是遗传密码也好，命运使然也罢，王安忆还是一步步走向了文学，甚至在某种程度上超越了她的父亲母亲。

在父亲王啸平看来："这些年里，安忆是我们家创作冠军，茹志鹃是亚军，我只能算是殿军。"[2]

02 "我不是一个原地踏步的人"

尽管之前有一些零零碎碎的作品发表，但王安忆正式登上文坛是始于"雯雯系列"小说。和大部分写作者相似，王安忆早期的文学创作首先从自我经验起步。

---

[1] 摘选自王安忆：《父亲从哪来》，《文苑》2016年第11期。
[2] 摘选自吴剑坤：《导演王啸平和作家茹志鹃（下）》，《如东日报》2020年3月13日。

第一本短篇小说集《雨，沙沙沙》以一个叫雯雯的少女为主人公，她性格文静好思、敏感多情，也和王安忆本人一样，有过在农村插队的经历。

可以说整个"雯雯系列"充满了王安忆本人的影子，有着浓烈的青春自叙传的抒情意味。不过王安忆并不满足停留在讲述自我的阶段，她始终有着创作的渴望和焦虑。

这种渴望在王安忆1983年赴美参加"爱荷华国际写作计划"一行中被点燃，同时也促成了其文学观的重大改变。"爱荷华国际写作计划"是聂华苓和保罗·安格尔夫妇创办的文学活动，每年举办一次，主要面对发展中国家的作家。

王安忆是同母亲一起参加这次活动的，同行的还有来自台湾的，被称为"台湾鲁迅"的作家陈映真。

看到这些人，陈映真反复对王安忆说："你看看你周围，他们问题都很严重，不要以为就中国问题严重。"

正是这些"他者"的出现和来自前辈陈映真的谆谆教诲，让当时还在对中国的十年创痛耿耿于怀、觉得自己生不逢时的王安忆受到了极大震动。

面对来自世界各国厚重的历史经验和现实困境，她开始思考一个严肃的问题——你写的故事有什么意义。因为尚且给不出答案，回国后的王安忆有大半年的时间没有写小说。

直到"寻根文学"兴起，作家阿城来到上海宣传"寻根"的意义，给当时陷入迷茫和自我怀疑中的王安忆提供了一个可行的写作立场和角度，《小鲍庄》应运而生。

不同于之前以自我为中心的写作，在《小鲍庄》中，王安忆把目光转向了自己并不熟悉的农村。小说以"仁义"为核心词，讲述了一个小村庄几户人家的生存状态和生活命运，充满历史感、厚重感和悲剧意味。

《小鲍庄》一举成为"寻根文学"热潮的代表作，也被视为王安忆从早期创作阶段迈向中期创作阶段的标志性作品。

第二篇具有轰动效应的则是长篇小说《长恨歌》。

1995年，长篇小说《长恨歌》开始在杂志《钟山》上连载，后于1996年首度出版，并在2000年10月获得第五届茅盾文学奖。

这部小说讲述了一个上海女人王琦瑶"锦绣烟尘"式的传奇一生,以个人跌宕起伏的命运折射出了二十世纪四五十年代上海这座城市的风情风貌。

在上海成为一个时尚话题和怀旧对象的文化背景下,《长恨歌》受到热烈的关注,成为有关上海的符号性文本之一。也正是从《长恨歌》开始,王安忆被认为是海派作家。

对此王安忆并不领情,她从不愿意承认自己是一个写上海的人。

上海当然是她写作的主要材料,但她对三十年代的上海并没有什么怀旧的感情,可以看出她在有意规避与所谓的"时尚"亦步亦趋的写作路径。

当《长恨歌》的历史哲思和现实批判立场被媒体炒作和时尚附会抽空,最终沦为一个言情小说的时候,王安忆很无奈地说:"我们现在都是公共空间里的人,自己对自己都没有发言权。"

《长恨歌》之后,王安忆没有被盛名所累,还是保持写作的状态,二十多年里陆续创作了《天香》《匿名》《考工记》《一把刀,千个字》等多部长篇小说。2022年8月,她最新创作的小说《五湖四海》出版。

纵观王安忆的写作历程,应了她对自己的评价:

"我对我的进步是满意的。我不是一个原地踏步的人,也不是突破性很强的人。"

"我一直在很老实地很诚恳地写作。"

03 安忆与"三陈"

王安忆生命中有三位重要的男性友人,恰好都姓陈。

第一位就是上文提到的陈映真。两个人虽私交并不多,但1983年那次"爱荷华国际写作计划"之行,陈映真给王安忆带来的影响却是极其重要的。

八年后,王安忆写下《乌托邦诗篇》,以散文的形式记录了她和陈映真之间的故事。

她以罕见的动情口吻写道:

"我以我对一个人的怀念来写下这一诗篇。

"对这一个人的怀念变成了一个安慰,一个理想,似乎在我心里,划出了一块净土,供我保存着残余的一些纯洁的、良善的、美丽的事物;还像一种爱情，使我处在一双假想的眼睛的注视之下，总想努力表现得完善一些。"

事实上，那次爱荷华之旅陈映真与王安忆之间是不甚愉快的。

一方面，陈映真作为台湾左翼知识分子，第一次见到来自大陆的作家，王安忆更是他第一次看到的大陆年轻一代的写作者，他是怀抱着巨大的热情与希望同她会面的。

但另一方面，"文革"结束不久，王安忆刚从知青的命运里挣脱出来，心中对曾经经历过的那个时代充满愤怒，言辞之间，多为激烈的批判和自我怜悯。这显然不是陈映真所期望看到的。

在大陆改革开放开展得如火如荼的背景下，王安忆饶有兴味地谈论着"个人主义""市场"以及"资本"。

那时候身处经济先一步发展的台湾的陈映真却已经感受到了工业化社会的人性危机。时代境遇的不同，在两个人之间制造了巨大的错位与鸿沟，而且这种错位一直持续到了21世纪。

2001年年末的全国作家代表大会，陈映真作为台湾代表赴会，与王安忆的座位仅相隔两个人。

但王安忆看到的却是熙攘的人群里陈映真的寂寞和失望——在市场化、全球化的时代，他纯洁的革命理想已经无处安放。

王安忆视陈映真为偶像，很长一段时间里都盼望着得到他的肯定和认同，但最终悲哀地发现：

"我从来没有赶上过他，而他已经被时代抛在身后，成了落伍者，就好像理想国乌托邦，我们从来没有看见过它，却已经熟极而腻。"

1983年那次美国之行，还让王安忆认识了另一位人生挚友——陈丹青。

当时旅居纽约的陈丹青给王安忆留下最深刻的印象便是苦闷。两个人一同去博物馆，陈丹青在地铁上读王安忆送给他的小说《六九届初中生》。

陈丹青和王安忆都是六九届，也都是知青，在异国他乡看到同时代的人和故事，他一边看一边哭，路人皆错愕。而王安忆发现了他内心深处的怀乡之情，"别人都忙着向西方认同，他却在向中国认同。"

就这样，两个人变成了长久的好友。王安忆甚至将陈丹青视为"思想伴侣"：

"在我的生活当中,我觉得和陈丹青交往是重要的,虽然有时候会生气,可我觉得他真是我一个思想的伴侣。我们会很长时间不谈话,可是忽然之间会谈,会在某一点达到契合,互相特别能够提供材料或者提供一种积极反应,会谈得很好,虽然也会非常非常谈不拢,但我觉得始终可以在一个水平线上。"①

"三陈"中最后一位,是著名的评论家陈思和。

当代文坛的一个吊诡之处在于,作家和评论家之间要么是剑拔弩张,要么是互捧臭脚,鲜少有诚恳有效的对话。陈思和对王安忆来说,是一个例外。

她一向很看重陈思和给她的建议。她曾说过,"陈思和于我,不单纯是评论家的身份,可说是思想与文学的知己,我并不将他的话当作评论家的发言"。

王安忆能到复旦教书,也得益于陈思和。

因为历史原因,王安忆没有上过大学,因此十分向往大学的氛围。1994年,陈思和代表复旦大学,请王安忆等人到复旦开讲座。王安忆提议说能不能换种形式,不开讲座而是正式开堂课。

陈思和提醒王安忆,讲课的报酬远不如讲座,要对课程结构进行调整,比较麻烦。但在王安忆表示报酬无所谓之后,她如愿在复旦开设了一门本科生课程。

尽管有过高校授课经历,但是王安忆没想过正式进高校当大学老师。即便她已经是上海作协主席,没有大学文凭一事在时下"科层制管理"的高校环境里始终是一个阻碍。

直到她有一次和华东师范大学的陈子善教授吃饭。在听到他提及自己没有文凭,还是破格进了高校之后,王安忆萌生了进高校的愿望。

她最早的理想院校是华东师大,但是陈思和听说后回复,"要到上海高校一定要进最好的,就复旦了"。于是,在好友的鼎力相助下王安忆通过杰出人才引进,于2004年进入复旦教书。

和部分神龙见首不见尾的挂名教授不同,王安忆将写作上的认真与勤奋延

---

① 摘选自王安忆、张新颖:《谈话录》,译林出版社,2019年版。

续到了教育上，始终深耕课堂，致力于和学生面对面交流。

在2021年复旦大学研究生毕业典礼上，王安忆作为教师代表致辞：

"今天的教育确实有着许多问题，有一些还相当严重。可是无论怎么样，教育也不会因此而损失它的意义，它是迄今为止，最有可能公平地给予我们变好的机会。不仅使同学你们，也使我们，单是想着，你们慷慨地将青春交给我们负责，就不敢有半点怠惰。"

"不敢有半点怠惰"——是王安忆的教育理念，也是她的写作理念。

要问是什么成就了今天的王安忆，当然有才华，但更紧要的或许是那份勤奋与定力。

作家精彩名句与段落摘录

◎ 名句

1. 美是凛然的东西，有拒绝的意思，还有打击的意思；好看却是温和、厚道的，还有一点善解的。（《长恨歌》）

2. 弄里的一盏电灯洒下的不是亮，而是夜色。（《长恨歌》）

3. 上海弄堂如果有梦的话，那梦，也就是流言。（《长恨歌》）

4. 她似乎天生信赖人生，其实不是无端，她是择善，就不信会有太恶。这股乐天劲使她的混沌变得光明，而不是晦暗。（《桃之夭夭》）

5. 虚无就虚无，过眼就过眼，人生本就是攒在手里的水似的，总是流逝，没什么千秋万载的一说。（《长恨歌》）

◆ 段落

1. 一次次恋爱说是过去，其实都留在了脸上。人是怎么老的？就是这么老的！胭脂粉都是白搭，描画的恰是沧桑，是风尘中的美，每一笔都是欲盖弥彰。（《长恨歌》）

2. 长得好其实是骗人的，又骗的不是别人，正是自己。长得好，自己要不知道还好，几年一过，便蒙混过去了。可偏偏是在上海那地方，都是争着抢着告诉你，唯恐你不知道的。所以，不仅是自己骗自己，还是齐打伙地骗你，让你以为花好月好，长聚不散。帮着你一起做梦，人事皆非了，梦还做不醒。(《长恨歌》)

  3.在这个凄凉的时代里，她显得格外鲜艳，而且还很快活。这是生长本身滋养出来的，多少是孤立的，与周遭环境无关，或者也有关，只是不那么直接。健康的生命，总是会从各样环境里攫取养料，充盈自己。(《桃之夭夭》)

孙甘露：重回文坛之巅

青野

2023 年，孙甘露凭借长篇小说《千里江山图》获得第十一届茅盾文学奖。对于许多年轻人，甚至中年人来说，"孙甘露"这个名字都显得太过陌生了些。

作为 20 世纪 80 年代"先锋"的成名作家，在接近二十年的时间里，孙甘露仿佛在文坛消失了一样，既不发表小说，也很少有其他作品。

然而谁也没想到，就在"孙甘露"这个名字即将走入文学史的故纸堆里的时候，一部《千里江山图》横空出世，拿下了茅盾文学奖这一最高文学殊荣。

这部与读者和市场久别重逢之作，也呈现出了和他以往创作截然不同的文学质地。

那么，是什么促就了孙甘露的转变？从《访问梦境》到《千里江山图》是否存在一条连贯的写作线索？《千里江山图》是否意味着孙甘露对过去的某种"弃绝"或者"背叛"？

让我们带着这些问题走近孙甘露，感受一种有关文学创作的别样可能。

01 流离在上海的人生路

1959 年 7 月 10 日，孙甘露出生在上海三角地附近一家公立医院。他的父亲孙庆孚是一名军人，母亲贺步霞是一名小学老师，父母二人皆为山东人，1949 年跟随解放军部队南下来到上海，定居于此。

所以孙甘露既是土生土长的上海人，也是这座城市的移民。他从小在家和父母说北方话，出门便说一口地道的上海话，两种语系之间的切换对孙甘露来

说自如而轻松。

　　受到父母工作的影响，孙甘露在上海经历过数次随军搬迁。一家人的足迹遍及漕河泾、吴淞、高桥、田林新村、虹桥……这意味着孙甘露很难有固定的玩伴和长久的友谊，孤独之余他选择了投入书籍的怀抱。

　　"六十年代末，对我来说是孤寂的，我随着父母在上海各处挑住处，并且短暂居住的经历，愈发加剧了种种不确定感。战争在远方，也在不远处，就在你的床边。孤寂和忧虑令你向什么屈服？向少年时代的玩伴？向小圈子？这些东西只是使你更加孤寂。"

　　"好吧，终于向书籍、向幻想寻求慰藉，它们把你摆渡至胡志明小道，或者西贡，更远的巴黎（它最初就是这么进入我的视野），乃至美国。"[1]

　　从小学三四年级开始，孙甘露陆续接触到一些经典文学作品，主要集中在中国古典名著和俄罗斯文学。"文化大革命"时期市面上可以买到的书自然不丰富，但阅读给予了孙甘露寂寥而动荡的少年时代无限的精神滋养。

　　和大多数作家一样，中学时期孙甘露就显露出他的文学天赋。比较特殊的一点是，在孙甘露的作文常常被老师当作范文夸奖的同时，他对课文中心思想的总结，却总是和那个标准答案大相径庭。

　　以今天的眼光来看，这种失衡当然可以被解读为一个未来小说家的非凡想象力与模板化的应试教育系统之间的错位，但当时的少年孙甘露感受到更多的是不安和挫败。

　　"我对写作这个事情始终在一个自我肯定和自我否定的两极中间摇摆，就觉得好像我是能写的，但是对作品的理解是有问题的。"[2]

　　中学毕业后，孙甘露在邮政技校又读了两年，随后被分配到邮局工作。成为邮递员之后，孙甘露每天骑着摩托车在上海的大街小巷来回穿梭，城市中流动的工作经验让他有机会对上海的城市文明和社会变迁进行切近的观察和思考。

　　在某种程度上，正是邮递员时期对城市肌理的熟稔，为后来孙甘露创作《千里江山图》奠定了基础。

---

[1] 摘选自孙甘露：《被折叠的时间：孙甘露对话录》，译林出版社，2024年版。

[2] 摘选自《对话孙甘露》，上海广播电视台纪实人文频道《可凡倾听》2024年3月2日。

"上世纪六十年代很多年轻人都离开了,从街道上观察好像被抽空过一样,人口密度被稀释了。但等到返城以后,忽然之间就开始又大量涌入人群,街上熙熙攘攘。可以从完全不同的角度来观察、来体会。这个是让我受益终生的,现在回想那几年的经历,我觉得也许就是为了写《千里江山图》做的准备吧。"[1]

幼年培植起来的阅读习惯在孙甘露工作后依然得到延续。若干年后的他依然记得二十多岁的自己在下午公休时间,坐在邮局的折叠椅上阅读加缪的情景。

做读者做久了难免会生出动笔的欲望。早在1973年读中学的时候孙甘露就尝试过写作,但写出来的东西并不令人满意,作家本人的评价是"不堪卒读"。

1979年,孙甘露再次提笔,结果仍然是"不堪卒读"。直到1985年,孙甘露才迎来写作上,也是他整个人生中一个重要的转折点。

1985年,那个当代文学史上新潮滚滚的一年。

02 化身为先锋的实验者

1985年前后,随着"寻根文学""先锋文学"等文学思潮蓬勃兴起,内地文坛可谓热闹非凡。

不但有因《透明的红萝卜》一举成名的莫言、以《山上的小屋》一鸣惊人的残雪,还有刘索拉、徐星、马原等青年作家在《人民文学》这样的国家级刊物上集中亮相。

1985年,为扶植和培养文学新人,上海作协举办了青年作家讲习班,二十六岁的邮递员孙甘露成为其中一员。值得一提的是他的同学还有在沪西工人文化宫上班的金宇澄。

讲习班结课之际,每个学员需要上交一部自己的原创作品,孙甘露写下了一篇小说《访问梦境》。批评家李陀偶然读到这篇作品后十分欣赏。在他的助力下,《访问梦境》于《上海文学》1986年9月号发表。孙甘露的文学之路就此启程。

令所有人始料未及的是,《访问梦境》引发的众声喧哗大大超出了一个籍籍无名的文学新人本应微薄的影响力,理由要归结于这篇小说特别不像小说。

---

[1] 摘选自《对话孙甘露》,上海广播电视台纪实人文频道《可凡倾听》2024年3月2日。

传统小说理论强调小说三要素：人物、环境、故事情节。在《访问梦境》中，这一切都以模糊而暧昧的姿态出现。用评论家吴亮的话说："《访问梦境》彻底放弃了小说惯有的主题要求和基本的凝聚方式，沦为一堆词的集合，一堆无对应的毫无还原可能的词语梦想。"

这对长期将现实主义奉为圭臬的当代文坛来说，几乎构成了一种冒犯。不仅普通读者直呼看不懂，而且许多业内人士也表示不满，就连当时刊发这篇文章的编辑也因此受到了责难。

不过，孙甘露本人似乎对外部的声音无动于衷。在后来的一次访谈中，他如此说道：

"曾经有人说我的东西不是小说。对我来说，是不是小说无所谓，我并不很在乎。如果他们认为我的东西是小说，就把它收到小说集里去；如果他们认为不是，那么就不收。我曾经看到一篇评论说，这样的作品称不上是好小说，甚至称不上是小说，我觉得这两句话没有什么逻辑关系。"[1]

即便遭受了诸多非议，在后续的创作过程中孙甘露也并没有刻意调整自己的写作方式，《请女人猜谜》《信使之函》《呼吸》等作品依然延续了一种诗意的、梦呓般的小说风格。

也正是这一系列"不像小说的小说"，奠定了孙甘露在当代文学史上先锋派作家的典范地位，也被视为"在先锋试验中走得最远的人"。

值得一提的是，一向以刻薄犀利著称的作家王朔曾毫无保留地赞美孙甘露的小说："孙甘露当然是最好的，他的书面语最精粹，他就像是上帝按着他的手在写，使我们对书面语重新抱有尊敬和敬畏。"

如此高度的褒奖，足见孙甘露在语言方面的精巧和考究。不过，孙甘露不是一个勤奋的，或者说高产的作家。

在成名之后，他并没有趁热打铁地保持高强度的写作。在 2007 年长篇小说《呼吸》出版后再无小说作品问世，读者能够见到的只是一些零星的散文、随笔、诗歌之类。

他将更多的精力花在了时尚杂志《上海壹周》的策划和上海市文联副主

---

[1] 摘选自孙甘露：《被折叠的时间：孙甘露对话录》，译林出版社，2024 年版。

席、上海作协副主席等众多头衔下繁杂的机关工作上。值得一提的是，在爱马仕 2008 年秋冬男装系列发布秀上，孙甘露还以嘉宾模特的身份走过秀。

作为一度炙手可热的小说家，孙甘露在其他领域的热闹阵仗，和在小说创作方面的"沉寂"之态，不禁让人怀疑他是否就这样止步 80 年代所到达的高峰。

直到 2022 年长篇小说新作《千里江山图》的问世，把孙甘露这样一位似乎被文学史封存了的作家再度推到了读者面前。

03 与过去告别的新人

"这一次，孙甘露立地成佛般扔下了所有过往装备，所有过往的情和爱，他的新男主用截然不同的速度行走江山，逆流而上。这是孙甘露履历里的新人，忧郁的先锋派小说诗人突然变成了动词的巨人。"

上面这段话来自华东师范大学毛尖教授对《千里江山图》的评价。

"立地成佛般扔下了所有过往""截然不同""履历里的新人"……无不强调着这部小说对先锋派作家孙甘露的转型意义。

熟悉孙甘露创作的读者都不约而同地发现，就这部《千里江山图》而言，无论是它的历史指向，还是那谍战小说的叙事外壳，都与孙甘露之前的作品大相径庭。

然而，孙甘露二十年前就有了想以《千里江山图》这个题目来写一部小说的冲动，只不过那时候除了题目之外，其他一切都是模糊的。

直到 2020 年左右，孙甘露偶然了解到 20 世纪 30 年代初非常秘密的一个转移行动——党中央从上海转移到瑞金。这一路上的曲曲折折、起起伏伏，让《千里江山图》就此获得了它的肉身。

小说的背景是 1933 年的上海中央机关战略大转移，一个上海特别行动小组，克服种种困难，实行"千里江山图计划"。

在讲述这样一个真实的历史故事的时候，孙甘露在小说文体方面做出了巨大调整。

《千里江山图》的语言一反孙甘露之前诗化小说的华丽精美，而是以短句和动词为主，力求简洁与明晰。

同时，黏稠、细致的情绪铺陈在小说里也是缺席的。故事情节依托大量的人物对白和行动展开，标志着一种及物的、克制的、简洁的美学风格的形成。

不过，这样一部看似剔除了种种感性因素，可读性又非常高的小说却关涉着一个十分理想主义的主题。

在第十一届茅盾文学奖的获奖感言中，孙甘露如此说道：

"《千里江山图》是关于理想和牺牲的，也是关于秘密和情感、遗忘和记忆。它源自那个令人难忘的时代，也源自我的出生地上海。我时常会想，我有机会在此生活、工作，已经是莫大的犒赏。

"写作引领我们反思我们所拥有的一切，也令我们想象我们未曾拥有的。两者彼此审视，相互交融，令我们体会到，一生也只是历史长河中的一瞬。就像历史学家常说的那样，荣耀很快就会消失，而那些为理想付出生命的人，才是值得后人永久地记忆。"

可以说，《千里江山图》最核心的东西在于它所讲述的革命年代的信仰和热血。为了准确表现当年的历史面貌，孙甘露在史料文献的查阅方面做了不少功课，学习党史军史，请教相关专家，没有半点马虎。

这不仅仅是一个专业作家对自身创作的负责，同时也是对革命历史和为革命抛头颅洒热血的先辈们的鞠躬致敬。

在这个理想主义远去的年代，《千里江山图》以谍战小说的类型化面目出现，却让生活在和平年代的读者得以回顾百年前的风雨飘摇，反思我们的来路和去处，或许这正是它最大的价值所在。

04 执意于转变的老年人

行文至此，大概说明了什么促就了孙甘露的转变。

就选题而言，其中既有一幅画引发的朦胧的写作冲动，也有来自革命历史事件的启迪。小说文体方面的转变逻辑则十分简单，用孙甘露的话说："作品的艺术形式与它的描写对象有关，我要写严肃的红色题材，写实主义的手法便自然而然出现。"

在《千里江山图》的研讨会上，孙甘露说："我六十岁以后，思想上确实发生很大转变。"究竟是怎样的转变，他没有展开说明。

但在写作上从私人呓语到家国历史的"大转身",似乎可以说明一些内容。年岁的积累让一个作家从自我走向吾国吾民,对我们这个民族而言并不是什么难以理解的事情,何况那宏大的历史图景里,还有他父辈的身影。

那么从《访问梦境》到《千里江山图》是否存在一条连贯的写作线索?《千里江山图》是否又意味着孙甘露对过去的某种"弃绝"或者"背叛"呢?

我想,一个小说家的自我革新既称不上必要的美德,也不能视为对过往的"背叛",而只是一种自然发生的事情。

正如张新颖教授所说:

"形象这个东西,是一时一地建立起来的,即便得以流传久远(譬如写入文学史),也无法据此推断这个人的此前、此后,甚至当时。当然有不少人终生致力于一种形象,这是一种自觉;有人有这样的自觉,另外还有人有别样的自觉。别样的自觉就是,形象,或者身份,就是形象或身份,哪怕极好极高的,也别被它限制住,限制住人的丰富和变化。"[①]

在外人看来,孙甘露沉寂二十年后的《千里江山图》是一次彻底"大转身",但对他自己来说,或许只是选择了另一种形式而已。

孙甘露早年曾经在一篇随笔中写道:"我们不要冲着文坛的喧哗而写作,而应该冲着人世间的喧哗而写作。"在这一点上,他大概没有变过。

作家精彩名句与段落摘录

◎名句

1. 人生中有些负面的东西必然是痛苦的,每个人都是孤独地走向死亡。(《鲤·变老》)

2. 我不把变老看成一个特别的事情,这是社会性的。(《鲤·变老》)

3. 我怕你有一天突然不见了,就像水进了大海。(《千里江山图》)

[①] 摘选自张新颖:《张新颖评〈千里江山图〉|小说家的两个名字》,"上海书评"公众号2022年6月20日。

4. 地下工作就像黑暗中的一道光，为了向那道光亮奔过去，他敢往深渊里跳。(《千里江山图》)

5. 人的面貌很难看清楚，那是用他们的历史一层层画出来的。(《千里江山图》)

◆ 段落

1. "你看，"诗人自信而又无可奈何地说，"我必须抑制我的随想式的思绪，我必须重新投入谈话，就像投入一场满怀疑虑的谅解。在这种充溢着疑虑的谅解里，一个男孩子是永远也不会成熟的。他感觉到，他似乎永远沉溺在疲倦而悲戚的对成熟的记忆之中。在这类漫无止境的讨论中，成熟有了一种不断迫近来的窒息之感，令人隐隐地感到幼稚将始终由潜在的幸福陪伴着。它导致了拒绝成熟。这样的性格，使人在整个一生的大部分时间里必须单独面对自己，面对一种自我封闭的诗意的孤寂。"(《我是少年酒坛子》)

2. 我少年的时候，总是设想以一种平凡的方式死在一所美丽的花园里，周围是缠绕的藤萝和垂荡的柳枝。我把植物当作一种象征。有一天我是否可以把自己的尸首编入哪本植物志的某一页中，让自己在易于腐烂的东西中间寻求安恬的归宿。(《我是少年酒坛子》)

3. 我们并不指望在另一个世界重聚，我们挚爱的只有我们曾经所在的地方，即使将来没有人记得我们，这也是我们唯一愿意为之付出一切的地方。我爱听你讲那些植物的故事，那些重瓣花朵，因为雄蕊和雌蕊的退化与变异显得更为艳丽，而那些单瓣花朵的繁衍能力更强。

什么时候你再去龙华吧，三四月间，桃花开时，上报恩塔，替我再看看龙华，看看上海。还有报恩塔东面的那片桃园，看看那些红色、白色和红白混色的花朵。我们见过的，没见过的。听你讲所有的事，我们的过去，这个世界的未来。有时候，我仿佛在暗夜中看见了我自己。看见我在望着你，在这个世界上，任何地方，一直望着你，望着夜空中那幸福迷人的星辰。(《千里江山图》)

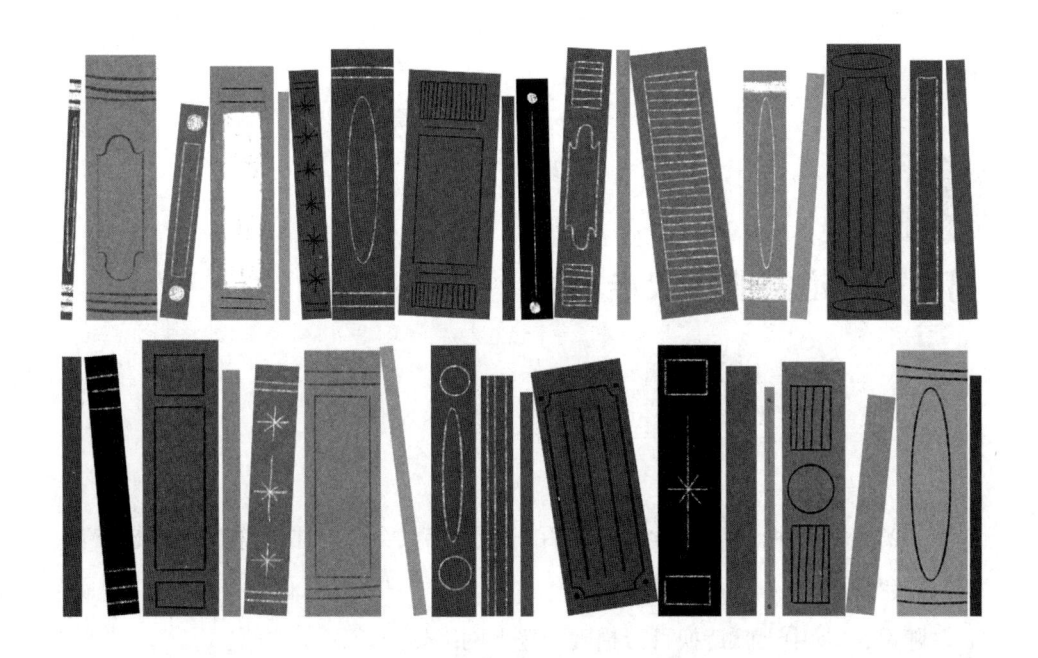

第二章　认知、思考，他们曾发出声音

易中天：道路曲折我走不完／张九七

蒋勋：蜗居陋室／陈仁铭

余秋雨：人生转过几次身／晓溪

残雪：人生何必诺奖／翟晨旭

易中天：道路曲折我走不完

张九七

2023 年，庆祝武汉大学建校一百三十周年大会，易中天作为杰出校友代表，登台讲演。

随后，"易中天献诗换百万捐赠"登上网络热搜。

久未露面的易中天，一身正装整饬有度，面带红光精神矍铄，妙语连珠。台下掌声如潮，笑声阵阵。

从他缓沉有力的声调、习惯性的手势、凌厉的眼神中透着一丝熟悉的狡黠，人们确信，眼前这位七十六岁的演讲者，和多年前公众印象中风度翩翩的明星教授并无两样。

从少年时寒窗夜读，到百家讲坛上的谈笑风生，舌战"群儒"，再到十年前的著书论史，轰然隐退，易中天的四十年转瞬即逝。

追随者奉其为人生导师，只因敢讲真话反权威，百姓喜闻乐见；反对者则视其为学术"土匪"，骂其丑化历史，钓誉沽名误人子弟。

时至今日，在如何看待易中天这个问题上，学界和网友的评价都极其不同。荧幕之外的易中天，究竟是毁是誉，是狷才还是大儒？

这一切还须从头梳理。

01 苦难

1947 年春，易中天出生于湖南长沙。

祖父易思麟曾担任湖南地方长官，父亲是新中国第一代会计学专家易庭源,姑姑是民国前总理熊希龄之妻,母亲周树奇是燕大毕业生,易中天的家族称得上标准的书香门第。

易中天六岁那年,由于父亲教职变动,易家迁居武汉。在汉水之滨,易中天度过了他人生中最快乐的少年时光。

在文化气息浓厚的家庭氛围中长大,易中天从小耳濡目染,机敏过人。即便他幼年调皮好斗,但在长辈的教导熏陶下,其知识储备量已经远远超过了同龄人。

易思麟早先毕业于湖南法政学堂,熟稔古今历史。易中天少年时,祖父常常给他讲演历史人物故事,买带画儿的小人书和白话书。易中天对古代历史的兴趣启蒙,大抵来源于此。

易中天高中毕业时,恰逢"上山下乡"运动兴起。由于受苏联小说《勇敢》主人公的影响,易中天不顾家人劝阻,毅然报名支援新疆,跟随朋友远赴三千公里外的天山地区支援边疆建设。

从1965年算起,易中天在石河子农八师一五〇团农场工作生活了整整十年。十年青春,泪洒北疆。石河子地区气候条件恶劣,有小西伯利亚之称。

从18岁到28岁,没人知道易中天在这里吃了多少苦,捱过多少寒冷的日子。易中天自己说,那段时间没想过生活的意义,无非就是活着。

这段下乡经历,对易中天的人生意义极大,不仅磨炼了他坚韧的意志,也让他在这里收获了爱情的果实。

1975年,由于表现出众,易中天被推荐至乌鲁木齐子弟学校教授语文,就此告别摘棉花建堤坝的农垦生活。

如果不出意外,易中天大概会听从组织安排,在北疆安家立业,安安分分做一辈子中学教师,业余时间带带孩子,写点诗歌和应景散文发表。但命运的转折往往会在一些不经意的时刻出现。1977年底,高考恢复。已经中断学业十二年的易中天决定返回湖北,全力备考。

次年,全国高校恢复研究生招生,易中天决定跨考研究生。凭借扎实的文史底子,最终他从数千名考生中脱颖而出,顺利考入武汉大学文学系,师从诗词专家胡国瑞,攻读魏晋文学和唐宋诗词。

这一年,易中天三十一岁,刚刚成家不久。他回内地读书,妻子李华独自带着刚出生不久的女儿留守新疆农场。失去收入来源后，李华平常还需外出务工以补贴家用。

那个年代大学百废待兴，学生补贴很少。每每易中天缺生活费了，李华就再从娘家借些钱寄给他用。

每逢寒暑假，易中天从汉口搭火车回北疆和妻儿团聚，这种情况一直坚持到易中天研究生毕业。

02 清贫

由于课题表现优异，研究生毕业后，易中天被导师胡国瑞推荐给校长刘道玉。

刘校长慧眼识珠，委任其留校任教。

于是，自1981年起，易中天在武汉大学汉文系开始教书。由此开始了他长达三十年的教学生涯。

武大十年，是易中天教书生涯中意气风发的十年，也是他学术路上遭挫颇多的十年。他讲课幽默诙谐，说理深入浅出，观点新颖又能贴合时事，反对PPT式的念稿式教学，因此在校园里很受学生们欢迎。

每每易中天上课，各级学生总要提前半小时去教室占位，后面踩点来听课的同学，只能搬上小板凳坐在走廊一侧听老师娓娓而谈。

然而，木秀于林必有风摧。讲台之上，大家恭俭谦让礼貌客气貌似一团和气；讲台之下，诋毁讥刺中伤一样不少。由于生性耿直，不懂得曲意逢迎，同时自恃才高，不搞请客送礼之术，学校内外，易中天也得罪了不少领导和同僚。

即便教书十余载，教学成绩突出，易中天却一直没能评上正高职称，直到离开武大前夕，教衔才提上了副教授。

80年代，大学老师的报酬与今天不能同日而语，讲师与教授的待遇天差地别。最困难的时候，易中天连一块钱的黄鹤楼纸烟都不舍得抽，一家人蜗居在三十平方米的小家中。女儿稍稍长大后，还要被送到稍微宽敞的父母家中寄养。

但逆境往往能磨炼人的心志。在一个个夜晚，易中天挑灯奋笔，写下了一篇又一篇论文和讲义，为后来的成绩建树积蓄力量。

由于长期受到排挤，1992年初，易中天思量再三，决定离开武汉，携全家到厦门大学任职。在厦大，他得以迅速"转正"，并得到了比以往高得多的待遇。

厦门是易中天的福地。台海之滨，风景宜人。易家的生活质量也得到了根本改善。明朗的环境，也让他能沉下心来钻研学术，写书讲学。

后来，有记者问及为什么选择离开武大时，易中天沉默许久，只说了一句话：

"武汉天气太热。"

03 惊喜

厦门教书十年后，易中天终于迎来了人生的高光时刻。2005年，央视节目组到厦大遴选优秀教师录制讲演，学校顺势推荐了易中天。

经过几个月筹备，易中天正式登台CCTV-10开播的电视节目《百家讲坛》，开讲"汉代风云人物"系列。从刘邦到项羽，从韩信到晁错，易教授侃侃道来如数家珍。

由于其风趣幽默的讲话风格，标志性的湘式发音，以及对历史人物犀利的点评，通俗化的演绎，让他受到了众多观众的追捧。

第二年，《品三国》出炉。"以人讲事，以事说人"，古今人事都付笑谈中。

因其对人性的分析鞭辟入里，加之受到电影和电视剧宣传效果的影响，彼时，全国上下都兴起了一股"三国热"。节目之外，易中天收到了来自更多民众的掌声。

众所周知，《百家讲坛》作为一档经典文史科普节目，捧红了王立群、郦波、于丹、蒙曼、曾仕强、阎崇年、康震、纪连海等一批明星学者。

录制节目本是无心插柳，没想到却成了易中天职业生涯中最重要的一场"及时雨"。与其他教授的"小规模出圈"相比较，易中天则掀起了更大范围的讨论热潮。

其本人乃至其讲义内容，在学术圈内与网络论坛都曾引发过热烈讨论。赞誉者有之，批评者有之，捧杀者有之。

从《百家讲坛》走红后，易中天的"汉代风云""品三国"等系列顺势成书。其中《品三国》起印数达到了惊人的五十五万部，据传上海文艺出版社作价五百万购买版权。

十年间，《易中天品三国》系列销量超过五百万册，创造了当时历史类通俗读物的正版销售纪录。

易中天成名后，各大卫视、高校、出版社邀约不断。2007年，易中天奔走于各地签售会和演讲现场，最多的时候一天签断了九支笔，其纪录仅亚于另一位正当红的国学女教授。

有书迷总结当年的盛况："东邪西毒，南帝北丐，易中天。"这一年，易中天已经六十岁了。

少壮工夫老始成，功名来得更晚一些，或许要比年轻时候更容易把握得当。

然而，光环之下，阴影重重。从"学术超男"到"过气教授"，各界对于当事人的舆论争议，至今仍未达成一致。

04 勇气

2012年，易中天临近退休，对外放出消息将会撰写一部中国通史。

从女娲造人开始讲起，直至改革开放结束，计划创作三十六卷本的中华史，大有一览上下五千年的野心。2013年，《易中天中华史》首卷经由浙江文艺出版社出版面世，内容从华夏文明起源写至春秋战国。

次年，《秦汉魏晋南北朝》上市，再度引发学术界与媒体讨论热潮。对于这位半路出家的"程咬金"，除了部分媒体赞赏易中天有一梳史脉的勇气，史学界对其文章则多有微词。

历史学虽然小众封闭，但经过上千年的传承接续，自有其严格的筛选系统和评价标尺。想要在前人的汇总上再添新意，立一家之言，并非易事。

面对两千余年的断代史和浩如烟海的史料考证，从钱穆到陈寅恪，从田余庆到许倬云，几乎全都望而却步。自夏、梁以后，通史类书籍基本改由集体编撰。

但易中天的不凡之处就在于他有比肩前人的勇气，揆诸今古，坐得住冷板凳。在资料搜寻更加便捷的时代，为后人写一部私人化的通史读物也未尝不可。

2022年，最后一卷《命运和选择》收尾，《易中天中华史》系列宣告完结。与当初设想不同的是，原计划的三十六卷被压缩到了二十四卷，时间线也从当代中国提前到了清朝初年。书籍仓促收笔，这对书迷来说确实是一个遗憾。

其实，原因也不难解释。

其一，身体因素。随着年纪渐长，无论是体力还是心力上，易中天都大不如从前。要啃下数百万字的大部头，非常人之力所能为也。

其二，易中天的专长在美学和文学上面。虽然他学识博杂，但知识背景毕竟比不了田余庆、阎步克这些学术大家。蹚过了熟悉的两汉、隋唐，越往后走，他写作受到的阻力也越大。

前朝史料尚有遗漏，著书品评还有发挥的空间。但到了明清两朝乃至近代中国，各类历史实录笔记多如牛毛，而史学家对于上述朝代的人事更替早有定论，当代百姓对于帝王家事也多有耳闻。

这种情况下，不管是从史观还是史料入手，都很难再讲出新意。

其三，易中天向来对帝制深恶痛绝，对后世儒学唾之如敝屣。尤其到了高度专制的明清两朝，他对两朝皇帝的厌恶情绪已经溢于言表。

经过秦汉的兴盛，唐宋的顶峰时刻，再到明清的急速衰落，历史的走向似乎和书写者的期待并不一致。从结果反馈来看，这项浩大的学术工程显然"烂尾"了。

历史学是头庞然大物。易中天著史，大有堂吉诃德战风车的意思。《品三国》中，谈到刘备战败寄投刘表时，易中天曾忍不住感慨："前途光明我看不见，道路曲折我走不完呐。"

这话既是给"创业维艰"的刘备鸣不平，也是借古说自己。虽然外界对其写史的态度褒贬不一，但对易中天来说，身后有一套像样的作品"垫枕头"，已经胜过身边一大群人的吹捧了。

人性是复杂且深微的，毁誉加身的易中天，也非一言所能蔽之。

从踌躇满志的少年到步履蹒跚的老年，易中天见证了新中国沧桑巨变的成长历程。或许，他在学术上的诸多言论仍有待世人商榷，但在教育上的建树确实是无可指摘的。

如同哲学家邓晓芒先生的评价："他不是真正意义上的知识分子，但他为大众普及了一些常识。"

普及常识，启蒙当世。将历史的真相直接晒到台面上，或许要比一小撮人的高谈阔论来得更有意义。

作家精彩名句与段落摘录

◎ 名句

1. 世界上没有无缘无故的爱，也没有无缘无故的恨。(《品三国》)
2. 事实上，柔弱的人往往倔强，正如刚毅的人往往豁达。(《品人录》)
3. 败不败，在自己。胜不胜，在敌人。(《易中天带你读懂中国》)
4. 胜利者总是属于那些洞悉人性的人。(《品三国》)
5. 一个人，如果后来成了个人物，则他小时候的优点固然是优点，即便是缺点也无妨看作优点。(《易中天带你读懂中国》)

◆ 段落

1. 曹操确实会用人。我们甚至可以用这样八句话来概括他的用人之术：一、真心实意，以情感人；二、推心置腹，以诚待人；三、开诚布公，以理服人；四、言行一致，以信取人；五、令行禁止，以法制人；六、设身处地，以宽容人；七、扬人责己，以功归人；八、论功行赏，以奖励人。(《品三国》)

2. 再完善再健全的制度，也是靠人来执行的。人不变，制度再好也没有用。最后的结果，恐怕还是"上有政策，下有对策"，防不胜防。中国人在这方面，可是积累了上千年的经验。因此，根本的问题在于改造社会，改造国民性，这可是比经济体制改革和政治体制改革重要得多，也艰难得多的事情，正可谓任重而道远。(《帝国的惆怅》)

3. 所谓"学而优则仕，仕而优则学"，才可能从理想变成现实。这里说的"优"，是优裕的优，不是优秀的优。也就是说，做学问而时间精力有余，就去做官；做官而时间精力有余，就去做学问。在这一点上，做得最漂亮最出色的是宋代文人。你看范仲淹、欧阳修、王安石、司马光，哪一个不是做官、治学两不误？苏东坡虽然仕途坎坷，但他的官也是做得极好的，文章就更不用说了。(《帝国的惆怅》)

蒋勋：蜗居陋室

陈仁铭

什么是中国的美？这个问题似乎一直有人在尝试回答。

中国二十世纪的美学，从朱光潜到宗白华再到李泽厚，之后好像后继无人了，似乎有着"道统断绝"的风险，那么还有谁能继续将中国美学发扬光大呢？

对于这个问题，于陋室中隐居的蒋勋，也许用他的人生和作品《美的沉思》给出了回答：

"我在，美就在。"

01 背井离乡

时光回溯到1947年，蒋勋出生在西安。

他的祖父在清朝是西安最后一任知府，母亲是正白旗。家里赶上了辛亥年，后来顺理成章家道中落了。

说得夸张一点，蒋勋祖上已经没法用"书香门第"来形容了，得是"大红灯笼高高挂"才行。

最巅峰的时期，西安城中心半条街都是他们家的。后来蒋勋带着母亲去逛台北博物馆，面对橱窗里一水儿的官窑器，母亲云淡风轻地告诉他："这些咱家以前都有。"

那一年，随着解放战争的炮火连天，当时在厦大意气风发的余光中不会想到，未来几十年，他将抱着那篇《乡愁》在对面的孤岛上"漂泊"数十年，最后只剩得"掉头一去是风吹乌发,回首再来已是雪满白头"。

斯人已逝,余光中的心情我们没法再去探究,但对于那年才出生的蒋勋而言,他的"回首"也许在与余光中同感的基础上,更多了几分历史的感慨。

1949年是个槛,前后是两个时代,蒋勋踩在了这个门槛前面。新中国成立前,两岁的蒋勋跟着母亲躲在船舱木板的下面,几经辗转,去了对面的岛上。从某种意义上说,已经古稀之年的蒋勋,是台湾省最后一批"大陆人"。

"我始终觉得台湾就像南朝,偏安一隅。"蒋勋这样说着。

和李泽厚一样,蒋勋对于魏晋时代有着一种特殊的感情,他常常写李后主的诗词曲赠给朋友。

在蒋勋的美学世界里,东晋、南唐、南宋、台湾,无形之中,有一种"残山剩水"独有的哀伤。

家族的事,蒋勋直到小学快毕业的时候才知道。他兄弟姐妹六个,都被管教得很严。

小时候的蒋勋,背负着"无法承担的压力"。他的父亲出身于黄埔军校,要求很严格,常常问他"为什么不是考第一名"。在这种家庭背景下,蒋勋启蒙得很早。

在他想了解家族史的时候,他开始翻阅《红楼梦》。以一种冷僻的视角,见证大家族的起起落落。他开始有意识地去挖掘母亲回忆里的故事。

在《南方人物周刊》的一次采访中,蒋勋谈及与《红楼梦》的第一次结缘:"……我知道这一切的时候其实很高兴。那时我读小学五六年级,正开始读《红楼梦》,知道自己是正白旗时我吓了一跳,因为曹雪芹也是正白旗。这真是一种奇特的渊源,仿佛我背负了一个很久远的家族秘密,这是一种罪,我必须为此赎罪。"

他后来在文学作品里把母亲描写成一个"十四岁被抄家的曹雪芹",并坦言道:"我与贾宝玉似曾相识。"

在蒋勋的回忆里,是母亲开启了他的美学之门。母亲给予了蒋勋另外一种教育方式:用手指的温度把青菜变成可口的饭菜,用木棒和洗米水让衣服和被子散发出阳光的味道,把旧毛衣拆掉编出新的样式……

蒋勋认为"我的第一堂美学课",其实就是母亲所教的生活之美。冥冥之中，蒋勋这辈子注定要走一条艺术之路。

02 贫穷的写作

不过艺术是需要钱的。

父亲作为退伍军人的那点薪水，再分配到六个孩子身上，显然也不可能支撑蒋勋的艺术之路。

所以上了初中以后，蒋勋不得不暂时放弃之前很有兴趣的绘画和音乐，转向了另外一种"廉价的兴趣"——写作。

蒋勋开始尝试着在数学本子的背面写作，这一写就是灵感迸发，收不住了。虽然蒋勋很自谦地把这些文字称之为"为赋新词强说愁"，但强到"爆表"的文学天赋还是让他拿下了全省小说比赛的第一名。

不过文学显然没法代替考试。初中还就读于名校台师附中的蒋勋，联考（台湾的中考）考得一塌糊涂。全班只有五个人没有考上名校，蒋勋也在其中。

后来蒋勋去了强恕中学。这所高中在台湾以盛产"流氓"和"太保"著称，所以蒋勋一进学校就"放飞自我"了。

在学校里，蒋勋的文笔得到了很多老师的赏识，他的现代诗被推荐到了《青年杂志》上。在英语老师的指导下，蒋勋开始接触话剧。

蒋勋运气很好。在这所"流氓"高中里，他的先后两届英语老师，分别是翻译过《战争与和平》的王兴元，和创办了《人间》杂志，后来当上了中国作协名誉副主席的陈映真。

两任老师或多或少都给了蒋勋一些文艺上的熏陶。走出高中，蒋勋如愿以偿地去了台湾文化大学读戏剧，从此在文艺的路上一发不可收。同样是学戏剧，蒋勋显然没走余秋雨的道路。

60年代的台湾，文艺界一片腥风血雨。蒋勋读了没多久，就准备换专业。一开始他想换哲学系，然而这种学科在蒋家爸妈看来简直就是不靠谱至极，最后逼着他换了历史系。

当蒋勋再次回到艺术的道路上时，已经是1974年了。他从东方的小岛上不远万里，前往巴黎学绘画。在巴黎的这段日子，是蒋勋成长到成熟的一段时光。

他开始系统地回顾自己学过的东西：哲学、美术、戏剧、文学……他把这些东西融合到一起，目光逐渐坚定了。几年以后，蒋勋带着满身风尘，回到了台湾。他办起了杂志，开起了画展，并在多个大学出任教职……

他在之后的三十多年里，将过去积累下的东西，汇聚成"美"，娓娓道来。

无论什么时候，漫长的教学生涯永远是蒋勋最津津乐道的话题。80年代，当蒋勋躬耕教坛的时候，台湾的风气迎来剧烈变化，他正是其中的引领者之一。

他会让违反校规参加舞会的美术系学生每个人抄写一篇杜甫的《公孙大娘舞剑器行》，用艺术"处罚"艺术。多年以后，有的学生居然靠着"被处罚"练出来的书法，在社区教学为生。

他也会在每年四月，"羊蹄甲红成一片"的时候，带着学生跑到户外，在花下坐上一个钟头。他甚至会跟学生晚上来到台北的菜市场，把眼睛蒙上，用鼻子感受着种种生活的气息。

"每一个美是用它自己的方式完成自己"，蒋勋这样解释着。他把这种感悟记下来，写成了那本著名作品《美的沉思》。那本书也是蒋勋一次大胆的尝试。

在书里，他没有去谈那些高深的美学理论，而是从"美"出发，讲泥土、讲石器、讲壁画和竹简……在蒋勋的笔下，"美"已然返璞归真。他"美学教父"的名头，也由此奠定。

03 与贾宝玉"久别重逢"

不知道从什么时候开始，也许是林青霞说了那句"他的声音是我的半颗安眠药"后，蒋勋讲解的《红楼梦》开始火遍大江南北。

在年轻人的耳机里，在中年妇女的喜马拉雅软件里，一时之间，蒋勋莫名其妙从美学家和艺术家，变成了一个"红学家"。

但蒋勋讲《红楼梦》，已经是20世纪90年代的事了。蒋勋读《红楼梦》，一读就是几十年。从十几岁与贾宝玉"似曾相识"，到中年时当了系主任，去管孩子们的"恋爱问题"，他说自己变成了贾政。

蒋勋很乐意把这种变化分享出来，他说："《红楼梦》是我的故事，我不觉得它影射什么人"。他在台北开了个班，主要针对女性听众，特别是各路名媛贵妇。林青霞也正是那个时候成了蒋勋的"头号粉丝"，每周坐着飞机来台北听课，风雨无阻。

在一次机缘巧合下，一个在高雄做腌菜的小贩对蒋勋说："蒋老师，你老提《红楼梦》，我是一个没受过很多教育的人，没看过《红楼梦》，也看不懂。你可不可以在高雄讲一次？"

冲着这句话，蒋勋在高雄又开了一个班，人数最多的时候到了三百多人。和台北不同的是，这个班上大多数是来自高雄市井的小人物。蒋勋面对他们，感受和台北完全不同。

恰如贾府的兴衰，在他眼前一一掠过。用他自己的话来说，四年的课程讲完，整个人也升华了。

近些年《蒋勋说红楼梦》的大火，其实也算是当年无心插柳的结果。现在蒋勋已经无心于此。

2014年，风头仍盛的蒋勋，在一场大病康复后，选择与城市生活告别。他背起画板，来到了台东的池上隐居。在一间六十多年的老宿舍里，过起了类似于陶渊明或梭罗那样的生活。

是返璞归真，还是大彻大悟，蒋勋还没有给出答案。但在追寻答案的路上，他一直在走，从未改变过方向。

很久之前，马英九曾经邀请蒋勋，想让他出任台北的"文化局局长"，蒋勋拒绝了。在后来的采访中，关于这件事的解释，蒋勋回答得很有意思："与其让贾宝玉去当文化局局长，还不如就让他当个公子哥儿，跟他的姊姊妹妹谈谈恋爱，最后留下一本好的作品。"

在蒋勋看来，贾宝玉的身上，其实很有一种中国古典的人生审美。

而蒋勋的人生，或许本就是一场与贾宝玉的"久别重逢"。

作家精彩名句与段落摘录

◎名句

1. 孤独没有什么不好。使孤独变得不好，是因为你害怕孤独。（《孤独六讲》）
2. 我愿是满山的杜鹃，只为一次无憾的春天。我愿是繁星，舍给一个夏天

的夜晚。我愿是千万条江河,流向唯一的海洋。(《愿》)

3. 我想记忆生活里每一片时光,每一片色彩,每一段声音,每种细微不可察觉的气味。我想把它们一一折叠起来,一一收存在记忆的角落。(《此时众生》)

4. 我想,青春的美是在于你决定除了青春之外,没有任何东西了,也不管以后是不是继续活着,是一种孤注一掷的挥霍。(《孤独六讲》)

5. 也许花朵落下或留在树上,是用不同的方式完成了自己,我们所知有限,常常徒自惊恐哀伤。(《此时众生》)

◆ 段落

1. 人生的豁达,人生的从容,大概都来自于不必非去坚持非此即彼,来自能够悠游于生命的变化里,耐心地看待某一段时间中我们还没有发现的意义。聚和散是变化,花开花谢是变化,月圆月缺是变化,可是在我们不知道变化的真正意义的时候,会沮丧、感伤,甚至绝望。如果知道它是一个自然过程,为什么还要去感伤呢？(《蒋勋说宋词》)

2. 今天比我年轻很多的e时代的孩子们,大概没有机会像我的童年那样扒开扶桑花的根去吸那个蜜,也没机会去闻刺桐花和泥土里刚挖出来的荸荠的清香。那个时候真的没有什么食物,但你会努力地在宇宙、天地之间去寻找你觉得美好的气味和食物。现在很感谢童年的时候曾经接触的那些田野间的气味。(《蒋勋说红楼梦》)

3. 个人与这个巨大的因果链或许难以抗衡,或许会有很深的无力感,但我们仍然愿意用一点点的演讲,一点点的书写,一点点的影响力,去对抗电视一打开看到的肢体冲突,粗俗咒骂,因为这是我们自己造的因,我们自己也在这个果报当中。(《生活十讲》)

余秋雨：人生转过几次身

晓溪

不知不觉，好像余秋雨也是快八十的耄耋老人了。印象中，余秋雨似乎很难和"老"这个字挂钩。

作为一个从浙江"漂"来的上海人，余秋雨似乎一直保持着上海男人特有的精致。无论什么时候他都是一身西装革履，发型整齐，眼神锐利，却能在镜头前不紧不慢地用抑扬顿挫的腔调说出自己的观点。

在余秋雨的身上，你永远能看到学者的儒雅、文人的谈吐和表演家的派头，几种看似矛盾的气质和谐地组合在一起，构建起了我们熟悉的那个在"文化苦旅"中的身影。

就像余秋雨自己说的："熟悉也有毛病，容易失落初见时惊艳的兴奋，忘却粗线条的整体魅力。"余秋雨带给我们的熟悉感，绝非一蹴而就，而是几次"大转身"之后的结果。

01 文学：一鸣惊人

"你的名字是笔名吗？谁取的？"

几十年来无数人都问过这个问题，余秋雨只是很淡定地表示："不，真名。我从来不用笔名写作，不识字的祖母起的。"

对于"80后""90后"，甚至许多"00后"来说，每个人的童年时代都很难绕开郑渊洁的故事。当这代人进入中学的时候，就一定不可避免地会知道"余秋雨"的大名，要么在语文课本上，要么在语文老师的推荐里。

顺藤摸瓜，我们自然也会知道那本火了不止三十年的《文化苦旅》。《文化苦旅》成了余秋雨最瞩目的标签。

后来有了作家富豪榜，余秋雨连年榜上有名，2006年一度以一千四百万稿费收入高居榜首。榜单出来的时候，余秋雨看到自己排在第一的位置很惊讶，他只能苦笑。他知道自己书籍的发行情况，是远远达不到那个标准的。至于那一千四百万的版税，大概是统计者把那些销量远高于正版的盗版书籍也算在内了。

国内南方的一家出版社在余秋雨未授权的情况下，把《文化苦旅》疯狂盗印了好几版。出版社偷偷请人做封面、做装帧设计，上架销售大卖特卖。而余秋雨从来没收到过来自该出版社的任何稿酬和版税。十几年前国内的出版环境很差，盗版大行其道。

余秋雨在为盗版苦恼之际，韩寒正在博客打假冒名出版的《三重门外》《走出三重门》，总之当时国内出版社和作家们的关系并不像现在这般融洽。

余秋雨觉得起诉讨稿费这件事儿吃力不讨好，面子上也挂不住，只能作罢。他苦笑着表示："以后作家富豪榜最好在我名字后加上括号，里面写'含高质量的盗版者和装糊涂的出版社'。"

时光回溯到20世纪90年代，那时候刚刚把《文化苦旅》完稿的余秋雨，恐怕没有想到会有盗版的情况。其中有一篇《家住龙华》的文章很有意思，交代了余秋雨创作这本书的写作环境。

在龙华简陋的单身两居室里，恰逢上海的梅雨时节，房子竟然破旧到常常漏水的地步。就是在这样的"陋室"里，余秋雨完成了《文化苦旅》的大多数篇目，这些篇目是要交给《收获》杂志做专栏的。

稿子一多，他就开始琢磨出版的事情。但那是一个"散文已死"的年代，王朔和莫言的小说风头正盛，而《文化苦旅》的手稿被"扔在书房角落里，像一堆废纸"，无人问津。

有些出版社的编辑直接告诉余秋雨："散文不是这么写的。"这句话大概可以当选为20世纪末文坛的最大笑话，只不过那时余秋雨还笑不出来。

还有一家出版社则没有感受到作者"读万卷书就是行万里路"的抱负，而是希望将稿子配套做成旅游宣传手册。

任何一个作家都要经历两个痛苦的过程：一个是创作作品的过程，另一个则是作品被认可的过程。彼时的余秋雨不得不像个文坛新人一样，接受着出版社的审核。

在没有郁达夫也没有朱自清的时代，余秋雨将重新定义一次中国的散文之路。这条路的开启，源自上海知识出版社的编辑王国伟。

王国伟给了这本书现在看来很正常的评价，"作为散文非常好读""关注历史大事件，富有细节美"，他认为余秋雨是个"很有说故事能力"的人。

王国伟向余秋雨提出了一个让后者很惊讶的建议：完全可以出版，但还需要再增补一点。基于这个建议，余秋雨写了《风雨天一阁》等篇目。

后来，王国伟承认，这是一场豪赌，"我们赌一把"。而且赌的范围远不止于此，王国伟力主把这本书列为重点项目，选择了精装版的装帧设计。

这放在今天不算什么，但在当时一本前途未卜的散文集子居然要做成精装版，简直不亚于在拉斯维加斯玩梭哈。

幸运的是，王国伟和余秋雨赌赢了。他们在新华书店举办了一个在当时看来蛮罕见的首发仪式，热度一下子就起来了。

首印的一万册，在三个月之内售罄，余秋雨文化学者的形象，就此火遍全国。

02 学术：起起伏伏

《文化苦旅》的成功，是余秋雨人生的一次转身，但绝非第一次。

散文和小说，象征着文学的两个世界。

小说的创作需要激情，需要想象力，需要一天一万字的豪迈，而散文则需要沉淀，需要思考，需要以一种冷僻的眼光重新看待自己。在写《文化苦旅》之前，余秋雨的人生显然不缺少沉淀。

混到了"网红"级别的易中天曾经公开说，自己其实在走一条余秋雨的道路。那么余秋雨的路是什么呢？大概是一条从纯学术出发，慢慢公众化的曲折之路。

实际上，易中天还是"转身"慢了些，比余秋雨晚走了十几年的"弯路"。当前者还闷在武汉大学的教职工宿舍里琢磨工资的时候，余秋雨已经在上海学界大起大落过了。

就像易中天邂逅了厦大一样，余秋雨也在80年代遇到了自己的"贵人"——老校长陈恭敏。他在那个拨乱反正的年代里接管了上海戏剧学院。

彼时的余秋雨还是"三错"人物（说错话、做错事、写过错误文章），但陈恭敏一眼就发现了他的不俗，大力称赞他为"有突出贡献的国家级的专家"。

1983年，是余秋雨第一次转身的开始。这一年，他把自己之前数年积累下来的戏剧史手稿整理出版，名为《戏剧理论史稿》（即后来的《中国戏剧史》）。

不久之后，他凭借这本书，在大批老学究们还在为了职称挣扎于讲师岗位的时候，一跃成为中国当时最年轻的文科正教授之一，这在当时是极了不起的成就。

也是在这一年，余秋雨接到了另外一个好消息：他的父亲，从五六十年代被打倒后，终于得到了平反。一家三代人的梦魇，终于随着阳光散去。

王家卫的《一代宗师》中有这样一句台词："如果人生有四季，四十岁前，我的人生都是春天。"但对于余秋雨来说，在人生四十岁的时候，他的春季才刚刚开始。

03 文化，有容乃大

转身，往前转是作家与学术的康庄大道，往后转则有可能是举眼风光长寂寞了。余秋雨的另一次转身，大概是2000年前后的那次"千禧之旅"。这个原本只印在纸上的名字，在大众面前突然鲜活了起来，成了家喻户晓的人物。

在凤凰卫视的组织下，余秋雨等一行人从埃及出发，一路往东，穿过战火纷飞的西亚和中亚，"见证"了四大文明古国的兴衰。在这段旅途中，余秋雨每天晚上坚持写一篇日记。他把这些手稿放在了离自己最近的背包里，视如珍宝。

回去之后，余秋雨豪放地把这堆手稿"扔"给了出版社，不再做任何修改。这和当年删删改改的《文化苦旅》构成了两个极端，极端的两头连着余秋雨近十年的心路和光阴。

"根根攀攀、泥污水渍都留着，图个真切"，余秋雨这样形容着自己的日记。这些原生态的东西被凑成了一个集子，就是后来的《千年一叹》。

这次往公众视角方向的"转身"当然为余秋雨收获了更多的名誉，但争议和诽谤也随之而来。

就在这趟旅途过去没多久，方兴未艾的互联网上突然出来一篇名为《余秋雨，你为何不忏悔》的文章。

石破天惊之下又刀刀见血，将矛头直指余秋雨在十年"文革"期间所写的文章。在这篇"檄文"里，余秋雨被打成了"才子加流氓"，一时之间，他成了众矢之的。

时隔二十年或五十年，我们没法再用八卦的心理去一窥文章里的是非曲直，但大抵是不真的，不然这么多年，该有的"瓜"估计满天飞了。不过从此之后，余秋雨就背上了些"污名"，这或许是每一个公众人物不可避免的遭遇。

或许真如余秋雨在《千年一叹》中说的那样："圣洁总会遇到卑劣，而卑劣又总是振振有词，千古皆是。"

这场对余秋雨的"批斗会"，在2003年达到了巅峰。余秋雨在这样的环境下，写出了那本《借我一生》。我们现在去看这本书，或许会有较大的隔阂，因为有太多关于那个特殊时代的特殊感受，我们没法做到共情。

但从某种意义上来说，我很喜欢这本书。很多年轻时候才华横溢的作家，都喜欢老了写本回忆录，但遮遮掩掩，如同大坛的"心灵鸡汤"，食之乏味。但《借我一生》是一坛烈酒。在自己最如日中天的时候，余秋雨对着读者和过去，剖析自己，既是一种辩解，也是一种叹息。我想近二十年来，大概很少有作家以这样的心态，去描述自己的过去。

在这本书的结尾，余秋雨以和母亲对话的形式，怀念了即将要过去的时代，和即将老去的自己："灶头还在，却没有柴；老缸还在，却没有水；大床还在，却没有被……"

大概在一次次转身后，余秋雨看到的，是最初的自己。

作家精彩名句与段落摘录

◎ **名句**

1. 阅读的最大理由是想摆脱平庸。一个人如果在青年时期就开始平庸，那么今后要摆脱平庸就十分困难。[①]

2. 人生的路，靠自己一步步走去，真正能保护你的，是你自己的人格选择和文化选择。那么反过来，真正能伤害你的，也是一样，自己的选择。(《借我一生》)

3. 文明可能产生于野蛮，但绝不喜欢野蛮。我们能熬过苦难，却绝不赞美苦难。我们不害怕迫害，却绝不肯定迫害。(《文化苦旅》)

4. 当历史不再留有伤痛，时间不再负担使命，记忆不再承受责任，它或许会进入一种自我失落的精神恍惚。(《文化苦旅》)

5. 山河间的实际步履，使一切伟业变成了寻常风景，因此也使我们变得轻松。人类本应把一切都放下，放下在山河之间。因此我们也就找到了终点，价值的终点和生命的终点。(《文化苦旅》)

◆ **段落**

1. 不管你今后如何重要，总会有一天从热闹中逃亡，孤舟单骑，只想与高山流水对晤。走得远了，也许会遇到一个人，像樵夫，像隐士，像路人，出现在你与高山流水之间，短短几句话，使你大惊失色，引为终生莫逆。但是，天道容不下如此至善至美，你注定会失去他，同时也就失去了你的大半生命。

一个无言的起点，指向一个无言的结局，这便是友情。(《霜冷长河》)

2. 人生就是这样，年少时，怨恨自己年少，年迈时，怨恨自己年迈，这倒常常促使中青年处于一种相对冷静的疏离状态和评判状态，思考着人生的怪异，然后一边慰抚年幼者，一边慰抚年老者。我想，中青年在人生意义上的魅力，就在于这双向疏离和双向慰抚吧。因双向疏离，他们变得洒脱和沉静；因双向慰抚，他们变得亲切和有力。但是，也正因为此，他们有时又会感到烦心

[①] 摘选自余秋雨1997年在台湾省高雄中山大学演讲《阅读的最大理由是摆脱平庸》。

和惆怅，他们还余留着告别天真岁月的伤感，又迟早会产生暮岁将至的预感。他们置身于人生涡旋的中心点，环视四周，思前想后，不能不感慨万千。(《文化苦旅》)

3.一路上我在想，区区如我，毕生能做的，至多也是一枚带有某种文明光泽的碎片罢了，没有资格跻身某个遗址等待挖掘，没有资格装点某种碑亭承受供奉，只是在与蒙昧和野蛮的搏斗中碎得于心无愧。无法躲藏于家乡的湖底，无法奔跑于家乡的湖面，那就陈之于异乡的街市吧，即便被人踢来踢去，也能铿然有声。偶尔有哪个路人注意到这种声音了，那就顺便让他看看一小片洁白和明亮。(《山居笔记》)

残雪：人生何必诺奖

翟晨旭

近些年，每次伴随着诺贝尔文学奖的颁布，残雪这个名字总会被人们频繁提起，这让这个原本只属于文学史的冷门名字多次冲上了微博热搜。

这让残雪的一切，逐渐被人们所了解，她的文章，她的风格，她的为人处世，以及隐藏在背后的哲学逻辑。

01 时代造就脆弱童年

1953年，残雪出生于长沙，原名邓小华。她的父亲毕业于著名的湖南一师，受学校的影响，后来很自然地参加了革命，"在战争年代里头立过大功"，新中国成立后一路当到了《湖南日报》的主编。

和很多后来的"先锋派"作家不太一样的是，残雪是非常标准的革命知识分子家庭出身。这种家庭背景，奠定了残雪与众不同的文学视野。

新中国成立后出生的这批作家，被50年代以及之后的二十余年里的当代中国反复打磨，上演了无数部真人版的《人世间》（梁晓声的文学著作）。这无疑塑造了他们的文学和性格，他们注定是开拓的一代。

不过即使是一代人，也各有各的风景。小时候的残雪，看到的并不是"广阔天地大有作为"的世界，而是悲怆和阴暗。在她年仅四岁的时候，她的父母被打成了右派。看过前面几篇文章应该明白，那会儿但凡和"右"沾上边，那你家里基本上就惨透了。

不出意外，残雪被迫和父母分离，其他兄弟姐妹也都被打散下放到农村劳动（其中包括残雪的哥哥，著名哲学家邓晓芒），残雪则因为年幼，自小跟着外婆一起生活。

即使我们今天去读残雪的小说，也能比较直观地感受到她作品中那种介乎于梦幻和神秘之间的色彩，而残雪的这种写法很大程度上要归结于她外婆从小的教育。

虽说建国之后不能成精，但湘西特有的神秘文化还是在老一辈人身上有所体现。在残雪小的时候，经常听外婆讲一些神秘故事和迷信风俗。这些东西在残雪的思想中生根发芽，最终融入了作品中。

如同洪子诚评价的那样，残雪擅长将现实与梦幻"混淆"，以精神变异者的冷峻眼光和受害者的恐惧感，来创作一个怪异的世界。

"在我同她相处的年头里，她总是用好笑的、有几分自嘲的口气讲那些绝望的故事。"[1]残雪这样回忆着自己的外婆。

过了1962年，残雪家比较幸运地摘了"帽子"，一家人得以团聚，残雪也因此在家中"享受"到了丰富的精神食粮。

残雪的哥哥邓晓芒曾回忆道，那时候他们一家八口挤在二十多平的小房子里，几个孩子围在火炉旁，轮流读着《鲁迅全集》的第一卷，父亲则坐在一旁的书桌前，认真地批注着马列哲学。

但是这种好景对于残雪的家庭并没有太长久。

"文化大革命"一来，残雪的父亲由于自身特殊的身份标签，又被下放到了"牛棚"里。

童年的经历不断"轮回"，但幸运的是残雪此时已经是少女初长成了，可以为家庭分担一点负担。她搬到了湖南师范的宿舍里照顾父亲，开始了那段被她称之为"小黑屋"的岁月。

在后来的创作生涯中，残雪写下了那篇《归途》，其中就出现了"小黑屋"这个景象。

"房子的地基很脆弱，又是建在悬崖上，屋后便是万丈深渊。"

在残雪从幼年到少女再到青年成家的这段时光里，她所见到的，只有无尽

---

[1] 摘选自残雪：《趋光运动·回溯童年的精神图景》，湖南文艺出版社，2017年版。

的恐慌、动荡、黑暗和不安，这化作她的回忆，也成为她的素材。

02 魔幻主义铸就先锋

时间来到改革开放初期，这个时间无论是对中国还是残雪本人而言，都是一段不可复制的机遇。

在这之前，国内的外国文学翻译作品极少，只有少量的俄文作品。当70年代末国门打开之后，大量的外国文学作品通过翻译，涌进了中国。

那些曾经沉浸在奥斯特洛夫斯基作品里的青年们，开始如饥似渴地阅读卡夫卡和博尔赫斯。

残雪又是其中特殊的那个。她在阅读翻译的过程中坚持读外文原著，这也让她的文笔多了几分外文的"原汁原味"。

正如加西亚·马尔克斯的魔幻现实主义对莫言意义深远一样，卡尔维诺等人同样也让残雪的文学之路得以开启。

"80年代至90年代我们大开眼界，向西方学到了很多好东西，并运用到创作中，使文学得到了空前的发展。"残雪这样回忆道。

1985年前后，已是人到中年成婚立业的残雪来到了父亲的病榻之前，拿出一部手稿请父亲看。这部手稿就是她的处女作《黄泥街》。

这部小说实际上是残雪作品的一个缩影，一方面取材于十年"文革"时期她的个人感受，另一方面则来自外婆从小给她讲过的故事。

在外婆的故事里，永州确确实实有这样一条街。但后来残雪问了许多人，都不曾找到这么一条街。西方的魔幻现实主义色彩，似乎早早就与残雪结下了缘分。

《黄泥街》的第二个读者，大概是残雪的哥哥邓晓芒。邓晓芒吃了一惊，小说中大量的象征手法非常老练，绝不像是一个新人作家的手笔。

带着家人的鼓励，残雪拿着手稿跑到了北京，但投稿过程却不像想象中那么顺利。《人民文学》的编辑对这部风格奇特的小说的意见分成了两派，总编李晓峰觉得还不错，但也有编辑对它嗤之以鼻。

最关键的是，这部小说实在有些敏感，最终《人民文学》拒稿了。

回到湖南，残雪没有气馁，而是继续创作，同时也结识了一大批作家。不久之后，残雪的第一篇短篇小说《污水上的肥皂泡》在长沙的《新推荐》上一炮而红，其中那句"我的母亲化作了一木盆肥皂水"，更是令人印象深刻。

随后，她的作品登上了《收获》，正式走上了作家之路。当然，真正奠定残雪文坛地位的，还是那篇著名的《山上的小屋》。

从个人角度来讲，我认为我们很难用通俗文学的逻辑思维去理解这本小说。

生病的母亲、被整理过的抽屉、山葡萄的叶子以及父亲的白发……太多让我们难以捉摸的意象。在残雪的笔下，构架了一个充满阴暗的小屋，和一个互相猜疑的家庭。

这本小说的意义在于，给予先锋文学一种不同的探索性。在之后的岁月里，残雪一直坚持着这种探索性。国际上也认为，残雪是"中国的卡夫卡"。

03 狂狷形象超然不群

长久以来，残雪似乎都以一种"狷者"的形象对外界展示，从未改变过。

在自己的文学风格上，她一向以西方的魔幻现实主义作为导向，许多写法都在自身的哲学理解上追溯着西方成名作家的流派，连她自己也毫不讳言这一点。

她甚至很直接地说，"文学作为文学自身要站立起来，就必须向西方学习"，这当然引起了一堆人的惊呼，甚至反感。

这也让残雪的作品颇有几分东方不亮西方亮的意思。虽然残雪的书在国内以小众的纯文学为标签，但确实是翻译作品到国外最多的中国作家之一。

残雪在文学圈子里一向以敢说著称，对多位同行的犀利评价，让人在错愕之余，难免会惹来"不够人情世故"的批评。但残雪依旧我行我素。

尤其是近些年来，围绕在残雪身上关于诺贝尔文学奖的讨论也是人们关注的焦点。

在莫言获奖之后，中国人对诺贝尔文学奖的思考和看法也在悄然发生着改变。相较于莫言《红高粱》的尽人皆知，残雪的《黄泥街》等一系列的作品颇有几分曲高和寡，甚至无人问津的趋势。

"读不懂""写的什么东西""太抽象了"成为残雪近些年的标签。但是，谁又能说这样的坚持在文学上是毫无意义的呢？

当"50后"的先锋们日渐老去，皱纹爬上他们的脸和笔尖时，我们应该理解一个还在战斗的人，尽管她显得与众不同甚至格格不入。

作家精彩名句与段落摘录

◎ 名句

1. 文学作品要想给读者"深层关怀"，就要学会自我分析和自我批判，让每个人意识到自己的存在，用理性来监督自己。有这种监督机制的人更容易"善"。[①]

2. 我的作品就是为未来写作的，是为年轻人写的。年轻人在现实生活中，每天应该保持一个小时的阅读，这样日积月累，在人生遇到问题的关键时刻，文学、哲学、历史这些就能帮助你。[②]

3. 我才不搞那套所谓文化的原汁原味呢，我只搞我个人的原汁原味，我的东西绝对模仿不了，这就够了！（《残雪文学观》）

◆ 段落

1. 我们是风中的尘埃。在风中，我们的舞蹈很零乱，爱怎么乱舞就怎么乱舞。风停之际，我们随意地撒在屋顶上，窗台阳台上，花坛里，马路上，行人的头上衣服上。我们有时密集有时稀薄，有时凝成粗颗粒，有时又化为齑粉，完全没有规律可循。然而我，作为尘埃当中的一粒，却心怀着一个秘密：我知道我们当中的每一粒，都自认为自己是花。（《尘埃》）

2. 黄泥街上人家多，垃圾也多。先前是都往河里倒，因为河水流得快，一倒进去就流走了，干干净净。后来有一天落大雨，有一个老婆子乘人不注意，将一撮箕煤灰倒在饮食店门口了，边倒还边说："煤灰不要紧的。"这一创举马

[①] 摘选自《残雪：我可以超越卡夫卡》，南都周刊 2007 年 7 月 16 日。
[②] 摘选自《残雪："小众"文学能否走进大众视野？》，中国作家网 2015 年 9 月 29 日。

上为人所发现，接下去就有第二、第三、第四个也来干同样的勾当。都是乘人不注意，但也都为人所发现。垃圾越堆越高，很快成了一座小山。先是倒纯煤灰，后来就倒烂菜叶、烂鞋子、烂瓶子、小孩的大便等。一到落雨，乌黑的臭水横贯马路，流到某人门口，那人便破口大骂起来："原来把我家在当垃圾桶用呀，真是杀人不见血！好得很，明天就打报告去市里控告！"但是哪里有空呀，每天都忙得不得了。忙来忙去的，过一向也就忘了打报告的事。一直到第二次落雨，才又记起控告的事，那第二次当然也没去控告，因为又为别的事耽误了。(《黄泥街》)

3.许多作家都在文坛混，同那些所谓批评家抱成一团来欺骗读者。因为现在大多数读者还不够成熟，分不出作品的好坏。当今时代是作家们"混"的黄金时代。为掩饰自己才华耗尽，就把"混"称之为"转型"。这三十年来，我做的是没有退路的实验文学的实验。在物欲横流、精神废弃的时代，始终如一地关心灵魂生活的人是时代的先知，自觉地意识到身负的义务是大自然对我们的期盼。(《残雪文学观》)

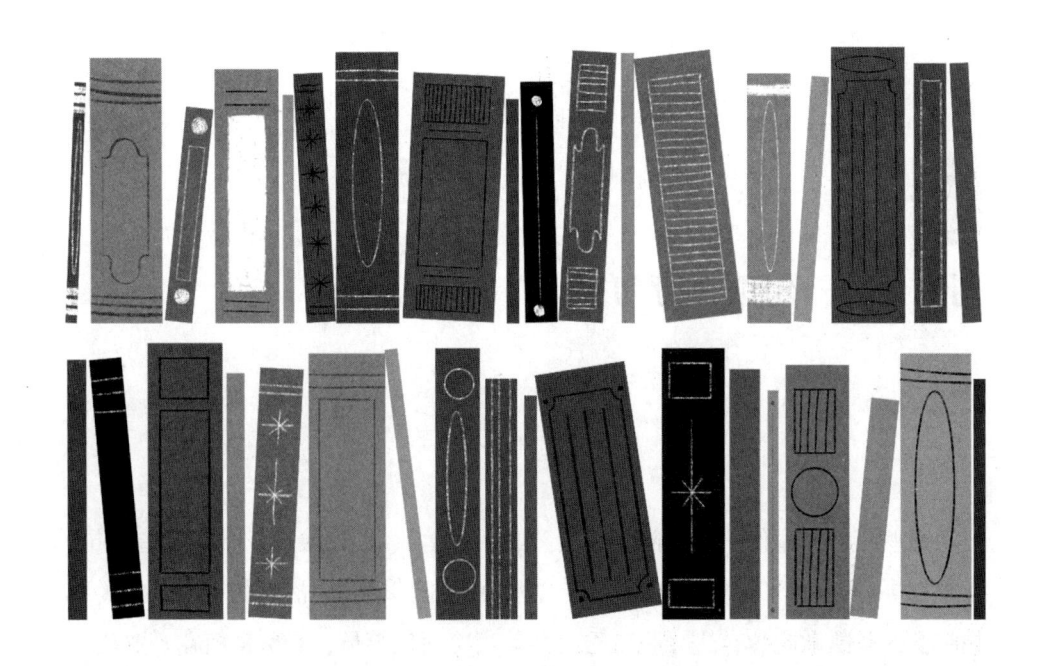

第三章　世界、是非，他们曾云淡风轻

刘震云：一句顶一万句／狸猫太太

许知远：挨骂最多的文艺青年／笑风生

当年明月：成名始末／张九七

张嘉佳：走，吃饭喝酒去／丁眉月

杨红樱：塑造一代人的童年／折衡

郑渊洁：退出作协／丁眉月

刘震云：一句顶一万句

狸猫太太

近些年，作家们一再破圈，凭借"废话文学"、抛梗接梗及批量制造金句，在电视屏幕上口藏刀剑，吐纳英华。刘震云就是其中尤为活跃的一位。上《开拍吧》让陈凯歌吃瘪，进《脱口秀大会》当冷面领笑员，和贾樟柯在《贾乙丙丁》里高手对撞，在《向往的生活》中"三句话让黄磊给我加三道菜"……

才情、人情俱佳，全场氛围被他拿捏得死死的。从贫寒农家子弟，到文科状元、北大学生，再到文坛顶流、黄金编剧、大学教授、综艺红人，他的个人奋斗史十分励志。2018年由《手机2》引发的娱乐圈大地震，牵涉其中的刘震云最终只轻微"擦伤"，和深陷旋涡的其他人相比，算得上全身而退。

关于刘震云，当年王朔有两句评价："文坛唯一能对我构成威胁的就是刘震云。""刘震云比冯小刚狡猾一万倍。"

01 舅舅们

刘震云走上作家之路，他的舅舅们功不可没。

1958年，刘震云出生于河南新乡延津县，靠五元救济款上了学，一度梦想当厨子，吃白馍。但后来他没当厨子，而是在十五岁时借身高优势虚报年龄当兵，吃上了白馍。

是舅舅在关键时刻点醒了他。舅舅以木匠活远近闻名，去过镇里、县里、市里，全村数他有见识。舅舅说："只有离开村子，才能改变命运。"

当兵复员后，刘震云又把目标瞄向了1977年恢复的高考。他每天点着煤油灯学习到凌晨两点，以河南省文科状元身份进入北大中文系。成名后的公开访谈中，刘震云几乎每次必提家人和乡亲，特别是姥姥、母亲和舅舅，甚至有篇访谈题目就叫《三人行，必有我舅》。

访谈中，另一个赶马车为生的舅舅曾问他："你觉得你是笨人还是聪明人？"刘震云回答："不笨也不聪明。"舅舅说："世上就怕这种人。要不你聪明，要不你是个傻子，都会生活得幸福。不上不下最难混。记住，不笨也不聪明的人，一辈子就干一件事，千万不要再干第二件。"刘震云记住舅舅的话，写了一辈子小说。在刘震云的表达中，他的舅舅们堪比洞明世事、口吐真言、足以做人生导师的化外高人。不只是舅舅，不识字的姥姥、母亲，以及表哥、众乡亲，个个都能以通俗幽默的表达，一语道破生活本质。

刘震云认为，这些朴素本真的乡土智慧，同样也适用于城市、文学和政治。国外文学评论家说刘震云是"中国最伟大的幽默大师"，但他非说："我是我们村最不幽默的人。"刘震云言必称"我们村"，说得多了，听者也弄不清这些貌似等闲又不等闲的乡亲们，到底是他刘震云塑造出来的，还是延津这地方确实遍地仁波切、盛产郭德纲。

有人分析，刘震云把乡野生存哲学挂在嘴边，可能有两层意思。第一层意思，舅舅们代表的贩夫走卒，就是刘震云所说的作家背后的蓄水池——生活。

央视纪录片《文学的故乡》第五集主角是刘震云。成名后的刘震云去过世界许多地方，虽然各地建筑、河山、肤色、语言、习俗不同，但人性是一样的。这让他感觉行走世界，跟在延津老庄村行走无甚差别。

"有时候，读书还不如听卖豆腐的、剃头的、杀猪的、贩驴的、喊丧的、染布的、开饭铺的一席话。"[①]

乡野游民的这些话揉搓到一起，成了他的创作养分和源头活水。

第二层意思，刘震云似乎总想把某种东西表达得降阶到微小庸常的俗事里。

他把自己矮化到微不足道的底层小人物中，但又分明希望借此若隐若现地

[①] 摘选自张英：《话找话，比人找人还困难——专访刘震云》，《南方周末》2009年6月10日。

显示出这些人——同时也是他自己的高明。这真是一种说不尽的心态，也是别人觉得，他的为人跟他的小说一样"绕"的原因。

一次和陈道明同台，刘震云又拿"我们村"说事儿了："陈老师喜欢打高尔夫。在我们村，一般会觉得打高尔夫的人脑子有毛病。有那个精力，下地干活的收获多得多。"

功成名就之后，刘震云还常说这样的话："作家没什么高贵，就跟卖凉粉、做木匠差不多。我自己这样觉得，乡亲们也这样觉得。我如果考不上大学，现在可能当木匠、搬砖，或者开滴滴，都挺好。""我的大表哥盖房架屋是一把好手，如果能出来，说不定就是一个贝聿铭。"

刘震云的作品是替最底层、饱受苦难的乡亲们说话的，尽管他把这种创作说成像他当瓦匠的大表哥有责任为他垒鸡窝一样。

文学批评家给刘震云的话语体系安了个学究气的名称：反雅化。无论作品还是为人，他都有意识地离文人气、士大夫风、象牙塔意象远远的，不认可自己是所谓用知识分子话语写作的"新写实派"。

动辄"我们村"的刘震云，既有文学的雄心、传统的责任感，又有作为人的世俗、求名利的部分；既有城府、谨慎和算计，也有弯弯绕但实则凌厉的攻击性。

他几乎以老家为坐标、尺度衡量一切。这套乡土话语体系和价值观，以貌似低姿态实则暗藏"杀机"、笑傲对手、睿智讥诮、高深莫测的效果，不动声色地成就了他的优越感，又降低了冒犯感。

只不过，假如人生是一场电竞，大表哥等众乡亲和他最大的不同，是他们没有走出游戏世界里的"新手村"。后面他能玩的高阶游戏，留在"新手村"的人，没有任何机会。

02 朋友圈和名利场

20世纪90年代初的一天，住在武汉的作家池莉带孩子下楼玩，看见一辆人力三轮车晃晃悠悠蹬进小区。再一看，车上竟是王朔和刘震云。

当时受邀到湖北文联参加笔会的王刘二人，下飞机后脑洞大开，雇了辆三轮车，和车夫轮换蹬车，穿过武昌、汉口，走走歇歇，嘻嘻哈哈，耗时几小时，到达汉口最西边看望朋友池莉。

1987年以《塔铺》《新兵连》等令人击节叹赏的小说一跃成为知名作家后，刘震云的朋友圈从媒体圈一下扩大到了一流作家圈。在这之前，作为《农民日报》的普通记者，他给旁人的印象颇为蔫儿巴。同一个院子住的同事为此还曾问过刘震云的妻子："你家孩子他爸，怎么不跟人说话？"

成名后，一个同事写了篇关于刘震云的文章《一棵悄然长成的大树》，说他平时没有发出任何声音，突然有一天就成了名。

但没有谁是悄悄长成的。有文学野心和抱负的刘震云努力了很久，只不过当时他太不起眼，别人根本没注意。

20世纪80年代，作家是最迷人的职业之一。1982年毕业后，刘震云放弃中央机关单位，转身选择《农民日报》，就是因为他认为文学来源于生活，在报社可以经常出去走走。

家里买不起风扇，刘震云大夏天挥汗如雨在家写作。一次次投稿，一次次退稿。妻子试图说服他放弃，他说："你放心，我一定成功。"就像他的姥姥一镰刀一镰刀割麦子不敢直腰一样，刘震云所有空余时间都趴在桌上写，直到"用宋朝的话说，端的写得一手锦绣文章"。

他苦写五年，《塔铺》《新兵连》等几个中短篇发表并获奖。文学是一条窄路。成功从"新手村"突围的刘震云，再次通关，到达了那个他一直想去的地方。

20世纪八九十年代盛行的笔会，是作家们的"高端局"。山清水秀之所，或黄山太平湖，或滇池白鱼口，天南海北的作家会聚一处，纯玩、社交，走心或不走心地给东道主出策划，再互换一些商业机会。

文人混在一起，互捧互踩比试机锋是常态。这时的刘震云一扫先前内缚野心、外表孤寒的模样，变得相当活跃。

大家公认：刘震云夸人最厉害。这个"夸"，你怎么理解都行。

有一次，并称"京城两利嘴"的刘震云和王朔一起参加马未都所在杂志举办的笔会，那时他俩还不怎么熟。

第一天，刘震云对王朔说："王老师你小说写得好。"王朔说：没什么好的，瞎写。

第二天，他说："王老师你小说写得确实好。"王朔说：真的写得不好，你的小说也写得不错。

第三天还是同一套话，他说："王老师你小说写得真好。"王朔说："我是觉得我写得不错。"

刘震云转头对马未都说："一般人也就扛三天。"

1993年，王朔把冯小刚和刘震云撮合到一处，三个同龄人相会了——王朔风头无两，冯小刚是影视新贵，刘震云是与池莉、刘恒齐名的新写实作家代表。

此时的刘震云不缺名气，只有一个小问题：差钱。文字的变现，和影视不在一个量级。从这一年起，他迈进影视圈，与冯小刚合作，把才华转化成票房。

冯小刚和王朔那时一起开了好梦影视公司。1995年根据刘震云小说改编的电视剧《一地鸡毛》，是好梦公司的第一部作品，市场评价很高。

这也是刘震云第一次做自己小说的编剧，因此拿到人生第一笔巨款八万元。一家三口吃了顿肯德基，家里两张拼搭的小床，终于换成了大床。

一场合作下来，冯小刚对刘震云的能力、见识以及重复改本子哪怕改十遍都行的干劲儿非常满意。两个人从此既是事业伙伴，私交也不错。冯小刚对刘震云的评价是："看似云淡风轻，实则刀光剑影；看似不咸不淡，实则波澜壮阔；一切不露声色，于无形中势不可当。自从有了刘老师，我们都进入了看山不是山，看水不是水的境界。"

据冯小刚说，直到2003年拍《手机》时，刘震云还时常穿着不合身的宽大西装，腰间还挂着一串钥匙，像个大队会计。冯小刚不得不郑重地提醒刘震云说："摘下。"

虽然装扮质朴，但此时的刘震云已炙手可热。他的《温故一九四二》《故乡天下黄花》《我叫刘跃进》《一句顶一万句》等作品，被国内外奖项"雪埋"，多部作品改编为影视剧。

蜂拥而至的，不再只是读书版的文化记者，更多的是影视娱乐记者。

人群簇拥下的刘震云常常散发出一种悻悻然的气味，有时又变得格外兴奋、爱说笑。说笑的腔调极具辨识度，有一种故意的不诚恳、刻意的荒诞和非常明显的举轻若重。

他这么说话目的似乎是：你千万别把我说的当回事，但实际上，你一定得把我说的当回事。记者张英曾采访刘震云多年。第一次采访前，有人告诉张英："刘震云这个人很厉害，有农民式的狡黠。"

多次采访后，张英发现，刘震云是少有的能同时在文学品质、大众认可、影视娱乐几方面都做到平衡的作家之一，也是为数不多在娱乐圈里混得既不吃亏、拿到好处，又让对方觉得他厉害、离不开他的作家。

"有人说刘震云狡猾、鸡贼。要玩转这个圈子，你想吧，这些肯定得有。"

但另一方面，张英略有遗憾。做影视之后，刘震云学会了一种话语方式，以世故的姿态，把他觉得不好的都隐藏起来。

那个认真写作的人与心，刘震云藏起来了。

03 江湖恩怨录

2017年，刘震云以《我不是潘金莲》斩获金鸡奖最佳编剧，他发表感言道："冯老虽年事已高，但他的神经末梢结满了二十多岁的奇葩，冯老，要保持。另外特别感谢王朔先生，十九年间不断督促我们不能半途而废，王老虽然也年事已高，但遇到大事不糊涂，要保持。感谢华谊兄弟，中军是个资本家、画家，对剧本爱指手画脚，但他的意见百分之九十是正确的，要保持。"

举座笑绝。

此时的刘震云，已是跻身财富榜的成功人士，轻松游走于富人和名人的江湖。

早些时候，尚属阳春白雪的严肃文学作家过于积极地参与影视市场，还是一件有争议的事。而随着文学式微，影视变现已是作家的必经之路，无可厚非。

但刘震云好像始终很难摆脱这种纠结，他一方面积极参与并对结果甘之如饴，另一方面又极力撇清自己和影视业的关系。

直到2018年，刘震云还在解释："我不赞成说影视界就是名利场。我也不赞成说我是影视圈的人。在电影界只有小刚导演和我女儿刘雨霖改了我的小说。总不能说他俩改了我的作品我就成影视圈的人了，那我经常去菜市场买菜，岂不成菜市场的人了。"①说这话时，他已是不止一家电影公司的股东。

刘震云的社会角色扮演云山雾罩，或真非真，滴水不漏，四两拨千斤，似为利往又似游戏欢场，但有时，又忽然冷峻起来。

一次和《手机》编剧宋方金一起坐车，刘震云突然问："《一地鸡毛》里的小林，三十年后，是街头一个下岗工人呢，还是变成了潘石屹？你觉得变成哪种人有意思？"

宋方金答："当然是变成潘石屹有意思，你可以写一写这个社会波澜壮阔的变化。"刘震云接了一句让宋方金一直记着的话："我跟这些富人不亲近，就是不喜欢这些人，还是喜欢写尴尬的人，失意的人。"

这时的刘震云，露出了《一地鸡毛》中小林的底色。三十年后，老林早无生计之虞，眼界也远超出切近庸常的生活，彻底摆脱了尴尬失意的状态，但内心的漂泊和动荡并无止歇。

正如与刘震云相识多年、多次合作的宋方金所说："我们看刘老师很幽默地跟人交谈，这肯定不是刘老师的本质。每个人不能上来就亮本质，对吧？就像四合院的照壁，人进来不能直接看到堂屋啊，得有照壁挡一挡。"

当年因《故乡面和花朵》这部让读者大呼天书的小说接受采访时，刘震云曾说过一席话，或许能一窥他的内心："一个人在生活中每天每时每刻都会产生很多情绪……人的恐惧感受会落实到一个人的动作、一件小事或一个莫名其妙的念头上。世界的可怕不在于战争、地震，而是在非常细枝末节的地方，渗透到你的意识、灵魂、血液深处。"

这种恐惧是来自世代颠沛流离、浸淫苦难的农民烙印，还是刘震云自己一路逆袭的不易，或者只是作家对现实环境的细腻敏感？也许连他自己也说不清原因，辨不清源头。

《一句顶一万句》里说，"世上的事情，原来件件藏着委屈"。精于窥伺人心世情的刘震云，以一颗玲珑心和一团弯弯绕生存，骨子里可能还是和他作品中的人物一样，在世上琐碎、孤独、隐忍、呓语、荒诞、魔幻地活着。

---

[1] 摘选自柴广翰、马川：《我不是影视圈的人：〈时代人物〉对话刘震云》，《时代人物》2016年第12期。

2018年，冯小刚未能上映的电影《手机2》，让几个昔日兄弟因宿怨与新仇反目互撕，不仅演变成一场声势浩大的公共事件，其连锁反应更是引爆娱乐圈，整个行业都受到巨大影响。

风波过后，不知此事在刘震云心里留下了怎样的痕迹，对他行走江湖的存身之道有什么影响。但外人能看到的，仍只是披挂入世的保护色。

有一年刘震云回北大演讲，跟同学们说有几句话千万别信："一是'世界上的事是不可以投机的'，千万别信。另一句'世界上是没有近路可走的'，也别信。投机分子走近路成功的在人群中起码占百分之八十。"

说到这里，刘震云话锋一转："这样的人得到的利益只是针对他们自己。你做的这些事是只对自己有利，还是促进了整个事情的发展？这个民族最不缺的就是聪明人，最缺的是笨人。"

他在《一句顶一万句》中也写道："世界上有一条大河特别波涛汹涌，淹死了许多人。这条河叫：聪明。"

他自己到底是聪明人还是笨人？这已经不重要了吧。

作家精彩名句与段落摘录

◎名句

1. 这个民族最不缺的就是聪明人，最缺的就是笨人。[①]

2. 其实世界上事情也很简单，只要弄明白一个道理，按道理办事，生活就像流水，一天天过下去，也蛮舒服。舒服世界，环球同此凉热。(《一地鸡毛》)

3. 人在集体中溶化了，人人都似乎成了一个广场。(《一地鸡毛》)

4. 上学是得脑子好使，但要说值得着，还得那个脑子笨的。人就像鸟一样，脑子好使，翅膀一硬就飞了；脑子笨，撒出去才能飞回来。(《一句顶一万句》)

[①] 摘选自刘震云2017年7月1日北大国家发展研究院2017届毕业典礼演讲《我们民族最缺的就是笨人》。

5. 世界说起来很大，中国人说起来很多，但每个人迫切要处理和对付的，其实就身边周围那么几个人，相互琢磨的也就那么几个人。(《一地鸡毛》)

◆ 段落

气氛对于我们是多么重要啊，在一种气氛下我们可能是懦夫，在另一种气氛下我们就是英勇无畏的战士。我们甘愿沉浸在这种音乐中，去生，去死，去随这音乐的吹奏者爬过一道又一道的高山，一座又一座的土塬，蹚过一道又一道的冰河，看遍一山又一山的漫山遍野的灿烂的花朵。(《一地鸡毛》)

许知远：挨骂最多的文艺青年

笑风生

当各大自媒体还在推许知远2023年上市的《梁启超：亡命（1898—1903）》时，许知远的"旅游三书"《意外的旅程》也在次年与读者见面了。

这套书收录了他从2010年开始，十多年间在中国及世界各地游历的随笔合集。恍惚之间，许知远忽然变得高产了。与此同时，他现身各大书店，坐在台上对自己的新书侃侃而谈。从"纯文人"到畅销作家，这似乎与他过去的形象有些大相径庭。

许知远曾在采访中自称"游荡者"，这也是他一贯闯入大众视野的形象。《十三邀》里，他带着镜头走过数座城市的街头巷尾和场景角落；早年他身为《经济观察报》的主编，"9·11"事件后亲身前往美国，对于国际各界名流的专访在媒体界引发热潮。

新书的扉页赫然写着：在疲倦时代，看一个游手好闲者的旁观、洞察与想象。游手好闲者，这样的边缘身份看似很不符合年少成名的许知远。但这些年他逆着时代的潮水开书店，成为舆论"靶子"后仍泰然自若把《十三邀》做到第7季，在爆款慢综里离开嘉宾独自游走，依然留着乱糟糟的标志性长发，保持着坦诚、直接和熟悉的尴尬。

大众的声音开始转向，人们惊讶地发现：曾经被群嘲的许知远，精神状态其实刚刚好。

01 "做一名旁观者"

1976年，许知远出生在江苏连云港的一个军人家庭。六岁那年，他跟随退伍转业的铁道兵父亲搬到北京，住在部队大院里。

由于父亲工作经常变动，许知远也跟着经常转学，小学六年换了五个学校。他时常感到融不进新集体，不会拉帮结派和交朋友。在家里，父亲的军旅思维，讲究纪律，重视传统，也跟理想主义先行的许知远矛盾重重。

家庭与朋友圈的隔阂，让许知远对现实生活的游离感愈发深重，书籍中的世界成为童年与少年时代的心之归处。"这让我更习惯去做一名旁观者，做一名边缘人，不断地去自我证明，要进入中心的这种渴望。"[1]

小学时，许知远帮做晚餐的母亲剥辣椒，辣椒辣得手疼。当他把手放在凉水里舒缓时，看到一旁放着的《上下五千年》，随手一翻，波澜壮阔的历史世界像万花筒一样一下子吸引了他。读着秦始皇、隋炀帝、朱元璋，许知远感到手上的烧灼感消失了，学校里的孤独落寞也被抛诸九霄云外，帝王将相的传奇世界才是他自在遨游的天地。

从此，书籍成为许知远的栖息地，鲁迅、柏杨、李敖、爱默生，这些透过纸面了解的人物，竟比现实交互的身边人还要亲切。多年后许知远感叹："我觉得我缺乏生活，我的童年、少年都像是在书本中成长起来的。"[2]

高考那年，许知远定下了一个远大目标——考北大。他受到了两个人的召唤，一位是他的高中语文老师孔庆东——北大毕业，朱自清的徒孙。孔庆东在课堂上讲"五四"，讲崔健的《一块红布》，动情地吟诵《荷塘月色》，"曲曲折折的荷塘上面，弥望的是田田的叶子……但热闹是它们的，我什么也没有。"

许知远被浓厚的人文精神感染打动，听得如痴如醉，尤其是孔庆东那句"在北大扔下一颗炸弹，中国将倒退五十年"，振聋发聩，也让燕园成为他心中人文精神的灯塔。

另一位召唤者，是许知远的偶像李敖。十六岁那年，他第一次读《十三年和十三月》，激动地在房间里又蹦又跳，恨不得对所有人大喊："你们知道李敖

---

[1] 摘选自《独家｜许知远：我们对物质的强烈渴望，是精神匮乏带来的》，《凤凰网·文化》2021年2月5日。

[2] 同上。

吗！"那是他心目中完美的"反叛斗士"，几乎是沉闷、束缚、保守、功利主义的反义词。

李敖总喜欢引用孟子的那句"虽千万人，吾往矣"，许知远感到悲壮，又涌升出无限敬意。努力考取北大，是许知远实践攀登理想人格的路径。保持愤怒，做勇敢无畏的知识分子。

1995年夏天，顶着烈日，他如愿以偿，收到北大的录取通知书。

02 "这所学校，没法儿念了"

考上北大，许知远蹬着自行车，把校园逛了个遍。那时他春风得意，满心只想拥抱这里的"自由之精神，独立之思想"。

"那是一种不切实际的自负。进北大的时候，都认为自己是精神贵族，学屠龙之技。"

然而，现实还是给了这个初生牛犊一记闷锤。许知远所学的微电子专业，充满着与他格格不入的商业气息。他身边的同学都在忙着考雅思、考托福和找实习，努力将金光闪闪的学历最大价值化。

"你的情人已经改名玛丽，你怎样才能送她一曲菩萨蛮"，余光中的现代诗道出了许知远心中的无可奈何。老师孔庆东印象中的北大，在许知远眼中渐行渐远。80年代的梦幻理想，终究抵不过市场经济的狂潮。

第二学期末，许知远第一次产生退学念头，"这所学校，没法儿念了"。煎熬了三年，他蓄着一头标志性长发，向学校提交休学申请，开启了一场自我教育。

脱离社会时钟的一年，他沉下心读《新共和》《时代》和《大西洋月刊》，体会前代哲人的崇敬、希望、挣扎，重找自我生命的坐标。

他和同学办起了校园杂志《微光》，批判日益世俗化的校园，但很快被勒令停刊了。他走完了大半个中国，还在桂林定居了一段时间，那也是他生命里的第一次游历。

对于一个被书籍滋养长大的人，广阔的山水天地，反而让许知远迷茫。他决定回归校园，在熟悉的课堂和书籍里寻找生命的答案。

他开始跑到文史专业的课堂蹭课。他听钱理群讲鲁迅，声若洪钟，少年时代日夜阅读的人物仿若出现在眼前。罗新讲完嵇康被杀之后,对着台下说:"中国通史我只讲到这个地方,因为中国历史到此就变得非常无趣。"

除了听课,阅读仍是许知远通往更广阔世界最可靠的密道。

他去北大东门的平房,跟神秘兮兮的小贩买过很多期《时代》周刊。他终日泡在图书馆里,读伯特兰·罗素、约翰·斯图亚特·穆勒,曾付出十倍罚款,只为带走《李普曼传》。

"我只愿意与书中那些灵魂对话,换了给谁,都是浪费。"2001年,二十五岁的许知远出版了第一部文学作品《那些忧伤的年轻人》。在书中,他批判"美丽新世界"的麻木人们,尽情宣泄着自己年少的愤怒、反抗和张扬。

"一位喜欢对世界进行广泛发言的知识分子。一个怀抱梦想,并因为梦想碰壁而忧伤的骑士。一个永远奔跑在雨中的叛逆少年。"许知远在自序里这样介绍自己。

出版书籍第一次打开了许知远的知名度,也让他顺利进入《经济观察报》并担任主笔。他观点鲜明,文风犀利,擅长用长而复杂的句式探讨前沿国际问题。"二十年前媒体业还是非常蓬勃的。你觉得你有义务,来讲述世界在发生什么。"

2002年,许知远去美国游学,采访了十五位经济学家,包括美国尼克松中心的中国研究部主席大卫·兰普顿、诺贝尔经济学奖得主罗伯特·希勒等人。这次游历,让许知远在媒体界声名大噪。

"蜜月期"没持续多久,许知远的"反骨"又上来了。在2003年的报社年会上,社长邀请他上台为去年的优秀员工颁奖。结果许知远在台上说:"今年的奖项都给了不该给的人,这完全是利益平衡的结果,如果《经济观察报》这么办下去,就没啥希望了,我拒绝颁发这个奖项。"这是一种很具有文人气,甚至孩子气的做法,但许知远就是要这么干。

三个月后,他甚至写了一篇《〈经济观察报〉它真的死了》,在文中批评道:"这些人从来就不相信这世界上存在着一些价值观,它们比金钱、名声、银行的存款、多打几场高尔夫球更重要。"

不久之后,许知远离职,再次主动选择做游离者,做愤怒而反抗的少数人。他慷慨陈词:"报纸是自由人的自由联合,不是雇佣与被雇佣关系。"

03 "首席哲学官"

2005年，许知远和同从《经济观察报》辞职的朋友合伙开办了单向街书店。"单向街"取自德国思想家本雅明的著作。许知远大笔一挥，表示要"把巴黎的左岸搬到北京的圆明园"。

许知远开书店，是深受北大人文情怀的影响。大学军训时，他偶然发现王炜教授在校园里开的书店，从此经常坐在那里看书，听教授和教授的朋友们开办讲座，远远地听作家们的交流沙龙。"多好的老师办这么一个空间。我长大以后就特别想去做这样的事情，也能跟他们混在一起。"

书店外是文艺风的竹栅栏卵石路，书店内是热火朝天的文化沙龙，第一场就请了西川和北大的毕业生。一传十十传百，单向街沙龙很快出名，房租也随之上涨。结果许知远他们入不敷出，最后关门大吉。

对于自己喜欢的事情，许知远这次选择了坚持到底。他还是那头标志性的长发，只是这一次，除了飘逸，还多了几分现实主义和成熟的味道。

许知远带着创业团队转移，把书店开到房租便宜的蓝色港湾，除了卖书，也开始经营咖啡。2014年，"单向街书店"更名为"单向空间"，同时获得融资千万，开始多维版图线上线下的全面扩张。

公司以内容为核心，线下沙龙和线上新媒体业务同时展开，还开发了单向历等衍生产品，吸引了众多文艺青年。

"我把人生唯一的责任感都给了书店"，许知远觉得，书店就像一个家庭的存在，他永远都想逃开它，但是每次又回来，这种笃定的坚守近乎一种本能。

尽管如此，老板许知远在面对单向空间这一组织时，仍保持着一种惯常的游离。他习惯骑着自行车来到书店，然后在四楼的办公室独自写作。同事们调侃他是"首席哲学官"，除了思考其他什么都不管。

在面对"你觉得工作量最不饱和的部门是……"的问题时，许知远的票数仅次于店里的流浪猫。他绕着楼下运营社媒的年轻同事走，因为"很是担心，他们在心里嘲笑我是个陈年旧物"。

他偶尔拾起领导的责任感，对这群"90后"的小朋友说："你们要多注重思想，多做新知。"结果对方瞪圆眼睛，反击道："每一条都是新知啊。"

身为书店老板，在许知远身上有一种与书籍天然的矛盾感。

他能大段大段地引用熊彼得、马修·阿诺德等著名知识分子的观点，印刷崇拜像文身一样烙在心上。但是，他跟书籍并非严丝合缝地相互依存。

许知远说自己很少阅读传统意义上的经典，没读过《红楼梦》，巴尔扎克、莎士比亚也读得不多。他买过一套完整的世界名著丛书，但一本都没读完，只看了很多序言。

"我读不进去很多东西，所以我的阅读一直是以一个非常随机杂乱的方法进行的。"[1] 许知远似乎天然地拥有着自己的步调，与万事万物都有着独特的相处方式。因为自我很坚固，所以在面对他者时总显得疏离。

04 "我觉得你很美"

2016年，四十岁的许知远开始真正进入大众视线。这一年，阿尔法狗打败了李世石，人们焦虑于可能到来的人本主义危机；papi酱获千万元融资，自媒体展现出空前强大的潜能和增长空间；邱兵团队离职创办"梨视频"，传统媒体人出走成为趋势。

一个时代正在到来，或者即将到来。《十三邀》的出品人李伦离开央视加盟腾讯，邀请许知远做一档有别于以往类型的访谈节目。

那时的许知远正处于单向空间的创业烦闷中，新节目就像一个生活的窗口，他一口答应，理由是："我这么一个书本上成长起来的人，特别想知道那些在天桥成长起来的人，是怎么生活的。"

《十三邀》第一季仅是小范围的出圈，在豆瓣评分为8.4分。频繁刷屏的，是许知远采访俞飞鸿的尴尬镜头。"我觉得你很美"的直抒胸臆被当作失态，下意识的脸红和局促则被贴上"猥琐"的标签。

网友们顾不上聆听对话中的碰撞与交锋，转而群嘲许知远的外表和神态。那是第一次他因节目成为众矢之的。"我觉得他们找错靶子了，我不是他们所讨伐的那种人。"融不入的群体尚且能主动远离，指向明确的舆论之箭许知远避无可避。

第二季的争议甚嚣尘上。面对马东对娱乐精神的肯定，许知远直言："我

---

[1] 摘选自人物作者：《许知远：偶尔深夜"诅咒自己"，多喝点酒就过去了》，"人物"公众号2021年11月18日。

们这个时代挺可悲的，大家也不知道到底什么是好的东西。"此话一出，网友们都感觉"被骂了"。

许知远站在精英视角，提问马东："你为什么不抵触这个时代？"深谙舆论走向的马东回他："我没那么自恋。"

这下，许知远彻底惹恼了观众老爷。理想主义的挽歌，更高价值的追问很难让当下的大众共情。相比之下，马东的那句，"今天我们的识字率是百分之九十以上，但是人的本能是对娱乐靠近"，姿态放低、视角也似乎更为客观，显然更讨好观众。

此外，许知远在采访明星时，经常出现"对不上频率"的尴尬。他对镜头坦诚自己的偏见："我崇拜复杂性，她当然是个可爱的人，但可爱的人不一定丰富啊。"万箭飞来，人身攻击的矛头对准他，许知远无遮无拦地对大众坦诚，这也可以视为他选择对公众自我保持游离。

2023年，《十三邀》已经录到第七季，豆瓣评分从第一季的8.3涨到9.4，累计播放量超过十三亿，"游离者"许知远的法则再次奏效，更多人文价值的议题进入公共讨论。采访项飙那一集，两个人结束对谈，对着黄昏下的故乡说"当日落的时候，思想升起"，被网友直呼封神。

面对风评转向，许知远淡定依旧，"很多人认为我是和年轻人有冲突的，但最终证明他们在我的尴尬中看到了自己的境遇"。

"年轻人比任何一个时代的人都表现得更像是刺猬，这样的姿态反而是脆弱的标志。"他们是时代风向下的野草，看似漫漫一片却飘摇不定，把矛头对准他人，却发现也有放大镜正对着自己的尴尬。

许知远的尴尬、坦诚、随时随地的疏离，反而照见网友内心最真实的渴望，是温暖、踏实的理解和安慰。在许知远的规划下，《十三邀》成为当下流行文化的"异类"，这倒是与他本人的游离姿态一脉相承。

"《十三邀》的做法其实是反视频的，我们选择人物，探讨的方向，都更像是传统意义上的写作者对世界理解的方法。"

许知远坚守住一部分自己，也拥抱一部分外界。直白的镜头语言曾真实地刺伤他，但他也平和地承认："舆论有它的问题，但也有让你很受鼓舞的一面。"

"你不会想到许倬云、项飙、钟叔河这样的人可以如此广泛地进入年轻人的内心，如果是过去的媒介，是不太可能的。"[1]

05 "我去当一会儿许知远"

除了《十三邀》，近年来许知远还参加了几档综艺节目，无一例外都受到了大众好评。

参加《向往的生活》，许知远不和嘉宾们住在一起。当所有人围坐聊天时，他独自离开，在沙滩上闲走看海，帮渔民大姐挑海草，买根烤肠看着村子，问老人们："年轻人都去哪里了？"

这样的许知远一度让常驻嘉宾们抓狂。但在那集的结尾，当所有人离开后，黄磊摘下围裙，一个人安静自在地走向海滩："我去当一会儿许知远。"行胜于言，质疑许知远，理解许知远，成为许知远。

2023年，他在东京开了一家单向空间的分店，表示在疫情之后要用行动重新和世界、周围的环境连接。"行动本身就是一种思想，至少是一种检验思想的方式。"

这些年，许知远在不同的身份之间游荡变换，越来越忙：创业，写新书，录节目，接受采访……

他总是把自己抽离，不断自反，外界推不倒他，但他也真实地改变了，接受和理解不同的景色与人生。

"作为一个dancer是重要的，作为一个cook是重要的，不一定是只有知识，知识分子。"

多年前，许知远曾见过年少时的偶像李敖。在北洼路的首都师范大学附中读高中时，他每天都想尽一切办法寻找李敖的每一本书。他们见面时，李敖在一家冰激淋店请他吃雪糕。两个"反叛斗士"，平和地坐在台北的一家冰激淋店里，分享着菜单上最受大众追捧的草莓冰激淋。

大概所有的"反骨"，到最后，都是回归一种烟火气的味道。

---

[1] 摘选自余雅琴：《许知远：无时无刻不在困惑 | 不惑2024》，"南方周末"公众号2024年1月6日。

作家精彩名句与段落摘录

◎ 名句

1. 如果一个人在青春期时不具备缥缈的幻想，那么这个人注定是乏味的。(《那些忧伤的年轻人》)

2. 从经验来看，藐视历史（世界文明史）往往意味着精神的荒芜。(《那些忧伤的年轻人》)

3. 一个艺术家最成熟的阶段，不是在彰显自我，而是消除自我，融入人类文化的河流。(《游荡集》)

4. 人们不都是以外在之物来搪塞自己内心更深层的渴望，来回避本应痛苦的挣扎和求索吗？(《游荡集》)

5. 冬日里晒晒太阳，夏天露天坐在院子里，听莫扎特，喝啤酒，看迷惘一代作家的作品，身边偶尔经过像春天一样的姑娘。[①]

◆ 段落

1. 很长时间以来，我生活在1980年代的阴影中。诗歌的片段、音乐的片段，还有他人回忆的片段，经常让我陷入对20世纪80年代大学校园的无限冥想之中。"那是个白衣飘飘的年代。"80年代的过来人这样无限感慨道。对于诗歌的热爱、对于艺术的热爱、对于理想的执着、对于世界的广泛热情、对于爱情与酒的激情……这些提炼出来的80年代精髓曾经让90年代后期进入大学的我们神往不已。我们在罗大佑的《光阴的故事》与《北大往事》的陪伴下，不断试图在幻想中重温那个年代……。(《那些忧伤的年轻人》)

2. 每个时代都会修订它对过去的构想以迎合其处境，而总体来说，历史学家总会找到那些验证其论述的史实。历史不是发生于两百年或两千年前的事实，它是有关两百年或两千年前所发生之事的一个故事。故事会变，讲故事人的眼界也会不同。(《单向街005：反智的年代》)

[①] 摘选自《许知远：忧伤是思考的本质》，中国作家网2013年6月9日。

当年明月：成名始末

张九七

当年明月，这个在社交媒体时代近乎消失的名字，最近两年伴随着国考省考大潮，一再被人提起。

从初代网文大神到国内"最牛公务员"，当年明月的成名轨迹与同代其他作家截然不同。

由《明朝那些事儿》引发的"明史海啸"，不少网友至今仍津津乐道。作者本人及其作品，已经成为一代读者的共同记忆。

畅销海内却封笔不著，光环加身却低调退隐。这背后是否另有隐情？当年明月，究竟是天降神手还是昙花一现，是网络时代的"弄潮儿"还是被虚构的天才？

这一切的答案，还需回到故事的最初。

01 明月出天涯

千禧年前后，伴随着第一次互联网泡沫的破碎，中国网络文学的论坛时代蓬勃而起，而天涯社区则是论坛时代最精华的代表。

上千万初代网民，参与网络讨论的热情高涨，堆出了天涯社区和百度贴吧两座时代的"大山"。

2005年前后，中国网络文学迎来首个黄金时代。晋江、起点、天涯、潇湘、纵横等文学网站和论坛群雄并起，各大内容平台都推出了不同类型风格的网文大神。

当年明月，应运而生。

与诸多网文作家的成名路径相似。在成为当年明月之前，他还只是一位喜欢上网刷帖的普通看客——广东顺德海关公务员石悦。

2006年3月的一天，石悦上天涯"冲浪"，偶然间发现了一个名为"煮酒论史"的板块。这是天涯论坛刚刚上线不久的"历史区"。

看到各路网友对中外历史各抒己见，石悦顿时被激起了兴致。于是，他注册了社区账号，打算之后在这里分享自己了解的历史趣闻，以及抒发对以往历史事件的观感和见解。

思索一番后，石悦决定从最熟悉的明史入手，从朱元璋起家到顺治帝入关，细说三百年明朝。起初，上传的文章反响寥寥，阅读浏览量一度只有十位，但他丝毫没有放在心上。他的写作频率十分稳定，每天下班后，查阅《明实录》《明通鉴》《明汇典》《明史纪事本末》等诸多历史典籍，然后雷打不动地在电脑桌前坐满四个小时，完成下一章节的内容更新。

日复一日，功不唐捐。凭借着扎实的明史底子和细腻的笔风，《明朝那些事儿》逐渐成形。

某天回家后，他发现消息提示框闪烁不停，文章点击量骤然上升，评论区竟有数百人催更跟帖。这让石悦更有了坚持更新的动力。两个月后，朱棣靖难之役拿下"赛点"，《明朝那些事儿》在天涯社区大火。

趁着明清历史剧和央视文化类节目的热度，各路读者闻讯而至，《明朝那些事儿》帖子的在线点击率迅速飙升至百万量级。

当年明月这个笔名，在内地大学校园里口口相传，一夜间成了炙手可热的网络作家。刚写至第二卷，就有出版商找他商量出版事宜。没多久，《明朝那些事儿》第一部顺利出版。八个月后，《明朝那些事儿》第二部也出版上市了，线下图书市场迅速掀起购买热潮，各大书商和校园图书馆争相引进，一时洛阳纸贵。

2007年，当年明月首次登上内地作家富豪榜，并连续七年一直在榜。七年时间，累计版税达四千二百万。

自此，《明朝那些事儿》系列成为继孙皓晖（代表作《大秦帝国》）、易中天（代表作《易中天品三国》）之后，最受国内读者欢迎的通俗类历史读物。

2009年，历时三年的《明朝那些事儿》在新浪博客连载完结，随后交由海关出版社出版发行，系列共七卷，字数共计约九十六万字。仅当年作者的版税就突破千万。

春风得意马蹄疾，随着公众对明史的讨论热度不断上升，当年明月及其作品囊获了荣誉无数。

《明朝那些事儿》系列被相关部门列为"中小学课后推荐书目"，被读者票选为"中国十大好书"，先后获得当当、亚马逊评选的"五星图书奖"等众多荣誉。七年间，该书仅线下销量就超过五百万册。

成名后，各类采访邀约不断，石悦剥掉虚拟网络外衣，开始以真实身份出现在公众视线中。

2009年，石悦做客央视节目《面对面》，向观众讲述其写作原委。面对主持人的犀利提问，他在节目中展现的自信朴实的回答，至今仍为网友们称道。

还有一次活动，记者提问："拿了那么高的版税，你准备怎么花，有什么花钱的计划吗？"

石悦很诚实地挠挠头说道："买俩馒头，想蘸红糖蘸红糖，想蘸白糖蘸白糖。"

02 顶流公务员之路

在当下舆论环境中，"天才叙事"是人们乐见的主题。作为初代网文写手的当年明月，自然也被纳入了讨论中。

1979年，石悦出生于"水电之都"湖北宜昌，父母都是机关干部。

宜昌作为荆楚咽喉，魏晋重镇，自古人文荟萃。生长于楚地，石悦似乎天然就对这片土地的历史兴衰感兴趣。

五岁那年，石悦陪父亲去新华书店购买文具，一眼相中了书架上方醒目的《上下五千年》。

此时，这部经典读物刚刚刊印不久。父亲询问了两次，最后花掉五分之一的月薪为石悦买下了这部厚厚的新书。这是石悦与历史的初次结缘。

中考前，石悦把《中华上下五千年》翻来覆去看了12遍。在好奇心的驱使下，他已经不满足于对历史故事的简单概述。

之后，石父又为石悦买来了《古文观止》与《二十四史》全集。在同龄伙伴因文言文背诵而抓耳挠腮的年纪，石悦随手抓取一本历史原著读得津津有味。

大学毕业前，石悦对于中国古代的历史脉络与人物事迹，基本熟稔于胸。

不过，少年时期的石悦，或许是过于痴迷看书，在应试升学方面的成绩并不理想。

高考结束后，在家人的建议下，石悦报了前景更加光明的法律专业，进入湖北警官学院就读。"弃史从法"，倒和中国家庭"兴趣不能当饭吃"的普遍观念不谋而合。

大学四年，石悦穿梭于教室与图书馆之间，成绩不温不火，成了老师和同学眼中的"小透明"。

成名后，他回忆起这段校园经历时说："当时我生活在自己的世界里，总觉得身边的人都很奇怪，后来才发现，原来在别人看来，我才是那个怪异的人。"

不过，习惯了独来独往的石悦，似乎并不因此感到烦恼，因为他从历史的字行里感受到了无限的慰藉。

或许是长期读史的缘故，养成了他沉稳庄重的性格。他对历史和人生早早就有自己的看法。他曾说：

"你对这个世界有充分的了解，就不会有畏惧感。我只要翻开历史书，我就是在看大海。这些人，他们不断地挣扎、想出头、想出名儿，最后留在历史书里，一页纸翻过去就能翻过无数人的一辈子。"[1]

大学毕业后，石悦听从亲友建议，报名参加了全国公务员考试。经过几个月"突袭"，刚毕业不久的石悦最终以面试第三的成绩，顺利进入佛山海关（驻顺德办事处）工作。这一年，石悦二十一岁。

单位工作内容轻松，没有"996"和"双十一"的烦恼，休息时间不被打搅，规律的生活作息，为石悦后来的写作创造了条件。

下班回家后，读书两小时和睡前上网冲浪，成了彼时石悦必不可少的两项

---

[1] 摘选自《石悦：讲明朝那些事儿的那个人》，央视新闻频道《面对面》2009年10月20日。

活动。每天晚上，看着各路网友在论坛内外侃天侃地，说古谈今，久而久之，石悦也逐渐萌生了分享的种子。

书读百遍，其义自见。对于已经读史十多年的石悦来说，选择写作，不仅是水到渠成的事情，也是他在无聊生活状态下救赎自我的"解药"。

2006年，石悦正式在天涯注册了ID，打算在历史板块小试牛刀。题目信手拈来，取名《明朝那些事儿》，副标题则叫"历史应该可以写得很好看"。好看，是他写作历史故事的目的；可以，则是对自己能力的笃定。

最初一段时间，石悦并没有考虑好笔名。某天夜里，写好最新章节后，石悦抬头望见窗外明月高悬，随即给文章署名"当时明月"，取自北宋晏几道的名句"当时明月在，曾照彩云归"。

后来，经网友建议，又将笔名改为了更为通俗的"当年明月"。随后的故事大家都知道了。

当年明月从大神云集的天涯社区脱颖而出，在数百万网友的见证下，开辟了草根写史的新赛道，成为网络文学宇宙中又一颗冉冉升起的新星。

此时的当年明月，春风得意，风头正劲，在网络世界中被读者偏爱，在现实工作中被领导赏识，其岗位也从僻静的地方办事处迅速迁调至总部单位。

不过，树大招风雨，人红多是非。随着文章阅读量和页面访问量的快速攀升，对当年明月的攻讦和质疑声也蜂拥而至。

一些历史博主及黑粉以"点击量造假"为借口疯狂举报，甚至"控帖刷屏"，这一度严重影响了当年明月的创作进程。

迫于压力，当年明月不得不出走天涯，转战新浪博客（微博前身），继续耕耘。

反观天涯社区由于在此次"网络骂战"中的不当处置，导致己方平台"损兵折将"，不少作者与粉丝集体出走。稍有起色的"煮酒论史"板块，也因此次风波走向了衰败，与天涯一道，在之后十年间逐渐沦为时代的弃子。

当年明月事件向人们证明了平台和创作者是相互成就的，但真正有天分、有魄力的创作者，是不会也不甘于被平台或粉丝所"绑架"的。

这一段出乎意料的"小插曲"，确有可能成为石悦之后"弃网封笔"的原始肇因。

03 罪与罚

《明朝那些事儿》系列在中文互联网的风靡程度，已经无需赘言。数百万册的图书销量和高达 9 分的豆瓣评分，足以证明它在中文读者心目中的分量。

不过，任何畅销作品似乎都逃不过"回归线定律"。随着热潮逐渐退去，《明朝那些事儿》迎合的某些观点与其自身的局限性，也开始逐一显现出来。

关于文体的争论。作为论坛时代的现象级读物，从学术标准来看，《明朝那些事儿》不是正史，但引用史料及人物事迹又基本吻合，也不能算野史。

与《三国演义》《水浒》等传统作品相比较，《明朝那些事儿》中的虚构成分相对较少，因此也不能归于历史小说类。

综合来看，《明朝那些事儿》是一部以真实历史为基础、夹杂个人情感与类型小说笔法的历史札记，而非反映历史原貌、提出真知灼见的皇皇史著。

其一，作为当年明月的处女作，《明朝那些事儿》满足了年轻观众"好看""有趣"的需求，但在叙事方法和观点陈述上并未达到纯熟的水准。

由于书中的时间线过长，作者在对历史人物的刻画与评价过程中，往往存在褒此贬彼、前后矛盾的情况。

其二，贬斥直臣与言官，褒崇"擅于权术和两面通吃式的人物"。

他说张居正"千古以来，唯此一人"，说徐阶"用他自己的方式，最终实现了他的正义，不是礼义廉耻，而是阴谋诡计、权术厚黑"。与之相对的，他大肆批判固守己见、不知变通的海瑞："这种死心眼，在中国历史的专用称谓，叫作气节。""你是个好人，但并无用处。"

由此可以看出，当年明月对失意的道德君子是不待见的，常常以"书呆子"一词概括。用成功学、厚黑学的观点，给身处复杂环境的历史人物盖棺定论，是否切中肯綮？恐怕要打上一个大大的问号。

毕竟，高情商的"世故、变通"，也可以化身低情商的"不择手段"。

治世能臣如张居正，既能中兴明室匡扶社稷，也能压制皇权收受贿赂滥杀异己；在"挽狂澜于既倒"的同时，又给岌岌可危的大明江山添了一把火。

回到历史中，被作者"嫌弃"的海瑞最终死于任上，南京百姓罢市鸣钟捐钱数万为其理丧；而宰辅张居正死后仅仅数月，就被敕令抄家砸庙，差点毁坟戮尸。造成这两种结局背后的深层缘由，当年明月并未给出合理解释。

其三，无限度地为皇帝（权臣）辩解，将皇帝与谏官集团天然放置于对立阵营。

针对朱元璋、朱棣两朝皇帝的残酷杀戮行为，当年明月善以"同理心"辩称："朱元璋的这些行为虽然有些过激，但他的行为主体还是正确的，其目的是消除贪官污吏，如果我们联系朱元璋少年时候的遭遇，就更能理解他的行为。""朱棣的残忍杀戮只是为了保证自己的皇位。"

这样的说辞当然经不起细敲。如果"一功能抵万过"，那么宋高宗赵构是否也能评举为千古贤君，被后人供奉瞻仰呢？

当然不能。"功过不能相抵，今人不能代古"，这是评价历史人物一贯的原则。

朱元璋结束乱世、重振朝纲是事实，滥杀功臣、蹂躏士人、禁锢民间思想也是事实。如果帝王都擅用"非人性"的方式对待乖顺的臣民，作为后人的我们又何必要以"人性"的视角去掩盖他的过失。

当年明月对明代言官的评价也是自相矛盾的。

他一方面认为，"明代的言官们个个都有粪土当年万户侯的气度，外加唾液系统非常发达，且极具穷追猛打的狗仔队精神，遇到这种事情当然不会放过，逮住就咬，咬住就不放"，一方面又承认这些人"纵使憨直，诚然不屈，这就是明代官员的气节"。

综上所述，当年明月对历史人物（事件）的论述和评议，略显轻佻和武断，功利色彩和主观感情色彩比较浓厚。

究其根本，笔者认为有以下两方面原因：

一是笔力和文体所限。网络写作，从传播角度看，天然带有迎合受众需求、追求新颖易读的效果，这是作品流行的必要前置条件。

二是与作者本人的性格偏好和思想来源也息息相关。二十一世纪第一个十年，正是各类成功学、厚黑学大行其道的时代。在这种思想氛围的影响下，当年明月在着墨过程中难免会受到影响，进而以功利主义、应权通变的标尺去评述笔下人物。

这也是读者在读完《明朝那些事儿》之后，对其评价褒贬不一的重要原因。

在思想性建设上,《明朝那些事儿》不如《万历十五年》那样具备抽丝剥茧般的细密严谨、洞察至微;在文体书写上,又缺少像二月河、姚雪垠等历史作家恢宏睥睨的大视野,笔力上稍显散漫和软弱。

不过,以上对《明朝那些事儿》的究诘与剖辨,并不影响它作为一部通俗作品的存世价值。

钱穆说:求其通俗,其事亦难。俗善变,俗外有俗,通于此,未必即通于彼。通俗得其幽默、浅显,不俗得其深隽,但难免枯燥,干瘪,难咽。

《明朝那些事儿》的现实意义在于能够把历史从纷繁杂芜的案头拉下来,用一种年轻读者普遍能接受的解构式的网络语言呈现出来,改变了当下人们对历史一贯的刻板印象。

它不仅激发了众多网友对明史的兴趣,扫除了当代大多数年轻人心中,对明史的暗黑印象,为大明王朝树立了"天子守国门,君王死社稷"的正面形象,也让其中一部分读者叩响了历史的大门。

从这层意义上看,当年明月与《明朝那些事儿》的功德无量。

但仅因此就将它称神作揖,奉若圭臬,无疑又陷入了"天才叙事"的怪圈里。

当很多人以为当年明月会以明史为契机,续写下一个精彩篇章时,石悦却不按常理出牌,遽然退隐,不再书写前朝故事。

粉丝期待的《唐朝那些事儿》《宋朝那些事儿》没有出现,资方期待的古装荧幕大片没有出现,出版商期待的新一代顶流作家也没有出现。

回到现实。石悦每天骑着车接送孩子,到点上下班,为领导润墨赶稿。他在公务员这条职业道路上一直走下去了。

一入庙堂深似海,从此明月照路人。

对于现世的名利,石悦看得很清醒:"上天很公平,它不会把写作的灵感和对一件事情执着于名利的追求同时给予任何一个人。"

当年明月,这个曾经叱咤中文网络世界的名字,仿佛凭空消失了一般,十年之间杳无音信。

04 被虚构的天才

2021年，一则上海市政府的人事任免通知，再次将公众的视线拉了过去。当年7月，石悦履职上海市政府研究室副主任，从山东迁往上海。

此时，距离当年明月成名封笔已经过去整整十二个年头。曾经默默无闻熬夜码字的小科员，已经成长为独当一面屡受嘉奖的老干部。

在网上诸多媒体的叙述中，他是被读者们虚构的天才，是光环加身的网红作家，也是清醒睿智佛系通透的"八〇一代"。而在现实生活中，他是为人敬仰又稍显神秘的领导"石厅"。

从网友的称谓变化可以看出：他的作家身份已不再是众人讨论的第一标识，取而代之的是其背后的公务员职称。

在上升渠道收窄、公考晋升堪比蜀道难的当下，石悦无疑是众多文科学子的榜样，成了新一代年轻人心中的"公务员之光"。对很多人来说，体制内是高墙林立的围城，也是隔绝外部喧嚣的堡垒。

寒冬将至，更多年轻人已从梦中醒来。赚更多钱，赢更多名，可能远不如拥有一份安安稳稳的工作来得踏实。

石悦的存在，仿佛为人们提供了一种可经验证的范本，那就是：出身普通的孩子，通过自身努力和机遇加持，也能够达到一个社会层级相当的高度。

时间倒退回二十四年前的那个夜晚，在面对"确定"与"拒绝"的提交选项上，石悦同今天的青年们可能有着相似的烦恼。

居庙堂之高，处江湖之远，落丛林之中，如何得以安身立命实现理想人生？现实生活中并没有确切答案。

但作者已然在作品的最终章中预留了线索：成功的标准只有一个——按照自己的方式，去度过人生。

作家精彩名句与段落摘录

◎ 名句

1. 你还很年轻,将来你会遇到很多人,经历很多事,得到很多,也会失去很多,但无论如何,有两样东西,你绝不能丢弃,一个叫良心,另一个叫理想。(《明朝那些事儿》)

2. 所谓历史,就是过去的事,他的残酷之处在于:无论你哀嚎,悲伤,痛苦,流泪,落寞,追悔,他都无法改变。(《明朝那些事儿》)

3. 正义和公道或许会迟到,却绝不会旷课。(《明朝那些事儿》)

4. 外交,是指处理国与国之间关系的方法,但它还有另外一个通俗的解释——用最礼貌的方式,说出最肮脏的话。(《明朝那些事儿》)

◆ 段落

1. 因为天真的理想主义者纵使执着、纵使顽强,却依然是软弱的。他们并不明白,在这世上,很多事情你可以不理解,却必须接受。只有真正了解这个世界的丑陋与污浊,被现实打击,被痛苦折磨,遍体鳞伤、无所遁形,却从未放弃对光明的追寻,依然微笑着,坚定前行的人,才是真正的勇者。不经历黑暗的人,是无法懂得光明的。(《明朝那些事儿》)

2. 朱元璋是这样走到这一步的:从茅草屋的风雨到皇觉寺的孤灯,从滁州的刀光剑影到鄱阳湖的烽火连天,他从千军万马中奔驰而出,自尸山雪海里站立起来;他经历过无数的磨难,忍受过无数的痛苦,他不畏惧所有的权威,他不惧怕任何的敌人,一个个盖世枭雄在他面前倒下去,他见过的死人比胡文庸见过的活人还多。(《明朝那些事儿》)

张嘉佳：走，吃饭喝酒去

丁眉月

"有朵盛开的云，缓缓滑过山顶，随风飘向天边，我们慢慢明白，有些告别，就是最后一面。"[①]

2024年6月22日，预热很久的电影《云边有个小卖部》正式上映。一天之后，票房冲到了一个亿。这部由张嘉佳自编自导的电影，从上映之初，就在网上掀起了种种争议。

有人说电影延续了原著的特色，一如既往地引人泪下。走出云边镇的刘十三、救赎了主人公的程霜、开着拖拉机一路狂奔的外婆……所有的一切，都击中了人们的泪点。

但另一方面，电影收到的恶评如潮。许多看完电影的观众，建议张嘉佳还是滚回老本行重新去写作，因为他压根没有拍出他们想要的场景。

电影开头十三分钟的动画片加上演员演技浮夸，实在是让人出戏。关于原著党和电影党的争论，张嘉佳本人懂不懂张嘉佳作品等问题，都可以让子弹再飞一会儿。

面对这些问题，张嘉佳自己也许都会摸一摸已经白了的头发，然后一笑了之。毕竟，他在前半生中，身经百战，见得多了。

[①] 摘选自张嘉佳：《云边有个小卖部》，湖南文艺出版社，2018年版。

01 小镇神童

同为现象级畅销书作家,张嘉佳的爆火经历和另一位常被网友拿来比较的男作家刘同重叠度很高。

两个人虽然因为"矫情"的文风都被网友诟病颇多,但不一样的是,刘同一路走来的确努力又励志,人如其书名一样"鸡血"又"鸡汤",属于"爱拼才会赢"那挂的。

但张嘉佳却和"努力"两个字"八竿子打不着"。他给自己的评价是:无聊、盲目、好逸恶劳。当年同在一个节目组工作过的主持人陈波用一个词形容张嘉佳,就是"甩子"。"甩子"是南京土话,意思是说这人痞、疯、狂、没正形。

从天才儿童到天才少年再到天才中年,自带爆火体质的张嘉佳,可以说是一路开挂。

1980年,张嘉佳出生在江苏省南通市姜灶乡,父亲是公务员,母亲是老师。

大多数时间,张嘉佳都在外公外婆家度过。乡村小镇的自由生活氛围滋养了张嘉佳随性不羁的个性。童年时期,张嘉佳就已经是小镇知名"神童"了。

两岁开始,母亲每天教张嘉佳认一个字。三岁时,张嘉佳就可以自己看书了。自幼对武侠感兴趣的他,小学前就把镇子上能搜集到有关金庸的书全部读完了。

小学时,张嘉佳便显出写作天赋。他爱写章回小说,写完一章就全班传阅,引得老师同学纷纷"催更"。初中时,张嘉佳没有用功读书的意识,换了三个学校,好几门科目的成绩都是个位数,只有语文极好。

语文老师苏牛一后来在《我的学生张嘉佳》里这样回忆:"上课的时候分身有术,耳朵听课,眼睛阅读。""作文文字如流水一般,绝无涂改,标点与修辞叫你惊讶,语不惊人死不休。""我试探过突袭式地提问,他也总能不假思索对答如流。为了避免其他同学自卑,我不让他先回答,留些难题给他。"

他爱武侠,便和物理老师"混"成了"侠义同道";他爱踢足球,便和语文老师一拍即合成立班级足球队。教过他的老师,似乎都愿意在学校里搞一点特殊,因材施教。

临近中考的几个月内，张嘉佳在母亲的督促下收敛了玩性，稍作努力，便考取了当地最好的高中。然而到了高中，张嘉佳又"原形毕露"：地理只考了六分，政治和历史根本不背。

哪怕语文再有天赋，但其他文科科目太差也不行，张嘉佳不得不选择理科。

1998年，正值世界杯，张嘉佳要高考了。高考前一晚，父母在餐厅打牌，他在客厅看世界杯，一家人没心没肺玩到凌晨两点钟。第二天考化学，粗心大意的张嘉佳忘了填涂答题卡中的准考证号。

化学成绩作废，总分出来只能上二本。不甘心的张嘉佳选择了复读。

在陌生学校复读的那年，张嘉佳没什么新朋友，只靠信件与往日师友往来。静心学习的同时，他也爱上了阅读民国作家的文艺作品，偶像是李叔同。

忍受了复读一年的寂寞，第二年张嘉佳便和偶像考上了同一所学校——南京大学信息工程系。

02 南大第一才子

虽说读的是信息工程专业，但比起钻研理科知识，张嘉佳还是更喜欢搞搞文学，搞搞艺术。

大学里的张嘉佳是典型的文艺青年。

初入大学，他就创立了四大学生社团，自导自演了多场学生话剧。后来，他在期刊网络发表了近百万字的文章，在南京最著名的文学论坛"西祠胡同"混得风生水起，成为南京大学的风云人物，也获得了"南大第一才子"的美誉。

成名后的张嘉佳对这个"高帽"一直心存芥蒂，原因是怕被人骂。但那个时候的张嘉佳，的确在20世纪末、21世纪初的南京大学浦口校区掀起了一股不小的文艺复古风潮。

大二时，张嘉佳开始把目光转向新媒体。电视综艺节目的面试上，他带着学校话剧社的同学演搞笑剧。十个评委一人嘴里含一口水，他们表演完，十个评委全喷了。

就这样，张嘉佳开始兼职电视编导，混迹于南京、上海、北京的多档电视栏目，凭借其才华在节目组崭露头角。周围的姑娘们用一个形容言情小说男主角的词形容他——邪魅狂狷。

但毕业时，作为信息工程专业的学生，"不务正业"的他连计算机二级都没考过，学士学位证也没拿到，混了个毕业证便结束了自己的学生生活。

在文学艺术上有才气敏思的人，似乎比其他人更容易得心理疾病，张嘉佳也没逃过。

第一次被诊断出抑郁症，是他大学刚毕业后北漂的那几年。那时的他住在北京东五环外的中国传媒大学附近，恋情破裂，工作不顺，心脏也一度出现问题。

大雪天张嘉佳独自去西三环的医院检查身体。医生开了个诊疗单，让他签字。他看了眼治疗费用，又摸了摸口袋，没签。他冒雪走回出租房，看着十八层的阳台，差点跳下去。

那是张嘉佳最穷困潦倒的时期。他对母亲谎称自己考上了公务员，实际每天窝在几平米的出租屋里，拿抗抑郁症的药当口香糖吃，翻来覆去看上一个租客留在DVD机里的电视剧。

张嘉佳嗜酒，常常喝得烂醉，抱起拖把蘸水在家里地板上写"魂"字。二十几岁的文艺青年，尚不懂得节制。有一次张嘉佳在酒吧喝多了，第二天和捡垃圾的老头靠在一起在天桥上醒来，不觉有何不妥，还转头问老头要了根旱烟。

2005年，张嘉佳以自己的大学生活为蓝本，出版了第一部长篇小说《几乎成了英雄》，销量达到十万册，是个好兆头。之后几年，张嘉佳在线上线下又发表了几部小说，每本平均十来天写完，也不斟酌，也不修改，但读者反响都非常不错。

与此同时，张嘉佳在电视媒体的工作也蒸蒸日上，担任多档知名节目的电视编导，在节目组混得风生水起。他第一次担任电影编剧，电影就获得了第48届金马奖最佳改编剧本提名。

那时候，身边所有人都认为张嘉佳会爆火，但他依然满不在乎，吊儿郎当。他想写小说就随心所欲写写，不想工作了就约朋友去喝酒、吃小龙虾、到处胡乱旅行。他整天披着从不打理的过肩长发，一年四季趿拉着拖鞋，像个闲散人等在电视台里晃来晃去。

醉酒后的张嘉佳更放浪形骸，爬过灯柱，拔过公交车站牌，滚过酒吧门口的台阶，还在印度恒河边和朋友打赌，把河里水葬的尸体捞起来重新埋了，结果被警察和家属追了好几条街。

2011年，在江苏卫视节目《欢喜冤家》上，尚显清瘦的张嘉佳准备了二百一十二张照片和三百六十五枝玫瑰花，单膝跪地，向同为嘉宾的薛婧高调求婚。

三十一岁的"浪子"张嘉佳，在这一年"浪子回头"，步入了婚姻殿堂。

03 中年爆火

然而，这段轰轰烈烈开始的婚姻并没有维系太久。半年后，两个人悄然离婚，只剩当初一起养的一只叫梅茜的金毛小狗留下来陪他。对于这段婚姻的细节，张嘉佳闭口不提，只把微博签名改成了八个字"花开两朵，天各一方"，沿用至今。

婚姻破裂后的张嘉佳第二次重度抑郁，抽烟酗酒了一整年。每天一瓶伏特加，一年喝了四百瓶，他的头发全白了。几乎每天后半夜固定一个时间，朋友会去酒吧把喝大的他"捡走"。

在这种半醉半醒的状态下，张嘉佳开始在微博上写"睡前故事"，用故事的形式半真半假地倾诉着自己的人生。这些由酒精、放纵、抑郁催生的产物，意外在微博爆火，没多久便被结集成书出版，书名叫《从你的全世界路过》。

图书上架当天，疯卖二十万册，当当网和亚马逊相继断货。连续两周，该书高居当当网、亚马逊和京东网的图书销量榜冠军。上架六个月，该书销量超过两百万册，至今单本销量过千万，成为中国当代文学史上几乎无法被打破的销售传奇。

新书上架之前，张嘉佳在微博上说，如果一个月的销量过四十万册就裸奔庆祝，几天后，他怀着复杂的心情偷偷删除了那条微博。

张嘉佳彻底火了。"我有一个朋友"体的流行，被称为"张嘉佳体"。据传，那段时间的新概念作文大赛，中学生作文开头全都是"我有一个朋友……"

与此同时，短篇小说集的出版也迎来了大爆发。以前大多出版社不太愿意出版短篇小说合集，《从你的全世界路过》的爆火，使得各路作者一窝蜂地模仿"睡前故事"去创作，出版社也趋之若鹜地等着出版。

《从你的全世界路过》的三十三个故事中，有十个被影视公司争先恐后地买走了影视版权，其中《老情书》交给了导演陈国富，《摆渡人》交给了张嘉佳的偶像王家卫。

张嘉佳还是延续着往日做派一点没变。每次和影视公司开会聊正事的时间都特别短，聊不到个把小时，"走，吃饭喝酒去"。

"比方说你采访我，你占用我时间，我只能压缩我的工作时间，我不可能去压缩我吃喝玩乐时间。"张嘉佳对记者说。

工作不能太多，吃饭喝酒的工作倒是可以多排一点——这是张嘉佳的人生态度。

04 头发全白了

因熬夜喝酒、赶稿折腾垮了身体，2014年底，张嘉佳突发心脏病，又被送进了抢救室。病房里，一部分医生也是他的粉丝，围在他的病床边纷纷安慰，但打气显然不能缓解张嘉佳的身体状况。

2014年和2016年，张嘉佳因为心脏问题，进行了两次大型手术。手术后的两年，张嘉佳推掉了很多工作，过上了淡泊宁静的生活：旅行、打游戏、写小说。

作为消磨时间的爱好，他打了八个赛季的荣耀王者段位，甚至有职业战队在游戏里私信过他，邀请他去打职业联赛："你是被写作耽搁的电竞选手。"

2018年，张嘉佳在上海做了一次体检。医生告诉他，一般人要到六十多岁，体内的生长激素才会完全消失，而此时四十岁不到的张嘉佳，生长激素已经耗尽，因此衰老会比别人快得多，头发也早就全白了。

所以张嘉佳说："我无比珍惜活着的时光，属于我的时间，我一分钟也不愿意少活。"

2021年6月，张嘉佳经历了人生中的第一次惊恐症发作。产生濒死体验的他，甚至打开手机录音，开始录遗言。重度抑郁症、焦虑症之外，惊恐症也找上门来，三症齐发，他痛苦至极。

6月开始，张嘉佳频繁往返于精神科，一天服用四种镇定类药物，发作时再服两颗。他每天在家里躺十八个小时，睡眠时间却只有两三个小时，常常睁眼到天亮，沙发窝出来一个坑。

《天堂旅行团》就是在这般绝望的情绪中写出来的。"写几句就焦躁不安，手抖，抽搐，脑子里有把刀翻来滚去，心脏生疼，胸闷，动不动躲到角落里哽咽。"张嘉佳回顾那段日子，心有余悸。

2022年，陪伴张嘉佳十二年的金毛梅茜去世了。张嘉佳微博发得少了，精神状态持续低落。微博粉丝留言都是"好好活着"。

这一整年，张嘉佳都在忙于新电影《云边有个小卖部》的拍摄制作。电影刚开始筹备时，身边人都不相信他能把这个电影拍完。

因为以张嘉佳的精神状态，在一个地方待超过四个小时，焦虑症就会发作。就连主演彭昱畅因戏跟他吵架，第二天都得弱弱地问一句："你昨天哭了没有？"

在张嘉佳的故事里，男女主角通常是嘴贱心善的"小痞子""女汉子"，表面浪荡不羁但内里都是纯爱战士。轰轰烈烈的爱情和默默无闻的守候总是双线并行，中间穿插几句"爱情金句"，结尾再恰到好处地煽情。

张嘉佳认为作家分为三种：一种是属于上个时代，一种是打通两个时代，一种是属于这个时代。刚刚爆火时的张嘉佳，无不自信地认为自己是属于"这个时代"的作家。

从2013年到2016年，张嘉佳觉得自己和时代的契合度是非常高的。他的情感和情绪正契合广大网友的需求，他的爆火也是因为传递了一种时代的情绪。那时候的年轻人还相信爱情。

近几年的采访中，张嘉佳常常无奈地表示，自己与时代已经不再那么契合了。

"我都四十多了，青春早就过时了。"

如今的纯爱战士成了年轻人调侃或自嘲的对象，就连张嘉佳曾经的一些粉丝，也把看他的书看到流泪视作青春期的笑话。

在某种意义上说，刘十三这个人物背后，藏着一点张嘉佳现在的影子。在不那么美好的往事和不那么确定的未来之间，夹杂着许多无可奈何的现在。

就像张嘉佳在节目里说的那样："人长大的过程，就是很多伤心的事情，你回头看，会觉得是个笑话。"

作家精彩名句与段落摘录

◎ 名句

1. 世界是有尽头的，在南方洋流的末端，冰山漂浮，云和水一起冻结。（《天堂旅行团》）

2. 年少时曾说，遇见你，就像跋山涉水遇见一轮月亮，以后天黑心伤，就问那天借一点月光。（《天堂旅行团》）

3. 与其怀念，不如向往，与其向往，不如该放就放去远方。

4. 在大多数人心中，自己的故乡后来会成为一个点，如同亘古不变的孤岛。（《云边有个小卖部》）

5. 世事如书，我偏爱你这一句，愿做个逗号，待在你脚边。但你有自己的朗读者，而我只是个摆渡人。（《从你的全世界路过》）

◆ 段落

1. 回忆不能抹去，只好慢慢堆积。岁月带你走上牌桌，偏偏赌注是自己。

你燃烧，我陪你焚成灰烬。你熄灭，我陪你低落尘埃。你出生，我陪你徒步人海。你沉默，我陪你一言不发。你欢笑，我陪你山呼海啸。

你衰老，我陪你满目疮痍。你逃避，我陪你隐入夜晚。你离开，我只能等待。

没有很好的机会跟你说一声"再见"，以后再也见不到你。比幸福更悲伤，比相聚更遥远，比坚强更脆弱，比离开更安静。

终将有一天，我要背上行囊登船了。不是那艘钢铁巨兽，只是一叶很小的竹筏。我会努力扎起薄弱的帆，希望你能看见一点遥远的白色。

或许在深邃的宇宙中，偶尔你能注视一眼。

那就会让我知道,你安全地降落在另一片土地上,欢歌笑语,我们已经记不起什么叫作惆怅。(《从你的全世界路过》)

2.书店上架一本新书,尽管并没有多少人关注,偶尔也有人拿起,读到山里有个小镇,叫作云边镇。扉页写着:为别人活着,也要为自己活着。希望和悲伤,都是一缕光。总有一天,我们会再相遇。(《云边有个小卖部》)

杨红樱：塑造一代人的童年

折衡

"马小跳的表妹杜真子有一只猫，他会笑，还记得吗？"或许很多人同我一样，仍然记得这只用笑表达各种情绪的猫。

淡绿色封面，标志性的文字设计，清新淡雅的插画。时光倏尔而逝，《笑猫日记》并无太大变化。只是这一次，作者杨红樱在微博"官宣"，坚持创作二十年，完成出版三十本，《笑猫日记》迎来收官之作。

不知何时，杨红樱悄悄关闭了微博评论区，读者只能在转发时留下只言片语。相比于四年前"马小跳结局"登上热搜，《笑猫日记》的完结显得有些悄无声息。

杨红樱曾风头无二，作品以飓风之势席卷全国。"马小跳""笑猫"等原创形象广为人知，数次登上中国作家富豪榜。

她也曾陷入争议，从业界的质疑抄袭到自曝作品被禁下架，再到书中情节的争议不断，某公众号甚至发出呼吁"救救孩子"……

时过境迁，花甲之年的杨红樱不再拥有过多关注。她的微博更新频率并不高，大多在宣传新作，倒也尝试过直播卖书，川渝口音十分爽朗。但更多时候，她喜欢走进校园，和读者"小樱桃"们见面。

千禧年呼啸而过，时光推人向前。杨红樱或许也明白属于她的读者朋友已愈行愈远，于是把《笑猫日记》的完结本取名为《长大不容易》。

童年的纸飞机，终于还是飞远了。

01 樱桃往事

松弛感、烟火气、包容性……很难用一两个词概括成都这座城市的文化气质。它是古人笔下的"少不入川，老不出蜀"，也是在大街小巷传唱的民谣成都。

1962年5月，杨红樱出生在文化气息浓厚的羊市街，一个知识分子家庭。一双大眼睛如同芭比娃娃的是她，笨手笨脚不协调的还是她。后来杨红樱在散文里告诉读者，小时候的她是漂亮女孩夏林果和笨女孩安琪儿的结合。

杨红樱不爱说话，不爱动弹，动作极其不协调。课间女生们踢毽、跳绳，她负责站桩、撑绳和捡毽子。同学们一起玩"点兵点将"，嫌弃她跑得慢，于是她就成了给大家守衣服的角色。

虽然杨红樱在散文里显得十分坦然，但也不难想象她站桩时百无聊赖、跑步时被注视的难堪情形。孩童的恶意最直白也最伤人。

好在还有家庭。杨红樱对父亲从不吝啬笔墨。她在散文里写的贪玩老爸杨天笑，后来也成为马小跳书系中马天笑的原型，连名字都不曾更改，打定主意让读者都记住他。但对于母亲，她提之甚少。

彼时的杨红樱深谙"公园二十分钟效应"，几乎每个周末都钻进人民公园。那正是笑猫一家生活的翠湖公园原型。

她在这里看喝茶、聚会、摆龙门阵，扯着嗓门唱不成调的童谣，想象云的形状、树洞的声音。父亲时常骑着自行车，带她感受一年四季，春天去地里摘野菜，夏日去湖边赏荷花，秋季做金灿灿的桂花蜜，到了寒冬，就捡来蜡梅花泡在盆里自制香水，家中尽是蜡梅清香。

人民北路小学门口，偶尔会有前来打卡的"小樱桃"。他们对杨红樱笔下的人物如数家珍，与笑猫相约在翠湖公园，在白林果小学寻找戴安。

不过这些对那时的杨红樱还言之过早。大学毕业后，她回到成都，担任小学语文老师，一当就是六年。那时的杨红樱是个十足的"麻辣女教师"，她仿照费雯丽的穿搭定做红色连衣裙，也模仿林青霞留着中分长发，在课堂上读《海的女儿》哭得不能自已。

她在教学上更是特立独行，从不打人，甚至主动减少语文作业。取而代之的是她带着学生去户外散步，感受大自然的一草一木，一如父亲当年带她看荷花。于是她在"仙女蜜儿"里写夕阳落下,晚霞满天。

"晚霞有多少种红?"蜜儿老师问孩子们。孩子们停下了各自的玩耍,七嘴八舌地接话。"有朱红。""有鸭蛋黄红。""有紫红。""有金鱼红。""有桃花红。""有淡粉红。""有虾子红。"……

20世纪80年代的成都犹如未完结的连环画,人们生活在各种不可知的变化当中。在每周一节的阅读课上,杨红樱发现学生读物十分有限,儿童读物就更为罕见了。于是她决定自己写,最早是仿照着教科书写学生们最爱读的科学童话。

她花了大半年的工资买了套百科全书,把知识点挑出来写在卡片上,攒了整整十个抽屉,而这些卡片"流诸"笔端变成了一百多个故事。

五光十色的童年滋养着杨红樱,她从羊市街出发,此后走向更远的旷野。

02 文学天地

走进书店,百余本儿童图书的封面上,整齐划一写着杨红樱的名字,常常很有气势地占据一整面墙。杨红樱本人也常被称为"高产作家"。

但对于这个称号,她本人却不怎么认同。"很多人不了解,说我一口气写了几十本书,实际上我是从十九岁开始写作,从职业作家的角度来说,应该不算很称职,写得很慢的。"

从学校开始写作,学生是她的第一批读者。那时的杨红樱白天上课,空闲时间写科学童话,此外还完成了大量教学理论的文章。

结束小学段教学后,杨红樱本来要调到四川教科所当教研员,可由于种种原因最后去了刚刚成立的成都出版社。在这里她学会了辨认纸张、印厂校墨等编辑工作,更为重要的是她系统地钻研儿童心理学和儿童教育理论,以专业的眼光开始看待童书写作。

新世纪的钟声敲响,时间来到千禧年。当年8月,谁也没抱太大希望,首印只有一万册的《女生日记》上市了。

仅仅三天,出版社就接到通知:《女生日记》得加印了。在当时的市场环境里,针对小学生的中国原创儿童文学作品很少,儿童文学还是市场上不怎么火爆的图书品类,但市场以销量认可了杨红樱这个名不见经传的普通作者。

2003年,杨红樱的《女生日记》和《漂亮老师和坏小子》分别排在年度少儿图书榜单的第二十位和第三十位。杨红樱或许也没有想到，三十八岁的她会因为《女生日记》跻身畅销作家之列。以这本书为开端，中国原创儿童文学界的"杨红樱热"将持续二十余年。

2003年7月，"淘气包马小跳"横空出世，一经推出迅速风靡全国。2004年，杨红樱的作品占据了少儿年度畅销榜的TOP30的半壁江山，分别是《淘气马小跳》系列十本以及《女生日记》和《五三班的坏小子》。

以《女生日记》和"淘气包马小跳系列"为代表的校园儿童文学在市场上大获成功后，以他们为主题的电影、电视剧、动画片以及话剧相继推出。

2008年，由彭磊指导的动画片《淘气包马小跳》在中央电视台少儿频道播出。2010年推出的电视剧《淘气包马小跳》足足拍了103集。另外，"淘气包马小跳"话剧也在不同地区的校园里演出。马小跳蹦蹦跳跳地成了当时最火爆的儿童形象。

2005年，杨红樱开始创作《笑猫日记》。

根据当时开卷信息技术有限公司发布的报告中显示，杨红樱是图书销量最高的作家，同时也是对整体市场最有影响力的作家。用更直观的数据表示：在全国图书市场，每销售一百本图书，就有一本杨红樱的作品；在全国的童书市场，每销售一百本童书，就有四本杨红樱的作品。

名利双收，繁花遍野。2010年，第九届作家富豪榜主榜单揭晓，杨红樱以两千五百万版税夺得榜首。

从一位小学语文教师走到作家首富，杨红樱用了二十八年的时间。这是独属于杨红樱的神话。

03 非议满身

然而，藏在"富豪"和"作家"背后的，却是杨红樱与日俱增的负面新闻。

摊开杨红樱的书，一页写满童年的欢笑，另一页铺满现实的争议。假如一个看着杨红樱作品长大的孩子，看到这些新闻和争议，怕是会有一种童年"炸裂"的感觉。

2007年，一篇名为《品质和畅销巨大反差，杨红樱是一个笑话》的文章在天涯社区流传，童话作家林一苇直指杨红樱的畅销是个悲哀。时隔一年后，某晚报点名批评杨红樱抄袭。

无数读者给她写信，表示无法接受这样的"背刺"。杨红樱则选择一纸诉状到法庭，最终这场闹剧以某晚报公开道歉并给予经济赔偿结束。但关于抄袭的争议却至今无定论。

杨红樱曾在一次访谈中提到："马小跳是我一直想写的一个儿童形象，可以说，他是我的理想，我在他的身上，寄予了太多的东西……我笔下的马小跳是一个真正的孩子，我想通过这个真正的孩子，呈现出一个完整的童心世界。"[1]

市场叫座的马小跳也存在着许多"不看好"，不少人都好奇，马小跳究竟能跳多远。学者刘绪源则认为杨红樱笔下是那种编得很匆忙的调皮捣蛋的故事，全无精致的谋篇布局，将她的作品定义为"商业童书"。

文学评论家周思明则撰文《劝童少读"马小跳"》，总结杨红樱的创作模式基本就是：调皮捣蛋的故事+滑稽搞笑的语言=校园幽默小说。

批评声不断，杨红樱也曾声明过、反抗过，但一晃十余年，争议还在。

曾经的争议，杨红樱如今已鲜有回应。她在采访中表示相信时间，选择只与小读者发生联系。

低头是童年，抬头是时代。时代变化的速度快到难以想象，当小读者们长大回过头来再去看杨红樱的作品，她又将如何自处。

从对孩童的敬畏心到"跟踪式"写作，再到思想进步性在字里行间闪光，我们不必全盘否定杨红樱，但保持理性、客观地看待，追赶时代的脚步，而不是溺于洪流，或许才是正确的态度。

04 梦回童年

站在 2024 年蓦然回首，杨红樱似乎是上个时代的人物了。

转动时光的伞，醒来是新华书店读书区，或者是学校读书角，你灰头土脸地翻着花花绿绿的书。

---

[1] 摘选自张溯源：《马小跳：唤起童年阅读的集体记忆》，中国作家网 2020 年 5 月 6 日。

书里有冉冬阳和吴缅这对初代情侣。你可能是在书里第一次看到女生如何发育成长，也学着冉冬阳小心翼翼地观察自己的身体，你把吴缅视作童年"男神"，思绪跟随车队进藏。

当然还有马小跳和路曼曼这对欢喜冤家，漂亮女孩夏林果背永远挺得笔直，笨女孩安琪儿其实也有大智慧……打打闹闹的小学生生涯仿佛已经是上辈子的事情。

小时候你总是羡慕杜真子有一只会笑的猫，跟着故事情节哭哭笑笑，看着新生命出生在秘密山洞，又见证着她消逝在黑色的下午。

长大的你也拥有了自己的"毛孩子"，它们不会笑，但不耽误你在细枝末节里观察它们的情绪，做合格的铲屎官。

你也向往书中的美食，鲜桃宴、十二层三明治、海鲜侨达汤……趴在床上艳羡听唱片、煮咖啡、穿婚纱，想象自己长大也会从事玩具厂厂长、开甲壳虫的女校长、设计师、摄影师这些炫酷工作。

记忆跳闪，是缠绕紫藤花的长廊、斑驳的儿童乐园、褪色的莲花灯蜡烛，你朝着不停歇的声音奔跑，却像梦魇般怎么也到不了出口。是的，你可以回去，但那里已经没有人了。

曾经有人问杨红樱，写到哪一天为止呢？"如果有一天小朋友说你写的书，我们已经不喜欢了，我就不写了。"她回答道。

杨红樱或许已经认识到了这一点，近几年系列作品相继收官。各类社交平台总有人发帖，他们说："杨红樱老师，长大真的不快乐。"

长大的读者不再看她的书，只是透过她去看童年的自己。站在时间的另一端，杨红樱宇宙的角色们同我们挥手告别。明天，我们各奔前程。

作家精彩名句与段落摘录

◎ 名句

1. 有些珍贵的情感，只能藏在心里，说出来就没有意思了。(《笑猫日记·塔顶上的猫》)

2. 其实，每个人、每只狗、每只猫的头上，都有一片属于自己的美丽的天空，谁都可以在这片美丽的天空下，好好地活着。(《笑猫日记·保姆狗的阴谋》)

3. 明天，我们各奔前程。(《男生日记》)

◆ **段落**

1. 甄画家说小满的成都话说得好正宗哦，一点儿都听不出有郫县的口音。郫县虽然就在成都的边边上，但郫县人的口音极重，只要一开口说话，不用介绍就晓得是郫县人。小满说她小时候是闻名方圆几十里的百灵鸟，有一副婉转悦耳的好嗓音，刚满十岁就被成都的曲艺团选中，来到成都学唱清音，一学就是十来年，终于可以上舞台了，嗓子又倒了，医了两年也没有完全医好，还是有点沙哑，被人戏称为"鸭公嗓"。不能再上舞台唱清音了，这才转业到了药房。(《小满》)

2. 每次去人民公园，一个必不可少的节目便是在人工湖划船。湖边有个鹤鸣茶社，有很大的一个露台伸向湖心，露台上摆满竹椅，竹椅上坐满了人，每人面前放着一盏盖碗茶，可从上午喝到下午，喝到盖碗里的茶汤变成清水。每一次，我们都要把船划到露台下面，为的是看掺茶倒水的大爷，把足有一米多长的长嘴铜壶扛在肩上，用眼花缭乱的高难动作，将铜壶里的水倒进盖碗里，滴水不漏。有时也看自娱自乐的人翘着兰花指清唱川剧，咿咿呀呀的唱腔，犹如婉转的鸟鸣，在湖面上飘荡。可是，除了我们几个在船上的孩子在看在听，喝茶的人都不看不听，他们都在摆龙门阵，声音大得像吵架，每桌人各摆各的，互不干扰。我们几个小孩子也扯起喉咙，唱起了与茶馆有点牵连的童谣。(《我的童年乐园》)

郑渊洁：退出作协

丁眉月

打开郑渊洁微博主页，满屏全是商标侵权的投诉信息。

每天凌晨两点左右，郑渊洁都会准时在微博"打卡"，不厌其烦地重复发布有关侵权问题的文章告示，名为《早起的虫儿被鸟吃》。

郑渊洁对维权持之以恒的态度超乎绝大多数人的想象，四十多年的写作生涯里，三十多年都在同侵权行为作斗争。郑渊洁甚至自我调侃，自己从儿童作家变成了维权专家。

尽管拥有相当可观的大众影响力，作为知名儿童文学作家的郑渊洁，三十年来仅成功维权三十六个侵权商标事件，还有六百多个等待维权。

知识产权"侵权易、维权难、维权成本高、赔偿少"是中国文化产业由来已久的问题。在维权上付出的时间精力与金钱成本，与最后得到的赔偿往往不成正比。

2021年末，由郑渊洁一人执笔的杂志《童话大王》终刊发布《郑渊洁写给三个商标的一封信》，宣布三十六年持续不断的杂志停刊。

他这样解释停刊的原因："我要对36年来支持《童话大王》月刊的千百万读者朋友说声对不起，抱歉已经66岁的我精力有限，只能通过停止写作《童话大王》月刊从而拿出全部精力去和第7197328号皮皮鲁商标、第8229932号童话大王商标、第5423972号舒克商标斗争维权。"[①]

[①] 摘选自《〈童话大王〉将停刊，郑渊洁：写作42年，30年在奔命维权》，澎湃新闻2021年12月16日。

维权一日不成功，杂志就一日不复刊。伤敌八百，自损一千，宁为玉碎，不为瓦全。保持着这份倔劲儿且能说到做到的，作家圈只有郑渊洁。

不管是对版权寸土不让，还是对曹文轩进校园卖书行为的轮番炮轰，在郑渊洁的字典里只有一句话："恰烂钱不行。"

01 一个人写一本杂志

郑渊洁是 20 世纪少有的极具商业头脑的作家，从写作之初已现端倪。

当作家们还在四处投稿、依靠杂志社领取微薄稿费时，郑渊洁已经开始琢磨怎么单干，怎么利益最大化、把剩余价值揣进自己兜里。既"执拗"又多谋善断，这种人格的养成和他的早年经历有很大关系。

1955 年，郑渊洁出生在一个军官家庭，郑父在对儿子的教育上给予了相当的耐心与宽容。过于宽松的家庭氛围给了郑渊洁充分自由的成长空间，但同时也为郑渊洁早年辍学埋下伏笔。

小学四年级时，语文老师给全班同学布置了一篇命题作文《早起的鸟儿有虫吃》，小郑渊洁交上去的却是一篇《早起的虫儿被鸟吃》。现在来看，这是一篇既体现逆向思维，也蕴含思辨性的一篇好文章。

但当时的语文老师不这么想，他将郑渊洁的"叛逆"，理解成哗众取宠，或者是对老师权威的某种挑战。

为了狠狠惩罚这个不守规矩的学生，语文老师罚他当着全班同学的面大声说几百遍"我是最没出息的人"。

全班同学里也包括他心仪的某个女生。士可杀，不可辱。郑渊洁摸出口袋里剩的十枚拉炮儿，随后在一声声巨响中"送走"了他浮光掠影的学校生涯。

也许就是因为被老师当众羞辱后的辍学经历，让郑渊洁之后的作品中呈现出的，几乎清一色是对学校教育的讽刺与反感。

十五岁的郑渊洁子承父业进了部队，学会了维修战斗机，五年后退伍被分配到无线电仪厂看守水泵，一待又是五年。

后来经历了因学历低"被分手"，憋着一肚子委屈和怒气的郑渊洁，第一次无比强烈地产生要出人头地的想法。出路在哪？郑渊洁当时的选择是"写作"。

经历了部队、工厂、社会毒打的郑渊洁，似乎又和二十年前那个写下"早起的虫儿被鸟吃"的小男孩冥冥之中连接了起来。但当时的他怎么也没有想到，这一写就是四十年。

改行写作之后，郑渊洁依然是个穷小子，不仅穷，而且累。

写作之初，郑渊洁在北京市作协挂职当编辑。为了按时出刊，他不得不用多个化名撰写多篇文章。忙的时候，他一下楼便能遇到编辑催稿。

为了赶上进度，郑渊洁不得不凌晨四点起床创作，这后来也成了他坚持多年的写作习惯。尽管累死累活，但按照当时的杂志社标准，郑渊洁也只能拿到千字两元的稿费。即使刊物发行量上涨，作者的稿费也不会有太大改变。

看着由作者创造的收益绝大部分进了出版机构的口袋，郑渊洁产生了一个大胆的想法：一人写一整本杂志，自己拿刊号发行。几代人心中的传奇《童话大王》由此诞生了。

从 1985 年创刊到 2021 年底停刊，三十六年间《童话大王》总印数超过两亿册，每一个故事都由郑渊洁一人执笔撰写。尽管《童话大王》定价远低于当时的儿童杂志市场价，但到手的收入依然远超给杂志投稿的稿费所得。

郑渊洁的商业才华也是在此时逐渐显露。从初期尝试在作品中植入广告，到将皮皮鲁、鲁西西、舒克贝塔注册成商标，开皮皮鲁书店文具店，售卖各种童话故事人物的周边……

现在互联网打造网红 IP 的那一套，郑渊洁在纸媒时代就已经尝试过了。不仅如此，他又和儿子郑亚旗开发皮皮鲁网游、创办皮皮鲁公司、拍摄皮皮鲁电影……在作品 IP 和个人 IP 的打造上愈发游刃有余、风生水起。

说到郑渊洁的儿子郑亚旗，又是一段不得不提的"传奇故事"。

02 郑渊洁的育儿之道

郑亚旗的小学辍学经历和父亲郑渊洁几乎一脉相承。

在传统教育标准下，郑亚旗也被归类为"没出息的孩子"。不过郑渊洁辍学后更多的是靠自学，而郑亚旗辍学后，则拥有父亲的资源和人脉带来的更好教育。

学习上，郑渊洁本着"快乐学习"的原则，亲自为郑亚旗编写课本教材，会的科目郑渊洁自己亲自授课，不会的科目则请来行业教育专家一对一辅导。

社交上，担心儿子离开校园环境交不到朋友变得孤僻，郑渊洁找渠道专门买了一台电脑让儿子网上交友。那是1993年，电脑还是稀有品，郑亚旗的电脑是郑渊洁专门从清华大学花一万五的高价买来的。

在没有学校教育制度的管束和压迫下，郑亚旗度过了比绝大多数孩子都愉快自在的童年。成年后的郑亚旗对电脑软件学习颇有兴趣，尽管文凭学历上是小学毕业，但凭其优秀的计算机能力和思维逻辑很快就晋升至公司高管。

2004年，他与父亲携手录制《胡事胡说》；2005年他彻底辞掉工作，帮父亲策划皮皮鲁系列漫画册，从此致力于运营郑渊洁旗下的所有IP。郑亚旗创立了皮皮鲁总动员文化科技有限公司，郑渊洁理所当然成了代言人和"签约艺人"。

虽然在一些人眼中看来，郑亚旗的成功和"啃老"脱不了干系，但我们不得不承认，郑亚旗无疑将父亲的资源开发到了极致。

比起父亲的直率，郑亚旗浑身上下散发着更加世故的精明气。一个作家，一个商人，两个人相互成就，童话大王帝国的产业愈发壮大。

03 100年后才能出版我的书

一直以来，围绕着郑渊洁的争议不少。

不知是互联网让当初被埋没的舆论在今天显现发酵，还是多年来文化收缩保守的必然结果，但客观上看，郑渊洁的童书的确与市面上流通的其他大众童书不一样。

21世纪之初，《仇象》出版到第7部时，一直顺风顺水的郑渊洁遭遇了一次重大打击。在《今日说法》的一期节目中，主持人撒贝宁直接点名批评《仇象》，说这本书里"充满了少儿不宜的内容"。

这样一句评价，引发了一系列针对郑渊洁本人及其作品的连续声讨。郑渊洁本人先是遭遇了《北京晚报》的发文批评，随后一些学校也将《童话大王》纳入"黑名单"，与此同时还有读者、家长无止休地批评甚至谩骂。

郑渊洁后来在博客回应此事：新世纪之后，他的主要读者群已步入大学，他是应邀为这些人而写。

巨大的舆论压力下，郑渊洁无奈宣布停止出版《仇象》及剩余十三部长篇小说，同时也暂停了新作品在《童话大王》上的连载，只刊登以往作品。

郑渊洁选择将剩下的长篇小说雪藏，并立下遗嘱："在我离世一百年以后才能出版。"其中有几分不甘与无奈，大概只有他心里清楚。

郑渊洁的童话反对功利性，提倡娱乐性，又不避讳现实性。实际是以儿童的视角反映成人世界的真实面貌，基于"儿童本位"又超越了"儿童本位"。

郑氏童话里宣扬的实事求是、个性解放与个人价值追求恰恰是中国教育缺少的。所以，郑渊洁深陷舆论旋涡，也完全在意料之内。

当社会整体倾向往A端偏移甚至扭曲时，有人站出来为B端摇旗呐喊，在这个依靠惯性运行的社会，势必会遭到巨大阻碍和质疑，扣上过于偏激的帽子并指摘其中的"不合时宜"之处。

诚然，任何一种观点的偏移都值得警惕。但现实往往不像多数人担忧的那样由A直接跳转到B，传统的力量比我们想象中强大得多。通常是经历一代又一代人的拉扯，终于在某个时间点取得了相对合理的中间值。

这也是社会调整、变革的必经之路。落脚到个人，也大抵如此。笔者年幼时沉迷郑渊洁，初一初二挑灯夜读韩寒全集，初三对安妮宝贝顶礼膜拜……

但这并不妨碍笔者安稳度过了义务教育阶段（甚至算得上非常勤奋），成长为一个偶尔在互联网发癫但总体还算精神稳定、脚踏实地、吃苦耐劳的合格成年人。

回头看，他们对个人的影响更多在于：给童年时期的读者提供了更新颖的看问题角度，从而在长大后能以更开放，乃至包容的态度对待人和物，尤其是那些长期以来"被边缘化"的声音。

比起上一辈的思想观念，现在的确是有所进步。思想上的变革，也为行动上的转变埋下种子。从某种程度来说，社会恰恰需要这样一些看似"偏激"和"矫枉过正"的观点。

04 郑渊洁的证明

尽管公开声称从未停笔，但可以很明显地感受到，近几年来，写作已然不再是郑渊洁的工作重心。

一方面，辅佐儿子经营的皮皮鲁总动员文化科技有限公司做宣传推广，分走了他部分精力；另一方面，他还有数百个商标侵权官司要打。

前两年郑渊洁注册了抖音，作家认证标签下的个人简介是"国家反盗版形象大使"。

除了开设"郑在和读者互动"这样一个栏目和读者保持对话，郑渊洁的抖音偶尔也发一些儿子公司出品的动画、周边及维权打假的视频。

这里有件有趣的事。郑渊洁的抖音视频始终用一个 BGM（背景音乐），每当粉丝问起，他总是不厌其烦地回答："因为只有这一首歌的版权。"同时刻意强调这是郑亚旗导演的皮皮鲁电影的主题曲。

郑渊洁十分配合郑亚旗的营销，应邀参加各大节目、采访时也大力宣扬儿子的才华与商业头脑。郑渊洁这种不遗余力，其实是在寻找一种心结自我消解的方式：只有儿子越成功，才能证明他选的路没有错。

这个心结曾经在少年辍学后有了雏形，在他一次次和主流、传统对抗时不断加深。一如他被央视点名，一如他怒退作协，一如他和学院派曹文轩无休止地对垒的那些时刻……

当他每次略带傲气、丝毫不迟疑地批判当下的教育制度，乃至近乎偏执地四处宣扬"受教育越高，学的知识越多，想象力越差"的理念时，他自知仍然需要一个成熟的论据。

这个论据是他自己，也是他的儿子。他，正义且固执、"叛逆"又偏执、坚定之中还夹杂着一丝忧虑。

或许，构建故事世界的"童话大王"在世俗意义上取得如此令人艳羡的成功，早就对他所忧虑的一切做了最好的回答。

作家精彩名句与段落摘录

◎ 名句

1. 早起的鸟有虫子吃，早起的虫子只有被鸟吃的厄运了。（《皮皮鲁和419宗罪》）

2. 她们只看见身边的阳光，不知道阳光和阴影是上帝派到人世间的双胞胎这个事实。（《郑渊洁童话全集》）

3. 自己就是自己，以不变应万变。（《郑渊洁十二生肖童话》）

4. 没有尾巴的狗在这个世界上是无法生存的。除非你不当狗。（《郑渊洁十二生肖童话》）

◆ 段落

1. 时间真是个魔术师，它能把神圣的学说变成滑稽可笑的无稽之谈，也能把谬论变成科学；能把真理变成谬误，也能把谬误变成真理；它能把仇恨变成友谊，把友谊变成仇恨；把敌人变成朋友，把朋友变成敌人；把功绩变成罪恶，把罪恶变成功绩；把伟人变成罪犯，把罪犯变成伟人。……在时间面前，没有永恒。（《郑渊洁童话全集》）

2. 父母把自己塑造成为家庭牺牲者的形象，这样会使孩子产生罪恶感。而一个有罪恶感的人往往采用自暴自弃的方法度过一生。具体方法举例如下：经常告诉孩子，自从有了他，你连电影也没看过，你为他操碎了心，都累出病来了，最好再具体说出你身上的哪种病是由于他造成的。或者说，如果不是为了照顾他，自己早就在事业上有大发展。（《郑渊洁童话全集》）

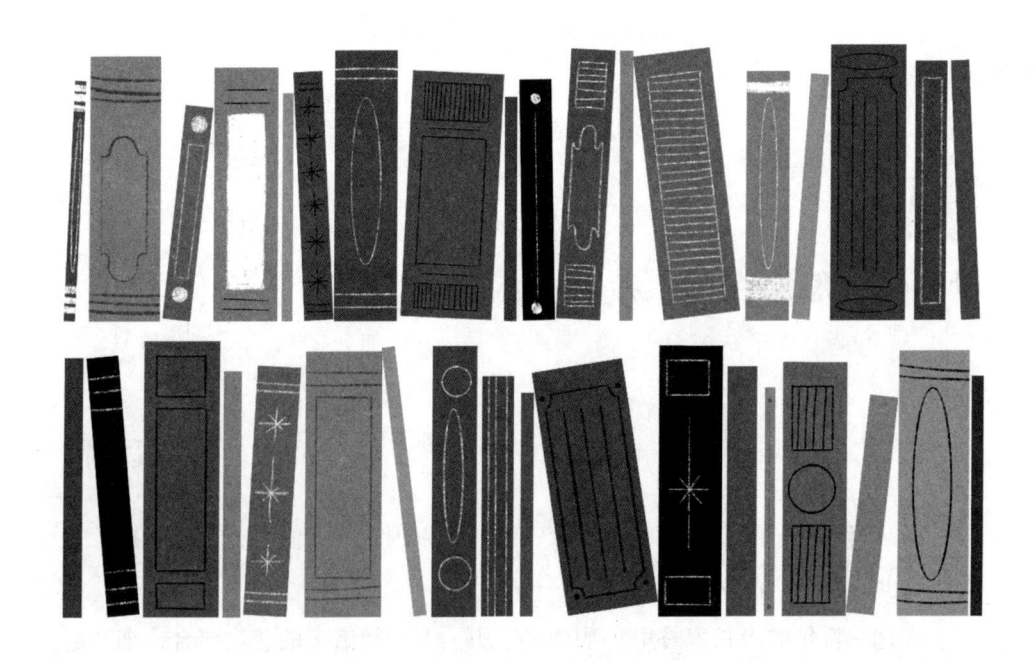

第四章　诗歌、腔调，他们曾吟诵人生

叶嘉莹：悠悠百年，赤子诗心／青野

陈年喜：炸开那座山／陈十六

汪国真：人民说你是诗人／陈十六

叶嘉莹：悠悠百年，赤子诗心

青野

2024年11月24日，著名教育家、诗人，中国古典文学研究泰斗叶嘉莹在天津逝世，享年一百岁。

在这一百年的漫长岁月里，叶嘉莹经历了人世间诸多的悲欢离合，细究起来似乎苦难更多：战乱、丧亲、政治风波、人在异乡飘零的孤苦以及从未有过爱情的婚姻……

然而这位看似柔弱单薄的女性并没有被这些不幸所击垮，甚至期颐之年依然保持着精神矍铄。在叶嘉莹看来，这要归功于传承千年的中华古诗词。

"天以百凶成就一词人。"

叶嘉莹讲诗，也写诗。古诗词作为她生命中最重要的存在，给予了她无穷的精神滋养，而对教育事业的热忱又让叶嘉莹把自己收获的能量传递给了一代又一代的青年学子。

01 我与纳兰同里籍，更同卧子共生辰

1924年7月2日，也就是民国十三年旧历六月初一，叶嘉莹出生在北京察院胡同23号一家四合院。因六月是荷花的生日，父母便给她取小名为"小荷子"。

叶家先世原是蒙古裔满族，本姓为叶赫那拉，清政府被推翻后才改为汉姓"叶"。叶赫那拉氏是清代满族"八大姓"之一，历史上赫赫有名的慈禧太后和孝慈高皇后都是叶赫那拉氏，此外还有著名词人纳兰性德。

第四章 诗歌、腔调,他们曾吟诵人生

叶嘉莹在 1990 年写就的长文《论纳兰性德词》的文末附上了自己写的两首小诗,其中一首写道:"我于纳兰同里籍,更同卧子共生辰。"

其中"纳兰"自然指"纳兰性德","卧子"则是明末词人陈子龙。

纳兰性德的《饮水词》曾使幼年的叶嘉莹对诗词的创作萌生浓厚兴趣,日后她对这位同籍先辈的研究,也算是词人之间跨时代的因缘际会。

说回叶嘉莹生于兹长于兹的叶家。宽敞的四合院大门上方高悬一块匾额,上面写着"进士第"三个大字,昭示出这户人家的门庭显赫。

叶嘉莹的祖父为光绪壬辰科满汉翻译进士,仕至工部员外郎。父亲叶廷元是北京大学英文系的高才生,后任职于航空署。母亲李玉洁也是出身书香门第,婚前曾在女子职业学校任教。

叶嘉莹作为长女,父母非常看重她的教育,三四岁起她就开始接触中国古典文学,等她上了中学,父亲更是要求她用文言文写信报告学习情况。

李玉洁作为一名旧式淑女,以传统女性的细致和耐心教会了她刺绣和缝纫。

对叶嘉莹的童年教育产生巨大影响的除了父母,还有住在四合院东厢房的伯父叶廷义。叶嘉莹出生之际,叶廷义刚刚痛失爱女,自然把对女儿的思念和疼爱转移到了这个聪慧可爱的侄女身上。

待到叶嘉莹的父亲离家赴上海工作后,伯父更是自觉担起了对叶嘉莹的教育责任。某种意义上,叶廷义算是叶嘉莹诗词人生的领路人。

"我喜欢读诗、写诗主要是受了伯父的影响和培养。在我学习写文言文的同时,伯父就经常鼓励我写一些绝句小诗。因为我从小就已习惯于背书和吟诵,所以诗歌的声律可以说对我并未造成任何困难。"[1]

虽因家教森严而鲜有外出玩耍的机会,但好在有诗词歌赋的陪伴,叶嘉莹的少年时代不算寂寞。

直到叶嘉莹十三岁的时候,侵华日军攻进北平,和万千普通百姓一样,叶嘉莹安静平稳的家庭生活在战火纷飞中支离瓦解。

---

[1] 摘选自叶嘉莹口述,张候萍撰写:《红蕖留梦:叶嘉莹谈诗忆往》,生活·读书·新知三联书店,2013 年版。

02 转蓬辞故土，离乱断乡根

七七事变后北平沦陷，叶嘉莹的父亲随国民政府迁移，就此与家人音信断绝。

对战乱下的北平，叶嘉莹曾经这样回忆道："出门转角就能碰到冻饿而死的难民的尸体。"

1941 年，叶嘉莹高中毕业后考上了辅仁大学的国文系，不料大学生活刚开始不久，就传来母亲因病去世的噩耗。

深受打击的叶嘉莹写下《哭母诗》八首，可谓字字泣血。

> 寒屏独倚夜深时，数断更筹恨转痴。
> 诗句吟成千点泪，重泉何处达亲知。

（《哭母诗》节选）

幸运的是，辅仁大学的良师益友安抚了叶嘉莹的丧母之痛和与父亲久别的思念之情。勤勉好学的性格让叶嘉莹在大学期间打下了坚实的文史基础。

其中对叶嘉莹颇为赏识的顾随先生的课堂笔记一直被她贴身收存，在日后多年的漂泊流离中都没有丢失。

1945 年，叶嘉莹大学毕业后被分配到佑真女中教书。叶嘉莹教书极认真，为人也随和温柔，是深受学生喜爱的国文老师。

叶嘉莹自小接受的是"新知识、旧道德"的教育，自由恋爱的时代风潮并没有吹到她这里。学生时代的她只晓得埋头苦学，从没有过恋爱经历。

直到工作后，已经到了适婚年龄的叶嘉莹经中学时代的老师介绍，认识了一位叫作赵仲荪的年轻人。

两个人见面后，赵仲荪对叶嘉莹展开热烈追求，交往过程中几番提出订婚的请求。叶嘉莹起初并没有答应，最后一次因对方失业又生病，便心软应了下来。

1948 年，叶嘉莹结婚后随丈夫来到南京，就此和生养她的北平作别。

由于政局变化，南京政府发行了大量的货币，最终导致了恶性通货膨胀。因此叶嘉莹在南京的生活并不好过，初为人妇的她不得不打起精神解决柴米油盐等切实的生存问题。但好在南京离叶嘉莹父亲所在的上海很近，叶嘉莹一有机会便去看望父亲，阔别已久的父女二人终于能够时时团聚。

不过，这样乱世中求安稳的生活也并没有维持多久。

随着国民党在内战中节节败退，赵仲荪所在的海军士兵学校也奉命调往台湾。1948 年的冬天，叶嘉莹再次随丈夫移居，这次的目的地是举目无亲的台湾高雄。

抵达台湾后，叶嘉莹经人介绍获得了在台湾中部的彰化女中教书的工作，1949 年生下了长女赵言言。

国民党撤离到台湾，并于 1949 年 5 月 19 日在全岛宣布戒严后，台湾迎来了长达三十八年的"白色恐怖时期"。

时代的阴霾再次笼罩叶嘉莹的家庭。

1949 年底，叶嘉莹的丈夫赵仲荪因涉嫌接近"赤匪"被逮捕。不久之后叶嘉莹和彰化女中的几位老师也一起被关到了彰化警察局。好在叶嘉莹自小"黜陟不知，理乱不闻"的出世性格，使她摆脱了嫌疑被提前释放。

丈夫归期未定，叶嘉莹在友人劝说下辞去原来的教职，带着自己尚且还在吃奶的女儿来到了台南，后经堂兄介绍到光华女中做了老师。直到 1953 年，赵仲荪被释放出狱，一家人方才得以团圆。

在做单身母亲艰难谋生的日子里，叶嘉莹在心里写下一首名为《转蓬》的五言律诗。直到很多年之后台湾解禁，叶嘉莹才将这首诗公之于众：

> 转蓬辞故土，离乱断乡根。
> 已叹身无托，翻惊祸有门。
> 覆盆天莫问，落井世谁援。
> 剩抚怀中女，深宵忍泪吞。

03 异国霜红又满枝，飘零今更甚年时

从 1954 年开始，叶嘉莹事业上的担子变得很重。

先是受聘于台北市立第二女中，后来又担任了台大中文系的讲师，继而又被邀请到淡江大学和辅仁大学兼任讲师，几所大学的工作加在一起，叶嘉莹每个星期要上六门以上的课。

如果说教学上的忙碌让叶嘉莹在疲惫之余倒也乐在其中，那么长期的家庭暴力则让她体味到了难言的艰辛酸楚。

丈夫赵仲荪出狱后，仕途不顺令他性情大变，心中郁结无从开解，妻子叶嘉莹便成了他的发泄对象。每天下班后，迎接叶嘉莹的不是温馨的家庭生活，而是丈夫的漠不关心，甚至拳打脚踢。

"我那时对于一切加在我身上的咆哮欺凌，全都默然承受，这还不仅是因为我过去在古老的家庭中，曾接受过以含容忍耐为妇女之美德的旧式教育使然，也因为当时我实在再也没有多余的精力可以做任何的争论了。"[①]

叶嘉莹的自尊性格使她不愿意向别人披露自己的痛苦，获取同情。但在学生眼里，温文尔雅的叶老师神色间总是隐约有一股"淡淡的愁意"。

叶嘉莹在九十二岁那年，做客《鲁豫有约》节目。

说起自己因同情和好心嫁给赵仲荪的经历时，叶嘉莹半开玩笑地说，"我这个人是有点傻瓜，和现在那么聪明的女孩子是不一样的"，并且对着镜头直言，虽然讲有关爱情的诗词讲得很好，但她自己这一生其实没有体验过真正的爱情。

即便和丈夫之间并没有多少情愫，但叶嘉莹还是凭义气和善念在婚姻中不断做出妥协，甚至凭一己之力扛起了整个家庭的生计。

1966年，叶嘉莹作为客座教授被推荐到美国讲学，两个女儿和赵仲荪也跟了过去。

访问期满后叶嘉莹想要回到台湾，但早已厌倦台湾生活、对国民党政治极为抵触的赵仲荪不愿回去，而且他也没有正经工作，无法独立生存。为了养家糊口，叶嘉莹不得不留在异乡继续用英文教学。

1969年，叶嘉莹拿到了不列颠哥伦比亚大学亚洲系的终身聘约，举家定居温哥华。

温哥华是一座美丽的海滨城市，素有"世界花都"的美名，但在此生活的叶嘉莹始终心系故土，想念着生养她的故乡北平。作于1969年秋的《异国》如此写道：

异国霜红又满枝，飘零今更甚年时。

初心已负原难白，独木危倾强自支。

[①] 摘选自叶嘉莹口述，张候萍撰写：《红蕖留梦：叶嘉莹谈诗忆往》，生活·读书·新知三联书店，2013年版。

忍吏为家甘受辱，寄人非故剩堪悲。

行前一卜言真验，留向天涯哭水湄。

直到 1976 年，一场巨大的家庭变故让叶嘉莹做出了回国的决定。

04 平生万里孤行久，种蕙滋兰愿岂违

1976 年的春天，叶嘉莹前往美国参加学术会议。开会前她先到多伦多看望了大女儿赵言言，而后又到费城看望小女儿赵言慧。

然而就在叶嘉莹抵达费城的当晚，丈夫一个电话打过来，大女儿和女婿因车祸双双身亡的消息给叶嘉莹猛烈的迎头一击。

向来坚忍的叶嘉莹马上回到多伦多妥善安排了女儿女婿的后事，而后十几天闭门不出，写下《哭女诗》十首，字里行间浸透了为人母者莫大的哀恸。

历劫还家泪满衣，春光依旧事全非。

门前又见樱花发，可信吾儿竟不归。

(《哭女诗》节选)

也正是这次变故，让人到中年的叶嘉莹认识到了时间的有限和命运的无常，想做的事情必须抓紧去做，否则很有可能抱憾终身。

1979 年，叶嘉莹给教育部写了一封信，表示愿意利用假期回国教书。当时的中国刚刚迈出开放时代的脚步，叶嘉莹的申请很快得到了国家的批准。叶嘉莹立马展开行动，利用假期自费在全国各地讲学。

"平生万里孤行久，种蕙滋兰愿岂违。"

出于报效国家的赤子之心，也是出于对中国古诗词的由衷热爱，叶嘉莹的脚步遍布北京、天津、南京、上海、成都、黑龙江、兰州、乌鲁木齐……或许是相同的文化背景使然，叶嘉莹和台下学生之间的共鸣前所未有的强烈。那些古诗词给予她的精神滋养，就这样传递给了国内的万千学子。

1989 年，从加拿大正式退休后，获得了"加拿大皇家学院院士"称号的叶嘉莹没有选择颐养天年，而是在南开大学创建了"中国文学比较研究所"。

1997 年，叶嘉莹捐出十万美金，以顾随先生之名成立了"叶氏驼庵奖学金"。2018 年，叶嘉莹更是将名下所有位于北京及天津的房产出售后所得的一千八百五十七万元捐赠给南开大学教育基金会，用于设立"迦陵基金"。

也正是这笔巨额捐款,让叶嘉莹走进了公众视野,受到各路媒体的争相报道。

不过,对此叶嘉莹本人并不愿意多谈。和为教育事业豪掷千金的慷慨相比,叶嘉莹的个人生活极为低调朴素,她那七十多平方米的住所堆满了书籍,没有给名利和物欲留下太多空间。

对叶嘉莹来说,个人的得失和悲欢早已无足轻重。人的生命总有尽头,但文化的传承却可以延绵不绝。正如她所说:

"我平生经过离乱,个人的悲苦微不足道,但是中国宝贵的传统,这些诗文人格、品性,是在污秽当中的一点光明,希望把光明传下去,所以是要见天孙织锦成,我希望这个莲花是凋零了,花也零落了,但是有一粒莲子留下来。"[①]

在年逾九十,却依然能够站着讲两个小时诗词的叶嘉莹身上,人们能看到一颗洁白的"诗心",也能看到一颗炙热的"师心"。

从"诗词的女儿"到"白发的先生",古诗词不仅让叶嘉莹以平静乐观的姿态应对俗世的无常,也让她超越个人得失,将目光投向了更广阔的人群、更辽远的世界。

作家精彩名句与段落摘录

◎ 名句

1. 白昼谈诗夜讲词,诸生与我共成痴。(《天津纪事绝句二十四首》)

2. 如果只是因袭模仿,则尽管把外在之景物写得"桃红柳绿",把内在之感情写得"肠断魂销",也依然是"无境界"。(《人间词话:叶嘉莹讲评本》)

3. 你要把春天留在你的心里,而不是向外去追求。(《小词大雅》)

4. 诗词的研读并不是我追求的目标,而是支持我走过忧患的一种力量。(《红蕖留梦》)

---

① 摘选自《学者感动中国》,《中华读书报》2021年2月24日。

◆ 段落

1. 西方文论说，以前我们重视的是作者，说杜甫缠绵忠爱，这是作者，屈原是缠绵忠爱，这是作者，说温庭筠没有屈原的意思，所以温庭筠就不可以是缠绵忠爱的。可是，现在西方人说，以前说是作者，后来注意到符号，我们说显微结构，注意到作品，以前说作者是最重要的，作者他本来说的是什么？作者，好的人不一定写出好的作品来，有理想的人写出的作品不一定能感动人，所以作品才是重要的。我以前讲过杜甫的《秋兴八首》，后来美国的两个朋友看了我讲《秋兴八首》的书以后，就用语言学，用 linguistics 来讲这八首诗。他说这八首诗你们中国人喜欢，是因为杜甫缠绵忠爱，他一直在怀念都城，怀念长安，而不是因为"夔府孤城落日斜，每依北斗望京华"好才是好诗。(《小词大雅》)

2. 如果你写出一首诗来，写出一首词来，没有人读，没有人反应，那只是一个 artefact，只是一个艺术的成品，没有美学的意义和价值。当读者读的时候，它才有了美学的感受，才有了美学的作用，所以西方人讲接受美学，是 aesthetic of reception，是在读者欣赏的时候才产生了美学。(《小词大雅》)

陈年喜：炸开那座山

陈十六

2024年3月23日，陈年喜的非虚构散文集《峡河西流去》在西安方所首发，这是他的落叶归根之作。

作为陈年喜摆脱"标签"另辟蹊径的新作，《峡河西流去》的豆瓣评分达到了8.8分，甚至略高于他的成名作《炸裂志》。

他以矿工诗人的标签"出道"，看尽了地球深处的矿脉与形如巨型迷宫的矿洞，将自己的矿工生涯用诗与文写下：

"我这半生，和两个场域扯不断理还乱，一个是关山万里的矿山，一个是至今无力抽身的老家峡河。"[1]

陈年喜身材高大，有着一副典型中国劳动男性的面孔，肤色与黄土地无二分别。在眉眼宽厚，嘴唇紧抿，棱角不甚分明的一张方脸上，能看出他被艰辛与苦难腌渍过的痕迹。

看到他的脸，就能看到他的文字。矿山无情，磨耗了他的健康体魄，同时也剥夺了他毕生做一名矿工的可能性。

他曾说，人生就像一枝芦苇。在外漂泊半生后，陈年喜回到最初与最终滋养他血脉的故土。芦花随风飘荡，最终落于他的家乡峡河边上。

---

[1] 摘选自陈年喜：《峡河西流去》，湖南文艺出版社，2024年版。

01 偏远山村里的文艺青年

峡河，绝大多数人都没听过，这是长江的一个小小源头。陈年喜的老家是峡河村的塬上，这是一个位于半山腰的小村落。

在一张摊开的中国地图上，一个点覆盖的面积都比塬上大。这里与世隔绝，鼎盛时也不到六十人，每次超过六十人，总会有些灾病让人口回到六十人以下，如今凋敝得只剩下二十人。

但在这么小的地方里，"数不清的沟沟岔岔、梁梁峁峁，每个小地方都有自己的名字，黄家沟、牛岔、西河垴、东疙瘩，简单又神秘，没有一个重复的"。

这地方穷，人们鲜少吃小麦和稻谷，多以土豆和高粱当食物，交通阻隔，医疗遥远。但这地方出云母矿，在本地谋生的人几乎都只有挖矿这一条出路。挖矿是当地人的衣食所系，也搭建了当地人的精神生活。

陈年喜的父亲是村里手艺最好的木匠，去世前的十年里，主要的活计就是给死于挖矿的年轻人打棺材。家家都有挖矿的人，挖矿的人九死一生，"棺里装着老年也盛着青年"。

陈年喜出生于 1970 年的除夕。在鞭炮声中，父亲希望他这一辈子平安喜乐，并以此来作他的名字，只是造化弄人，名字中的期盼，其实与他的一生相去甚远。

陈年喜有四个兄弟，他们的童年、少年、青年时期，家中都十分贫苦拮据，饥饿与荒芜折磨着这个村子，折磨着每一个张嘴等饭的孩子。

小时候实在缺油水，他们就吃漆籽油饼，也叫漆蜡油，真个味如嚼蜡，不出半天，必有一场惊天动地的拉肚子。

妹妹没有奶粉吃，靠吃薄薄的米油子（米粥放凉后在表面结的一层米浆皮）也奇迹般地活了下来，但最终却在十三岁时死于乳突炎这样的小病，致死原因是没有得到及时的医治。

陈年喜记忆中的饥饿读来令人心酸不已：

"从学校到家有三十里，菜桶被我用沿途的河水洗涮过三遍，洗涮过的带着菜星和咸味的水被我全喝下了肚子，可还是抵不住饿。"[1]

---

[1] 摘选自陈年喜：《陈年喜｜命运的长旅，从一包方便面开始》，"夹馍星球"公众号 2020 年 1 月 7 日。

就是在这种环境下，陈年喜却罕见地喜爱读书，或许是受父亲爱唱孝歌的影响，或许是母亲闲时吟唱的小调婉转地根植于心。总之，这个孩子从小便对文字有种"饥渴"之感。

大伯有个装满书的大箱子，有的书是线装竖着的，还有很多繁体字，但他可以连着认，读什么都觉得很新鲜很好，最后他把大伯的一箱书全"吃"进了脑子里。

村里的娱乐活动简直少得可怜，偶尔传进来一本书，就在村里各户人家间流转，几乎人人看过，陈年喜就在借了上家借下家的日子里找书看。

有回借了朋友一本《封神演义》，但是朋友只借一夜，他就点着煤油灯不睡觉也得读完，早晨起来的时候，两个鼻孔黑得厉害。

过年的时候，每家都做细细脆脆的手工面条，须拿报纸包起来。过年包面之前，他就挨家去借报纸，一二百份读完，再给各家还回去。

这读书的瘾后来被陈年喜带到了工地上。做爆破工的时候，他只要有时间就把自己塞进一个废弃工房。那墙上层层叠叠地贴着报纸，读完一面，就泼水撕下，读完下一面，再读下一张。

爱读书的人千千万，但能成为作家的又有几何？成为作家，除了努力，一定有天赋的成分在。

陈年喜天性敏感，情感丰富。小时候家里盖房子，二十多个壮劳力在崎岖的山路上共同扛起一个巨大的木头，一起使力的时候须得喊号子。

陈年喜回忆时说，"这其实是在农村常见的一个生活场景，但是我听到这些号子的时候，看到在这样一个时刻，每个人都心无旁骛、齐心协力，我突然热泪盈眶"。

这种敏感的特质使他承受了更多的痛苦，也引发了更多的深思，"这些记忆与经验勾连错综、莫可名状"——都投射在他的心灵上。

积攒得多了，总得有个地方让他去表达、输出、释放。于是，他拿起了纸笔，这一拿，便是一生。

青少年时期的陈年喜身上总有些浪漫情怀。初高中的时候，他最擅长的两门科目是地理和历史，他可以闭卷把世界地图画出来，并说出各地历史沿革，那时候他的理想是走遍世界。

高中时他开始写诗，挣几块钱的稿费，被登在"报屁股"里也能令他开心不已。他选择诗歌作为创作文体的原因再简单不过，诗歌的体量比散文和小说小得多，时间成本也低得多，这样他就可以见缝插针利用空闲时间创作。

1988 年，陈年喜高中毕业，但高考却名落孙山。俞敏洪三次复读并不是那个年代的常态，绝大多数高考落榜生面临着和陈年喜一样的命运，家庭经济压力过大让孩子不会再有"从头再来"的复读机会。

落榜后的陈年喜跟着父母参加了劳动，主要任务是放牛。牛在山里慢慢悠悠吃草，他就躺在旁边的山坡上看书。沈从文、萧红，长篇小说、散文、画家评论、舞台剧评，"乌七八糟的，什么都看"。

他不是没想过另一种人生。他一直想去外面看看，抗拒老家二十岁就结婚生子和柴米油盐的生活。如果要成家，他也希望娶一个县城女孩，也许能改变自己的命运。

他曾经和一位沈阳的城里姑娘相识相恋，两个人靠书信来往，一个来回就是半月。女孩醉心于他漂亮的手写体，十页的信都不会有一个错别字。终于，他靠着一张地图去找她，路上辗转了四五天，但见面之后，巨大而冰冷的现实令他清醒过来。

在"农转非"难如登天，城乡差距肉眼可见的时代里，没有城里的户口与职业成了他爱情中的"原罪"。城乡之间难以跨越的无形屏障最终让他选择了放弃。

1997 年，陈年喜结束了自己的浪漫幻想，像一只认命拉磨的驴子，与一位农村女孩成了家，继续重复祖辈一成不变的生活。

02 矿山十六年

陈年喜相信宿命，"时代有时代的宿命，个体有个体的宿命，谁也逃不掉"。

1999 年，二十九岁的陈年喜迎来了儿子的降临。当时家里几乎没有积蓄，山穷水尽时，《陕西日报》发表了他的两首长诗，稿费四十元，陈年喜拿着"救命钱"给孩子买了几袋奶粉。

生活的压力催促着陈年喜在那年冬天进入了矿山，这一进就是十六年。他先是做拉车工，也就是把废石一车车从矿洞里拉出来，后来又做一名爆破工，这是采矿业里最危险的工种。

"当我第一次走进矿山，就已经老了，我想我会在矿下工作到死。"

所谓金钱绝处求，挖矿就是用肉身下注的赌局。偏僻无人的小矿山、开采难度巨大的斜井，都是陈年喜做过爆破的地方。在矿下工作，见得最多的就是重伤和死亡。矿工们忍受着高温与严寒，呼吸着有毒的尘烟，极尽辛劳、痛苦，还要时刻警惕着死神的来临。

他曾经连续十五个小时不喝一口水，不吃一口东西，在幽深的矿井里体会着生命的韧性和极限；他曾亲眼见着工友没能在引爆时迅速跑开，直接化成了一团血雾。就是在这样的环境下，他也从未放弃过写作，或者说，写作从未放弃过地底深处的他。

对于陈年喜来说，愈是艰辛，脑海里的思想就愈是蓬勃。跟着钻机的震动，那灵感就在脑子里奔跑。一到下班，他就得赶紧记下来，纸是不可能有的，他就写在被工人们垫着睡觉的炸药箱上。

他密密麻麻地写，写满的时候，就是卷铺盖去下一个矿山的时候。

2010年，四十岁的陈年喜开通了博客，在上面发表诗歌。他在博客里写下矿洞里的场景："如果不是亲历，你一辈子也想象不出矿洞的模样，它高不过一米七八，宽不过一米四五，而深度常达千米万米，内部布满了子洞，天井，斜井，空采场，像一座巨大的迷宫。"

积累与薄发之间，可能需要一个沉痛的契机。2013年，陈年喜在南阳一处矿山已连续劳作四个月，没有休息过一天。有天夜里他像鬼魂一样刚爬出洞口，就接到弟弟电话：母亲查出食道癌，晚期。

每天与死神擦肩而过的他，在那一刻再也难以埋藏自己的苦痛。他一夜无眠，写下那首广为人知的《炸裂志》：

> 我在五千米深处打发中年，
> 我把岩层一次次炸裂，
> 借此，把一生重新组合。

（《炸裂志》节选）

他把这首诗发表在了博客上，却没想到会在网络上流传甚广。诗歌带来的名气给他晦暗无光的人生炸开了一扇大门。

矿是吃人的怪物，即便没索去性命，总也会要点东西作为代价。

2013年，在一次炸药包自燃事故中，陈年喜永远丧失了右耳的听力，左耳从那时起也长期耳鸣。一直到现在，他的耳朵仿佛过着蝉鸣响亮的永夏，日夜鸣叫，不曾间断。

2014年的严冬，陈年喜的脖子僵硬难耐，像是一根内里已全部腐朽的木棍，每天晚上都被剧烈的疼痛折磨得难以入眠。

第二年的4月，他被医生告知脊髓神经已经被压迫了五分之四，必须立刻进行手术，否则半年内就会瘫痪。他默然应允，两个月后，一针麻药下去，再醒来，颈椎里已经植入了三块金属。

这一点点金属是他的同伴从地球深处开垦出来，经过工厂加工，市场包装，再漂洋过海，以面目全非的样子，在他的身体里落了脚。

从此，陈年喜转身出了矿山，从业一共十六年。

03 人生是一座难以出走的矿山

身体从矿山走出，心却留在了矿山里。他看上去是火了，但他从未在这种"火"里找到过自己的价值，说到底，他还是最认同自己的矿工身份。

2014年，纪录片导演秦晓宇在网络上意外发现了陈年喜，邀请他作为主人公之一拍摄纪录片《我的诗篇》。

对于纪录片的拍摄，陈年喜虽然配合地在镜头前毫无保留地展现自己的生活，但他坦言："那时候在我们眼里，觉得这个世界就是铁板一块，我们无非是资本驱使下的素材。"

《我的诗篇》剧组要举办一场工人诗歌朗诵会，陈年喜觉得实在没意思。他自知自己的声音并不适合朗诵与念诗，也未经过专业训练。但在诗歌朗诵会上，他还是被要求朗诵自己的成名作《炸裂志》。然而即便他穿上了在矿山工作时的那身迷彩服，但念出来的，不如写出来的百分之一。就像在空中飘舞的蒲公英，失去了大地的支撑与拉扯。镜头与公众视野里的他，总是不像他自己。

后来，他随纪录片剧组到美国的哈佛大学、耶鲁大学演讲。他不喜欢去繁华的地方，也不喜欢美国的摩天建筑，在他眼里，这都是从他和无数工友身上压榨出的血汗与寿命。

他在耶鲁大学演讲时说："我看见合金的窗子、空调里的铜、一切建筑物里的钢，还有那些金属饰品。那些我和工友兄弟们用汗水、泪水甚至姓名换来的金属，建造了北京、上海，抑或纽约、波士顿。"

太平洋彼岸的天，并没有让第一次到异国的陈年喜获得新鲜感与兴奋感，帝国大厦也未能在他心中激起一点点涟漪。

2015年11月，《诗歌之王》综艺节目邀请陈年喜与歌手罗中旭组成搭档，他负责写词。在北京的三个月，远离黑暗、寒冷、危险的矿山，他过得非常迷茫。他每天都听摇滚乐，希望崔健和汪峰的鼓点给他一些启发，从而按照节目组的要求写出"有力量"的歌词。但他做不到。

他灵感的养分一直在流失，机器一般地听从指令将歌词添减涂改，写出来的东西越来越像无痛呻吟的流行乐。前前后后，陈年喜一共写了十四首歌，挣了三万多块钱，这是他做过最不费体力且收入最快的工作。

他坦然承认是为了赚钱，但是在这之中他没感受到快乐。拍纪录片、演讲、写词、参加节目，都未曾给予他一点点归属感。在矿下虽然辛苦，但那种踏实的感觉一去不返。

虽然陈年喜不再是矿工诗人，但他心里却一直最认同自己的矿工身份。难以在聚光灯下的社交圈内找到共鸣的他，甚至也无法再与工友们保持连接。陈年喜给工友们打电话，他们第一句话就是："你跟我们不一样了，现在离开这鬼职业了。"仿佛要用这一句话在他们之间划下鸿沟。挂了电话，他知道他再也不能回到他们当中了。

轰轰烈烈的信息化时代大潮可不会在意每个人的归来与离去，网络凭着最智能的算法筛选出哪些是能带来流量的人，然后把资源聚集、灯光打足。互联网毫无疑问地选中了陈年喜。

2020年，陈年喜参加了《朗读者第三季》第3期的录制；2021年，入选《南方人物周刊》2021魅力人物"100张中国脸"；2022年，出版散文集《一地霜白》、诗歌集《陈年喜的诗》；2023年，加入中国作家协会……

互联网时代，陈年喜是符号，是流量，是标签。但他很清楚，他"这种人"不会一直红下去。走红的是名气，可陈年喜一家从未因此过上富裕的生活。

纪录片里的几位主角，没有一个在现实世界里真正拿到逆天改命的剧本。导演秦晓宇和陈年喜的相处最多，提供的帮助也最多，但他的命运依旧没有被改变。

刚过完2020年的农历新年，陈年喜就开始了旷日持久的阵咳，尾音常常带着尖利的金属质地。在小县城的中医院里，他被确诊了尘肺病。尘肺病是不可逆转的，即便脱离粉尘接触环境，肺间质仍然会继续纤维化。医生和经验告诉陈年喜，开矿的人，如果没有死在矿里，那十有八九也会以尘肺病结束。陈年喜老家不到一百平方公里的地方，就有将近一百位尘肺病人。

"所谓的坚强，不过是真正的不幸没有降临在自己头上。"[1]他的前半生，在大半个中国版图的地底深处流浪。他所有的忍耐与付出，无非是为了让家庭能在不知多久的将来过得轻松，但一纸诊断书，就足以断送他所有的希望。

离开矿山的他，只要动笔，他的笔下都是死亡的主题。他知道终将轮到自己，写到死亡时，主角将变为自己。冥冥中早已写下的宿命，不信不行。

对陈年喜来说，人生是一座无法走出的矿山。

04 人生是一场回到故土的旅行

一直以来，陈年喜都是纪实性创作，但当他离开矿山那个环境之后，就觉得和矿下的生活、回忆，总是隔着一层，越写越平，甚至快要写不动了。他预感到一直这么写下去，他会把所有灵感掏空，就像被掏空矿脉的大山，只剩下荒芜的躯壳。

一些非虚构平台的编辑来邀稿，希望陈年喜写自己的故事，但是他的故事已经像裸露的金矿一样被各家媒体啃得干干净净。写他自己，还有什么可写的呢？

写都市题材，写热点，他也难以下手，不是不能写，而是跟他有深深的

---

[1] 摘选自陈年喜：《微尘》，天津人民出版社，2021年版。

隔阂。

2018年，他的第一篇非虚构作品《一个乡村木匠的最后十年》在澎湃新闻亮相，写他父亲作为一名从业五十七年的乡村木匠，在人生的最后十年里重建娘娘庙的故事。

全文六千多字，他写得深沉有力，将隐忍的悲伤都藏在了文字内，一个乡村木匠执着的一生跃然纸上。这次尝试获得了读者的广泛认可，他感受到非虚构写作能够带给他新的生命力，但前提是，他要回到生活本身。

就这样，他要转向新的场域，寻找新的表达，获得新的灵感与力量。于是陈年喜选择回到家乡。

所有的作家、诗人，写来写去，最后还是写他们的故土。这里并非指写作对象一定是故土，而是因为故土已经框定了他们看待世界的方式，决定了他们对其他人的理解。

"土地上的风尘与人的生死，是最好的教科书。"[1]

2020年他回到老家峡河，不仅是找到了一片新的写作天地，对他来说，更是明确写作风格，重塑写作体系的寻根之旅。

《峡河西流去》是他回归后历时两年半创作的非虚构散文集。在书里，他饱含深情地为我们临摹了一幅峡河人民群像。

他买了第二辆摩托车，与第一辆加起来共一万元，这是他一生中最为昂贵的私产。寒冬里，他骑着摩托车往返于快递公司和家之间，给全国各地的读者寄书。

在县城的小饭馆里，他一边吃着九块钱一碗的青椒肉丝面，一边回复读者的微信。来信的大多是城市里的年轻人，其中大部分是学生，看起来都是与他的生活经历风马牛不相及的人。

但不知怎么的，陈年喜的文字打动了他们，唤起了他们内心的痛处。人生具体的悲喜也许不能相通，但情感的共鸣却能跨越鸿沟，或者最起码，每个人都愿意追寻正在消逝的故乡。

---

[1] 摘选自陈年喜：《峡河西流去》，湖南文艺出版社，2024年版。

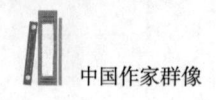

05 我写,是因为我有话要说

陈年喜的出现,让我们看到了一种可能:最底层的小人物不再是被苦难腌渍的、矮化的、值得同情的对象,而是作为芸芸众生中的一员,他们每一个人都渴望幸福、自由、平等,他们想在大千世界欢唱、在阳光下舞蹈的愿望甚至更为强烈。

陈年喜写下的,是沉默者的冲天一喊,是无名者的奋斗史诗。

"也许,我们终其一生都难以成为一位作家、诗人,但声音比沉默本身已包含了不一样的意义。"

信息时代或许让每个人都变成了孤岛,但也给了更多的"陈年喜"发声的机会,他们的人生更渴望被书写,被看见。世界上每个被遗忘在角落里的人,都值得一束光。

愿世界上不再会有陈年喜的苦难,愿世界长久留存陈年喜的文字。

作家精彩名句与段落摘录

◎ 名句

1. 这是个故乡消散的年代,每个人都在失去故乡,峡河某种意义上说,是所有人的峡河,峡河的故事也是所有故乡的故事。(《峡河西流去》)

2. 我这半生,和两个场域扯不断理还乱。一个是关山万里的矿山,一个是至今无力抽身的老家峡河。(《峡河西流去》)

3. 故事消散的年代,愿我们都有故乡。(《峡河西流去》)

4. 时间如奔马,不停蹄地跑着,跑过春,又跑过冬。一切,都落在它的后面,只有突然的不幸,比它更快。(《微尘》)

5. 时间的意义布满生命和地理,它寒冷又温暖。我携文字来过了,并将继续前行。山河表里潼关路,有字为证。(《微尘》)

◆ 段落

1. 三十年河东,四十年河西,风水轮流转,兴衰更易,这是没有办法的事情。瓶子一身的本事再也无用武之地，待在家里天天生闷气。我也生闷气，高中毕业了，找不到事干，就这样，一生气生了好多年。那是个生闷气的时代，好多人都在生闷气。生闷气不是绝望，里面包含着希望、不服气，比如冬天土地里的草芽、虫子，就在生闷气。(《峡河西流去》)

2. 真正的冬天仍在。黄河在风陵渡东折，地理豁然打开，陕山两省的风在宽阔的河面上厮杀，不分胜负，雪花被吹起吹落。雪落黄河静无声，成股成股的雪花落在水波里，像没落一样，像一个人的彻底消失。过了大桥回头看，华山影影绰绰连着天际，陇海线穿山过涧无尽绵延，大雪笼罩了整个渭南塬，华山下某个微不足道的村庄，那些炊烟和欢笑、生活自带的悲欣愁苦也被风和雪涂抹得了无痕迹了。(《峡河西流去》)

3. 世界是什么样子？生活是什么样子？我的感觉里，除了绵长、无处不在的风，其余都是尘埃，我们在其中奔突，努力站稳，但更多的时候是东倒西歪，身不由己。(《微尘》)

4. 大半生的漂泊与动荡，山南漠北，地下地上，一个人独对荒野与夕阳，我早成失语之人。然而，没有哪次写作可以像写下书中的这些文字这般欢畅，不需构思，不需琢磨，它们像爆破发生时飞散起来的石头和声波，碰撞飞舞，铺天盖地，完全将我湮没了。世事风尘，当这些尘埃再次升腾弥漫开来时，它已改变了当初的色谱与成分。记忆具有变异性、欺骗性，我需要努力地去把握，去最大程度地识辨和还原，与细节争辩，与时间对峙，如临深渊。这些文字间，少有喧声与跌宕，少有悲喜与歌哭，只有硝烟散去后的沉默、飘荡、无迹。同时，它也打开了另一条通道、另一扇门，有形的、无形的。(《微尘》)

汪国真：人民说你是诗人

陈十六

现在考公考研的年轻人，总会念叨一句诗："既然选择了远方，便只顾风雨兼程。"

只不过，写出这句诗歌的汪国真，却逐渐被年轻人遗忘。

人们偶尔会想起汪国真的诗，却距离汪国真愈来愈远。

比汪国真的诗先消亡的，是诗的时代和国度，时间与空间上，他的诗都再没有存活的可能性。

当代发疯打工人，无人再识汪国真。

01 "既然选择了远方，便只顾风雨兼程"

1956年，汪国真在北京西城区里呱呱坠地。汪国真的家庭在当时可谓令人称羡，从厦门大学教育系毕业的父亲汪振世，在解放后进入教育部，母亲李桂英是工厂工人，他还有个妹妹叫汪玉华，兄妹只差一岁半。

汪国真从小就显现出和别的孩子不一样的特质。他文静、多才，不仅会下围棋、吹笛子、拉手风琴，还十分沉迷读书与背诗。

母亲为了给他买收音机，卖掉了自己的金镯子。小小一台收音机，打开了汪国真接触世界的窗。

1971年，正值特殊时期，初中毕业的汪国真因家里有海外关系，不能继续读书。无可奈何的他被分配到北京第三光学仪器厂当铣工，就此开始了在厂里三班倒的生活。

汪国真身上一直有种从不屈居人后的气魄。1976年，汪国真经过选拔，代表全厂参加北京市机械加工比赛。他干得又快又好，用铣刀切削零件时准确无误，取得了第二名的优异成绩。同样地，他还在全厂羽毛球比赛中获得了第三名。

上夜班的滋味并不好受，枯燥、乏味、疲惫。在别人打牌作为夜间消遣时，汪国真便一头扎进书本，填补时间的空白。

每当身边的书读完了，他就想办法去借，或者选择把仅有的书重复读，尤其是《毛泽东选集》，他研读多遍，写了十几万字的读书笔记。

在工厂里，年纪最小的汪国真与人为善，工友们都很喜欢这个小兄弟。他在值夜班时睡着了，师傅会把他抱到角落里，并为他盖上衣服。他做阑尾炎手术住院时，工友们会买水果糕点去看望他。

也因此，这六年多的工厂生活深刻影响了他的诗，汪国真曾多次在诗中提到工友们对他的恩情。真诚、朴素、善良，成为他的为人底色。

但汪国真深知自己不会安于工厂的生活，小时候中断的读书梦一直在他的心头闪烁。1977年，恢复高考的消息传来，他知道，他等待的机会终于来了。

汪国真和妹妹汪玉华相互鼓励扶持，充分利用碎片时间一起备考。虽然有妹妹帮他恶补数学，但是汪国真最后的数学成绩也只有10分，好在语文、政治、历史等分数高，最后顺利被暨南大学中文系古汉语专业录取。

1982年，刚毕业的汪国真被分配到了中国艺术研究院。一开始，汪国真在湖南《年轻人》杂志发表了一篇题为《我微笑着走向生活》的诗，这首诗后来被多次转载。《中国青年报》也偶然间发表了一首他的打油诗，这两件事给了他很大信心。

但后来，他的诗歌却屡遭退稿，处处碰壁。在那个诗歌盛行的年代，他的前辈太多，小他8岁的海子出名比他早很多，当时顾城也已名声在外，女诗人也有舒婷、席慕蓉等早他一步。

汪国真要获得机会，其实并不容易。

30岁那年，汪国真写下了那首后来火遍大江南北的《热爱生命》，诗中的那句"既然选择了远方，便只顾风雨兼程"，一直被传诵至今，但在当时却无人欣赏，投稿无门。

绿芽在冬日的凛冽中隐忍了太久，春天近在咫尺。

02 我原想收获一缕春风,你却给了我整个春天。

在《热爱生命》沉寂了两年后,汪国真主动找到了当时文学界的著名杂志《追求》的副主编杜卫东。

杜卫东读完汪国真的作品之后,随即被诗中的才气震撼,打破了《追求》杂志不发表诗歌的惯例,刊登了他的组诗《年轻的思绪》,其中就包括之前被多次退稿的《热爱生命》。

同年,《热爱生命》被《读者文摘》刊登在卷首语上。从此,很多知名青年报刊如《辽宁青年》《中国青年》《女友》等向汪国真抛出橄榄枝,为他开设"汪国真诗歌专栏"。

在朦胧诗盛行的年代,汪国真摸索出了自己的独特风格。他的诗短小精悍、朴实无华,丝毫没有华丽的包装,读起来更像是格言警句而非诗词,在表意上更贴近年轻人的心境和生活。励志、温暖、青春,是汪国真诗歌的主旋律。

任何时代下,年轻人都是最强大的传播力量。校园里立刻流行起手抄汪国真诗集的风潮。

北京一位中学女教师向老公抱怨学生们不好好听讲,都在偷偷抄写汪国真的诗,而丈夫却从中嗅到了潜藏的商机。此人正是北京学苑出版社编辑孟光。

就在这机缘巧合之下,孟光联系到汪国真,承诺了四个条件:最快的速度,最高的稿酬,最好的装帧,一个月出版。实际上,只用了23天的时间,孟光就让汪国真的《年轻的潮》面世了。

1990年5月《年轻的潮》首印15万册,不到1个月就抢购一空,随后,连续五次加印,总印数超过100万册。

在这之后,《年轻的风》《年轻的思绪》《年轻的潇洒》陆续问世,四本诗集的正版总销量达500万册,还有30多个盗版流传于世,总销量超过了1000万册的销售神话,至今都难以被打破。

1990年因此被称为"汪国真年","汪国真风潮"席卷全国,他的人气和影响力不亚于当时的四大天王。

歌坛也及时挖掘了这位新秀的潜力,汪国真在1991年发售的《青春时节》磁带,被列为该月"十盘优秀畅销磁带"第三名。

诗不仅给汪国真带来了成就,还给他带来了爱情。1991年在全国图书"金钥匙"颁奖会上，他遇到了一位姓黄的超级女粉丝。黄女士比他小16岁，对他的作品背诵如流。

两人相见恨晚，感情迅速升温，第二年就在北京举行了婚礼。婚后第三年，儿子汪嘉豪（后改名为汪黄任）降临在这个小家庭里。

本想收获一缕春风的汪国真，收到了诗歌送给他的整个春天。

03 "人民说你是诗人你就是诗人"

汪国真在文坛中的争议很大。一方面，他是红透半边天的文学明星、诗歌王子；一方面，诸多非议也铺天盖地地砸向他。

很多人认为他的诗"过于直白""浅陋"，甚至根本就不能算诗，只能算不够深刻的名言警句。

跟现在的当红小生一样，人气越火爆，批评的声音就越大，为其辩护的声音就越小。汪国真只能为自己辩护。

"人民说你是诗人，你就是诗人，不被人民承认你就什么都不是。"[1]

"判断一个文艺作品最终的权威的评论，一个是读者，一个是时间。很早就有人说我的诗没有生命力。没有生命力，为什么从1990年到现在，我的诗被连续盗版了24年？"[2]

汪国真坚定地认为，人民才是最有力有效的评判标准，时间才是最客观公正的法官，经过人民和时间检验的诗，才能被称为好诗。他说，诗歌不死，好诗是会永久流传下去的。

汪国真的爆火，不仅是因为他的个人风格，也是时代的造势。

80年代初期，刚刚改革开放，商品经济高速发展，森严的社会结构开始被打破，人们满怀着热忱与激情，憧憬爱情、畅想未来、弘扬奋斗。

何去何从，年轻人呈现出群体性的精神困顿，他们内心的迷茫和空虚急需新鲜的文化来填补。

在人人都想发声直抒胸臆的时代，念诗背诗无疑是最好的方式，也就是这时，短小易读、情感丰沛的诗歌终于在文学的历史舞台大放异彩。

---

[1] 摘选自吴虹飞、张莹莹：《汪国真：人民说你是诗人你就是诗人》，《南方人物周刊》2008年第4期。
[2] 摘选自舒晋瑜：《汪国真：任何时代，冒充深刻都没用》，凤凰网山东频道2014年5月12日。

舒婷、万夏、翟永明、欧阳江河、西川、骆一禾、北岛、海子、顾城……再到后来独具风骚的汪国真，这是诗人蓬勃生长的时代。

不承想，成也萧何，败也萧何。

时代给了他们机会，又把机会夺去。

比文学批评来得更快的，是电视剧、电影、流行乐对诗歌的冲击。新兴娱乐形式掠夺式抢占了人们的大部分精力，相比之下，诗歌能提供的快乐不如电视、电影、音乐直接，产生的刺激也远远不如后者。

很快，诗歌的土壤被压干榨净，诗人们被连根拔起。海子卧轨自杀，北岛离开祖国漂泊外乡，骆一禾突发脑溢血身亡，戈麦毁稿自沉，顾城自缢于树下……

文学和诗歌死了吗？成为了那个时代的命题。

1993年，汪国真在央视主持人大赛的大学讲座中，收到了一个学生递来的纸条，"初中崇拜你，高中喜欢你，大一时很少看你，大二以后就不再读你"。

一直以来，学生群体都是汪国真的主要受众。如果有一天学生都不再喜欢他的诗了，那便是汪国真意识到该退出诗坛的时候了。

1993年以后，汪国真的声音开始沉寂下来。

很少再写诗的他，开始苦练书法。先是写得一手漂亮的钢笔字，后来转战毛笔字。先临摹欧阳询的楷书，后来是王羲之的行书和怀素、张旭的草书，痴迷书法的汪国真在当时连书信往来都改用毛笔字。

几个报刊大腕如《北京日报》《北京晚报》及花城广州的《羊城晚报》、行业报《劳动报》等，刊头笔法一致，皆出自汪国真之手。张家界、黄山、五台山、九华山、云台山等著名景点也镌刻了汪国真的真迹。

书画同源，21世纪初，汪国真又将兴趣点转移到了绘画，尤其喜欢写意花鸟画。

再后来，原本就有深厚的音乐基础的汪国真又开始学习作曲，他用了12年时间，给400首古诗词都谱上了音乐。他用音乐再次赋予了古诗词生命力，很多歌手在录制时，都不禁感动得潸然泪下。

2015年，他开始尝试做主持人，主持了广东电视台的《中国大画家》栏目。汪国真终成诗歌、书画、主持的三栖偶像。

曾有主持人问起他为何要涉猎这么多领域，是为了丰富生活吗？汪国真回

答：是诗人的不幸。

他坦言，作曲家也好，书法家也好，这种头衔根本不重要。对一个搞创作的人来说，作品能够在民间广泛流传，才是成功。

诗的年代已经过去，汪国真宛如纪念碑一样，在执着地游荡着。

同一时期，妻子带儿子回了郑州老家，和汪国真长期分居生活。儿子上小学后，两人和平离婚，儿子随前妻一起生活。也正因从小就不在一起，父子之间存在着很大的隔阂，甚至无法正常交流。

儿子在郑州上大学时，汪国真被医生诊断为肝硬化晚期，后来演化为肝癌。病房里，只有妹妹和妹夫守护在他的床边。在生命的最后一刻，紧紧握住他的手的，只有妹妹，汪国真至死也未能再见妻儿一面。

汪国真的下半场虽然在其他领域竞相出彩，却也如他自己所说，是诗人的不幸。无论是未能从一而终地写诗，还是怀憾离世，汪国真的结局，实在令人唏嘘。

04 我们都欠汪国真一个道歉

汪国真是幸运的，他本身就是一个难以被复刻的文化现象，影响了一整个时代。

但他也是不幸的，他的诗作一直被质疑，至死也未见到有人站出来为他发声。甚至，连疯狂追捧过他的年轻人，如今也不愿承认当时曾为这些被贴上"浅薄"标签的诗歌着迷。

无论争议如何，汪国真的诗所具有的影响力是不容置疑的。白岩松在《新闻周刊》纪念汪国真逝世专题节目中这样说："其实我们，都欠汪国真一个道歉。"

在汪国真去世后，著名的文学评论家吴欢、汪兆骞、张颐武等都对他的诗歌给予肯定，认为低估了其意义，应重新审视汪国真在文坛上的位置。

余华说："文学作品里有时候也应该有地标，这是时间的地标也是社会历史的地标，几百年以后人们回过头来，想在文学作品里寻找已经消失的某一阶段的社会历史时，需要这样的地标。"[1]

---

[1] 摘选自余华：《我只知道人是什么》，译林出版社，2018年版。

汪国真的诗就是这样的文学地标,"有华人的地方就有汪国真的诗"。

他的诗记录了一代人的青春,和他的诗一起消亡的,是整个诗歌的国度。

和整个诗歌的国度一起消亡的,还有《读者》《意林》等一批在当时人手一本的杂志。我们失去的,是整个时代的热血。

80年代是知识分子群体的精神觉醒期,但社会变化得太快太剧烈。到了90年代,精神世界还不够富足的人们,瞬间被商业消费吸引了全部的注意力,文化界开始全面转型,输出快餐成为最主要的潮流风尚。

20世纪末,中国诗人的集体没落并非偶然现象,而是经济发展阶段造就的必然。诗人的生存家园不再,即使像武士一样苦苦留守,也不会有什么出路。

而到了现如今,诗歌已经是过于小众的群体享有的爱好。

人们着迷于短时间内获得简单的大量信息输入,一分钟的短视频能有七八个情节反转,如同鸦片一样,只要被动接受,大脑就能持续被刺激,多巴胺就能持续分泌。

而诗歌作为一种需要慢慢体味的文种,字里行间蕴藏着解读不尽的内容,要求读者静下心来细细揣摩,这对快节奏的当代人来说,已经是一种近乎奢侈的幻想了。

由于缺乏诗歌繁衍的环境和氛围,人人都知道诗的美好,人人都向往诗的意境与魅力,但能驾驭诗歌这个文体的人,已经逐渐稀微了。

快娱乐时代,也许没落的,不仅仅是诗歌,还有文学。

在文学上,我们是否还会迎来下一个"×××现象""×××年"呢?

作家精彩名句与段落摘录

◎名句

1. 没有比人更高的山,没有比脚更长的路。(《山高路远》)

2. 我不去想未来是平坦还是泥泞,只要热爱生命,一切,都在意料之中。(《热爱生命》)

3. 寂寞可以是一个人的丰富,热闹常常只是集体的孤独。(《乱象之中》)

4. 我原想收获一缕春风,你却给了我整个春天。(《感谢》)

5. 现实和理想之间,不变的是跋涉,暗淡与辉煌之间,不变的是开拓。(《生活》)

◆ 段落

1. 人能走多远?这话不是要问两脚而是要问志向;人能攀多高?这事不是要问双手而是要问意志。于是,我想用青春的热血给自己树起一个高远的目标。不仅是为了争取一种光荣,更是为了追求一种境界。目标实现了,便是光荣;目标实现不了,人生也会因这一路风雨跋涉变得丰富而充实;在我看来,这就是不虚此生。(《我喜欢出发》)

2. 我一直认为,一个心中没有秘密的人,不会幸福;一个心中有爱多秘密的人,一定痛苦。秘密是心灵之花,一束是一种美,太多了便会为其所累。(《秘密》)

3. 孤独若不是因为内向,便往往是因为卓绝。太美丽的人感情容易孤独,太优秀的人心灵容易孤独,其中的道理显而易见,因为他们都难以找到合适的伙伴。太阳是孤独的,月亮是孤独的,星星却难以数计。(《孤独》)

4. 不要因为一次的失败就打不起精神,每个成功的人背后都有苦衷。你看即便像太阳那样辉煌,有时也被浮云遮住了光阴。你的才华不会永远被埋没,除非你自己想把前途葬送。你要学会等待和安排自己,成功其实不需要太多酒精。 要当英雄不妨先当狗熊,怕只怕对什么都无动于衷。河上没有桥还可以等待结冰,走过漫长的黑夜便是黎明。(《学会等待》)

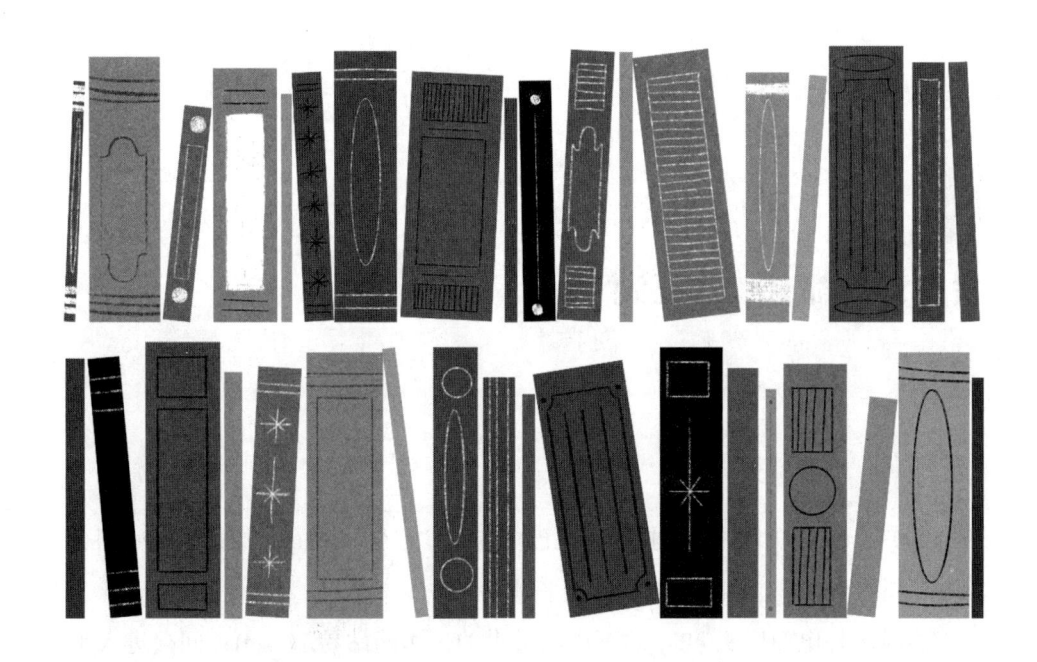

第五章　虚构、想象，他们曾缔造传奇

金庸：谁都有一片江湖／翟晨旭

唐家三少：网文之王／翟晨旭

南派三叔：他还是回来了／翟晨旭

江南：逐渐"老贼"／翟晨旭

马伯庸：小人物最擅长刻画小人物／笑凤生

金庸：谁都有一片江湖

翟晨旭

2003年4月9日，马云把阿里巴巴内自诩"只会写代码"的蔡景现叫到了湖畔花园的小楼里，和他秘密商量了一项大工程。

当时国外电商巨头 eBay 拿下中国最大的拍卖网站易趣，eBay 间接进入了中国电子商务市场。专注于中国电子商务市场的阿里巴巴面临着前所未有的考验。马云他们商量的这项工程最终的目的，是设计出一款面对个人用户群体的网页。网页的名字被命名为：淘宝。

后来组成这个初创团队的成员们，每个人都有一个内部 ID，也就是"花名"。马云本人是"风清扬"，蔡景现是"多隆"，孙彤宇是"财神"，师昱峰是"虚竹"，麻长炜是"二当家"，叶枫是"阿珂"。

一眼望去，绝大多数的都是武侠风，或者说是金庸风。无怪乎后来功成名就的马云说了这样一句话："若无先生，不知是否会有阿里。"

其实，金庸的影响力，又何止于一个阿里巴巴，或者说，又何止是马云这一代人呢？

01 江南世家

本名查良镛的金庸，于1924年出生于浙江海宁。

查家在浙江，那是正儿八经的江南婆罗门，世代簪缨，明清两代六百年，光进士和举人就出了133名，秀才人数接近四位数，且不乏能人。

康熙帝亲自题写"唐宋以来巨族，江南有数人家"，虽然夸完之后，并不妨碍后面的清朝皇帝直接把查家以文字狱的名义屠了一批。

后来金庸在小说里动不动就让主人公反清复明，这种历史上的家族恩怨，根子其实在清朝就已经埋下了。

即使到了近代，海宁查家也算是当地数得着的大户，家中名人辈出，其中最著名的莫过于金庸的表兄徐志摩。

只不过不同于外界对徐志摩"罗曼蒂克"和"再别康桥"的浪漫印象，徐志摩对于原配妻子的始乱终弃在当时查家看来是让家族蒙羞的行为，所以年少的金庸很难对这位名满天下的表兄产生什么正面印象。

和表哥不同的是，金庸的教育经历相当坎坷。1937年日本侵华，虽然不至于让大多数地区的教育中断，但足以影响各地的教学。

1940年，金庸就读浙江省立临时联合高中。由于班主任极其暴躁，动不动就训斥同学，金庸大笔一挥写了短篇小说《阿丽斯漫游记》，极尽所能地在其中嘲讽了老师的姿态。

这篇文章当时于校内引起极大轰动，在初步展现金庸文学天赋的同时，也让恼羞成怒的老师终止了他的学业，被迫转学到衢州中学就读。1944年金庸考入重庆的中央政治学校，就读于外交系，再次因对校内学生党员行为不满而向校方投诉，反被退学。

之后，金庸的人生之路也颇为坎坷。脱离校园后，金庸只能靠着家里的关系在重庆图书馆找了份工作，开启了自己的冷板凳生涯。

《射雕英雄传》里，金庸写到《九阴真经》的来历时，说有个奇人黄裳闭门读书多年才悟出秘籍，《天龙八部》里也是扫地僧在少林寺守着藏经阁，出手即无敌，这样的设定很难不让人想到金庸自己的经历。

不过金庸终究不是耐得住寂寞的人，图书馆的清冷埋不住他内心的火热。彼时的重庆时事类和评论类报纸风行，金庸作为一个跟文字打交道的人，很自然地走上了办报的路子。

他和友人一起创办了《太平洋杂志》，虽然不甚成功，但至少开启了报人之路。终其一生，这个身份对于金庸来说，意义要重于作家。

抗战打到后期，金庸在朋友的介绍下，去了湖南农场，一干又是两年多。两年的时光，南方的自然景物让金庸恋恋不舍。郭靖和黄蓉在岳阳大会上露脸,《飞狐外传》里胡斐过五岭,都是来源于此。直到抗战胜利,金庸才从湖南重返故乡。

在《书剑恩仇录》里,金庸写过一段陈家洛回家的场景。写"陈家洛十五岁离家,十年之后,相貌神情均已大变",写"这般江南富贵之家的滋味今日重尝,恍如隔世",物是人非,极尽动情。

02 报人风骨

然而就像陈家洛不能在归乡之后长久留在海宁一样,金庸也是闲不住的人。他很快加入了《东南日报》报社,负责收听国际新闻广播,翻译、编写国际新闻稿的工作。他出稿极快,博闻强识,文字组织能力好。金庸曾经回忆道:

"在杭州《东南日报》工作时,我一收到这里寄去的原文稿件,看一遍后就着手翻译。一篇一两千字的文章,我两个小时就脱稿了,既不需要誊写,也不需要修改,所以当天就将译文寄给他们。"[1]

凭借出色的能力,金庸很快跳到了《大公报》工作。这个在当时看来很顺理成章的工作,成了金庸人生最大的转折点。1948年,越发艰难的时局让《大公报》不得不远走香港,金庸也被派了过去,负责国际新闻时评的老本行。

很多很多年后,金庸都记得自己去香港的那趟飞机。他回忆着写下了"南来白手少年行"的诗句,只是当时的他,全然懵懂。

时代的变革,让原本只想在香港待一段时间的他长久地留在了此地。40年代末的香港刚刚走出日军侵略的阴霾,还远不是后来的"东方之珠"。金庸看多了繁华的上海和杭州,对于堪比渔村的香港感到苦闷,那时他还没有想过,三十年后很多事情都将会逆转。

《大公报》对金庸的一生产生了不可替代的影响。他跟着老一辈民国报人,学会了办报,也学会了不偏不倚的自由主义政治立场,这些东西都长远地改变他的事业和写作。

---

[1] 摘选自蒋俭:《读书 | 金庸:他从上海飞向香港》,文汇网2022年7月5日。

50 年代初的几年，金庸被调到了《大公报》下属的《新晚报》工作。在这里，他认识了同事兼朋友的陈文统，俩人在一起天天下棋。《碧血剑》里袁承志与木桑道人长年对弈的场景，就是金庸和陈文统的场景写实。

当然，陈文统这个名字是名不见经传的，人们更熟悉的是他的笔名——梁羽生。梁羽生的《龙虎斗京华》就是在《新晚报》的"天方夜谭"栏目开始连载的。

两个后来的武侠小说界大宗师，下完棋会去买二两孖蒸、四两烧肉，一边饮酒，一边聊天。他们聊棋道和人生，也聊老前辈还珠楼主的精彩作品。

当时的金庸完全没有写小说的觉悟，《新晚报》的副刊逼着金庸去做一个文艺青年，或者说文艺中年。他开始看电影，听歌剧，锐评当时一切的文艺现象。他的多才多艺水平呈现出一种指数级别的增长。

倪匡曾评价金庸对古典音乐的造诣极高，随便挑一张古典音乐唱片放出来，放上片刻，他就能说出这是什么乐曲，与此同时，金庸也能写上几笔戏剧。

只是这些都和武侠小说无关，金庸只是梁羽生的朋友和书迷，他从来没想过自己有一天会亲自下场。

但岁月中一切都似乎准备好了，金庸笔下的江湖只等一个契机，就能呼之欲出。

只是谁也没想到，这个契机是如此突然。

03 "大侠"出道

1955 年 2 月，梁羽生的又一本大作《草莽龙蛇传》更新完毕。《新晚报》的"天方夜谭"栏目面临断更危机，即将要"开天窗"了。情急之下，"天方夜谭"栏目的主编罗孚找到了金庸，几乎是哀求着让老朋友帮帮忙。

金庸报了一个《书剑恩仇录》的名字过去，但全然没有想过内容，直到交稿的前一天，催稿的人都已经上门了，金庸才百般无奈地开始动笔。

由于当时上门催稿的人是一个年纪很大的老工友，金庸硬着头皮照着这位老工友的形象，写了一个武功高强的老者形象，才把后者打发走。这就是《书剑恩仇录》里"陆菲青"的来源。

比起《书剑恩仇录》开始连载，更有划时代意义的是，"金庸"这个笔名就这样戏剧性地来到了公众面前，它的产生是如此仓促，以至于查良镛本人只是把"镛"拆成两个字。

一个江湖就此缓缓拉开帷幕，就像后来金庸笔下的许多人物那样，一脸懵懂地来到武林之中，却用手中剑卷起风波无数。

金庸后来无奈地承认："如果我一开始写小说就算是文学创作，那么当时写作的目的只是为做一件工作。"[1]

这部小说以金庸的家乡和家族史为底色，其实掺杂了很多所谓的"私货"。文中瞎了一只眼的文泰来也时不时会有"双目如电"这样的离谱描写，但在当时纯白话文小说都没有完全普及的香港，这本书还是形成了降维打击。金庸就此一炮而红，连东南亚的不少城市都开始津津乐道着这部书的剧情走向。

《书剑恩仇录》还没写完，就开始有报业同行找上门来，希望金庸再写一本，给自家报刊涨涨订阅量。就是在这种给朋友帮忙的理由下，《碧血剑》横空出世，在《香港商报》上连载，此后一发不可收，一年之后《碧血剑》完结，1957年，《射雕英雄传》继续在《香港商报》上刊出。

直到此时，金庸都没有想着把写武侠当成一个正经事去做。在以一种不可思议的速度高质量写武侠的时候，他还在写影视评论。他以笔名"林欢"写了不少影评，还在报刊上和梁羽生等人"坐而论道"，几个老朋友从武侠聊到圆周率，期期都有人看。

正是在这样的高产中，金庸迎来了他人生中的一个转折点。到了1957年，原本由民国老笔杆子撑起来的《大公报》已经全面"左转"，金庸越发感到苦闷。当发现熟悉的一切都渐行渐远后，金庸自由主义者的本性再也无法遮掩，他选择告别《大公报》，也是告别了自己的青春年少时光。

离职之后，金庸曾经短暂地进入过长城电影公司工作，他自己认为这段工作是很不成功的，以至于很多人会很震惊于后来名满天下的金大侠居然写过剧本。

---

[1] 摘选自金庸、池田大作：《探求一个灿烂的世纪》，北京大学出版社，1999年。

在兜兜转转之后，金庸最终还是选择回归自己的老本行。他找到自己正在印刷业摸爬滚打的初中同学沈宝新，俩人一拍即合，决定做一款以武侠小说为主的刊物。

两个人在尖沙咀的弥敦道文逊大厦租下一个格子间，里面勉强放了四张书桌，一本名叫《野马》的刊物就此出版，与此同时，《长城画报》的编辑潘粤明也过来搭伙。

在报贩的提议下，《野马》做成了一份每天更新的正经报纸，原有的名字自然也不再适用。潘粤明从自己的名字里拿了一个"明"字出来，《明报》就此诞生。

三十六岁创业的金庸，就像大多数中年人一样，背负着巨大的经济和精神压力。他辞去了令人艳羡的工作，在格子间里像个小丑，除了手中的笔杆子一无所有。

"小查这次非倾家荡产不可""一两年内就倒闭啦"，这是当时金庸的朋友们最主流的看法。为了让报纸活下去，金庸第一次以一种非常认真的态度去写武侠小说。

《明报》创刊的第一天，《神雕侠侣》同步在《明报》上连载，每天更新一千字，后来又把字数扩充到一千二，且要绝对保证质量，再配上各种插图。连载四十天后，金庸开始以书信形式与读者们高强度互动，并刊发在《明报》上。这让金庸吸粉无数，也让《明报》的销量稳到了万份以上。

《神雕侠侣》一写就是两三年。这三年，《明报》度过了最艰难的时期。金庸的小说始终稳定而高效，《神雕侠侣》还没更新完，《倚天屠龙记》就已经在《明报》开始连载。即使和今天的网络作家相比，金庸在写作上的勤奋也足以令人震惊。

倪匡说："《明报》不倒闭，全靠金庸的武侠小说。"

04 侠之大者

时间来到60年代，金庸的"以笔为生"，更加一发不可收。《倚天屠龙记》《天龙八部》乃至后面的《笑傲江湖》等纷纷发表，这些作品的影响力之大，已经到了不需要描述的地步。

凡有唐人街和汉语的地方，就会有人去读金庸的小说。整个六七十年代，金庸小说的销量，甚至超过了《圣经》和《毛选》。数代读者沉浸于金庸的武侠世界，幻想着化身为郭靖或令狐冲，在浩瀚无垠的江湖中探寻自我。

如果仅仅是武侠小说，金庸不会成为今日我们熟悉的金庸。在当时的香港，金庸的社论是要比金庸的小说更出名的存在。

从《明报》50年代末建立，一直到1992年金庸正式退休，整整三十多年，金庸一直没有断过社论的写作。即使外出开会，他也时刻关心着国际大事的变化，并随时把自己的社论寄回香港。

"公正""中立""不偏不倚"等《大公报》的传统，被金庸带到了《明报》，并尽可能地向下一代年轻人展现。当原有的《大公报》彻底"左转"后，金庸开启了自己的"笔战"岁月，经常一支笔和香港大批报纸打"轮番战"。

这番豪迈也体现在金庸当时写的《天龙八部》里，乔峰在聚贤庄以一敌百，孤身而战，其实就是金庸在写当时的自己。

金庸的武侠之所以好看，尤其是在后期还能再上层楼，除去笔力的臻于化境，最重要的原因就是将对社会的关怀和思考带入其中。

写《天龙八部》中乔峰的结局，其实是金庸对自己"中立"立场的一种悲观态度；写《笑傲江湖》，没写多久就被读者发现他在映射当时的时政局势；到了《鹿鼎记》，金庸干脆写了一个完全不会武功的人，在明清易代的大背景下做一番反清复明的重新思考……

金庸的江湖不仅是打打杀杀，也不仅是人情世故，而是一种介乎于庙堂和武林之间的重新定位。

这种定位恰恰也是金庸的处世哲学：他如此热爱时代和政治，并多次伸手做些什么，却永远保持敬而远之的态度。成事者不必居庙堂之高，为侠者也未必要处江湖之远。

正是在这种哲学的指导下，金庸的形象才能如此多元化。孤身办报是他，舌战群儒是他，笔耕不辍是他，功成身退也是他。每当一个身份走向终结的时候，金庸的其他身份总能让他继续发光发热，宛如香江之水，日夜滔滔不绝。

2018年10月30日，金庸静静地病逝于香港，就像他很多小说中描写的人物那样，江湖已难再见，但仍留有传说。

在他的遗照旁，挽联并未如传统那样，由他人写是非功过，而是用了金庸十四部小说组成的那副著名对联："飞雪连天射白鹿，笑书神侠倚碧鸳"。

用自己的作品，为自己的一生做注脚，金庸大概是第一人吧。

作家精彩名句与段落摘录

◎名句

1. 世事遇合变幻，穷通成败，虽有关机缘气运，自有幸与不幸之别，但归根结底，总是由各人本来性格而定。(《神雕侠侣》)

2. 他强由他强，清风拂山冈；他横任他横，明月照大江。(《倚天屠龙记》)

3. 只要有人的地方就有恩怨，有恩怨就会有江湖，人就是江湖。(《笑傲江湖》)

4. 真正的人，真正的事，往往不及心中所想的那么好。(《倚天屠龙记》)

◆段落

1. 白马带着她一步一步地回到中原，白马已经老了，只能慢慢地走，但是终是能回到中原的，江南有杨柳，桃花，燕子，金鱼……汉人中有的是英俊勇武的少年，倜傥潇洒的少年……但这个美丽的姑娘，就像高昌国人那样固执，那些都是很好很好的，可是我偏不喜欢。(《白马啸西风》)

2. 郭襄回头过来，见张君宝头上伤口兀自汩汩流血，于是从怀中取出手帕，替他包扎。张君宝好生感激，欲待出言道谢，却见郭襄眼中泪光莹莹，心下大是奇怪，不知她为甚么伤心，道谢的言辞竟此便说不出口。却听得杨过朗声说道："今番良晤，豪兴不浅，他日江湖相逢，再当杯酒言欢。咱们就此别过。"说着袍袖一拂，携着小龙女之手，与神雕并肩下山。其时明月在天，清风吹叶，树巅乌鸦呀啊而鸣，郭襄再也忍耐不住，泪珠夺眶而出。正是："秋风清，秋风明；落叶聚还散，寒鸦栖复惊。相思相见知何日，此时此夜难为情。"(《神雕侠侣》)

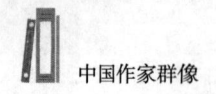

3.周芷若冷笑道:"咱们从前曾有婚姻之约,我丈夫此刻却是命在垂危,加之今日我没伤你性命,旁人定然说我对你旧情犹存。若再邀你相助,天下英雄人人要骂我不知廉耻、水性杨花。"张无忌急道:"咱们只须问心无愧,旁人言语,理他作甚?"周芷若道:"倘若我问心有愧呢?"(《倚天屠龙记》)

唐家三少：网文之王

翟晨旭

哪怕你不了解网络文学，或者对它嗤之以鼻，你也一定听说过唐家三少的名字。

你或许听过他的天价稿费收入让一众明星都望尘莫及；你或许在某某书店见过一整个书架都是他的作品；你或许知道网络作家有一个长达数十年不断更的故事；你甚至可能在孩子们的文具店里看过《斗罗大陆》的周边……

假如一定要选择一个作家去代表网络文学，这个人似乎一定是唐家三少，也只能是唐家三少。你很难界定这个标准是什么，也很难去说究竟是哪部作品奠定了唐家三少的地位。

小白文、不断更、作家首富、吃饭砸锅……每一个标签都是他，但又似乎不是他。

01 走上网文之路

很多年后，唐家三少也许会想起自己失业后的抉择时刻。

在二十二岁或者更靠后一点的时间，你都不会觉得唐家三少的经历应该和写作产生什么关联。

作为一个标准的"80后"北京孩子，本名张威的唐家三少在千禧年后进入了当时如火如荼的中关村，从事互联网工作。

那是中国互联网最初的泡沫时代，来自美国互联网狂热的蝴蝶效应，让当时中国的互联网市场处在一种只看点击率而不考虑盈利方向的头昏脑胀中，冷风一吹，大批企业倒闭，唐家三少很自然地成了下岗的无业游民。

在下岗之前，唐家三少每个月的工资可以拿到四千元，这是一个可以在2000年的北京无忧无虑生活的收入。但在2003年下岗之后，一切变得窘迫起来。

没有多少作家最开始的出发点是纯粹的文学热爱，能让一个人走向诗和远方的，一般是眼前的苟且。唐家三少有一个从大学就朝夕相处情定终身的女朋友，他们要结婚、要买房，而他没有工作，他很需要钱。

唐家三少把自己和女朋友的故事写成了魔幻小说，并在当时的网络文学平台上连载。这本书罕见地以第一人称视角（这可能是当年流行的风格），写了光系魔法师统一大陆的故事，其中"长弓威"和"木子默"的爱情故事是重要部分。

那是网络文学鸿蒙初开的时代，黄易加日本漫画构架起了初代网文玄幻作家们奉为圭臬的"魔法+斗气"的世界设定。

在当时的互联网，许多BBS论坛还方兴未艾，起点中文网还是一个雏形，幻剑书盟和龙的天空双峰并立。网络小说并不存在"职业作家"这个说法，许多作品，包括现在被誉为网文经典的小说，在更新上也显得颇为随性。许多作者经常是脑子一热写个几万字后，便可能消失在网络世界之中。

尽管以今天的眼光来看这本书，《光之子》的情节或许有些简单直白，且第一人称的写法也颇有局限性，但它凭借稳定的更新频率，以及采用了当时非常经典的"西方魔幻设定"，成了当时网文圈子里的一股清流。

这让还是张威的唐家三少意识到，经商和互联网都解决不了的糊口问题，也许可以靠着写作完成。他给自己起了个随意的网名——唐家三少。

关于这个名字的由来，很多人都还记得他曾经在《天天向上》节目开的一个玩笑：因为小时候爱喝豆浆，总是加三勺糖，便以"糖加三勺"这个谐音给自己取名为"唐家三少"。然而，后来他在书中澄清，这只是一个玩笑。

实际上，唐家三少当年喜欢用四个网名同时登录聊天室，分别是"大少""二少""三少""四少"。在他决定开始写作的时候，最终选择了"三少"作为笔名。

从那时起，稳定的更新和爽文的风格就成了唐家三少的成功法门，并一直贯穿他的整个写作生涯。

在后续的几部作品里，包括《狂神》《善良的死神》等，唐家三少都延续了《光之子》的写法和西方魔幻体系创作框架（当时半个男频网文圈都在这么写）。

简单一点来说，就是以斗气、魔法（魔法高于斗气）为主，搭配上矮人族、巨龙等类似《魔戒》或《冰与火之歌》的世界设定，然后在这个大背景下进行微调，填充进自己独特的人物和剧情。

或许从文学才华角度来看，唐家三少并非那种才华横溢、一书成派的神级作家。但假如按照编年的顺序逐一阅读他的作品，我们能很明显感受到他在每一个阶段的提升。特别是从《冰火魔厨》开始，他的创作渐入佳境。

这一时期，唐家三少开始尝试把某种固定的元素（一般是中国传统生活元素）融入小说，并构建成独特的体系。这一点在后面的《琴帝》《酒神》等作品中得到了延续和发展。

同时，他也在尝试着追踪最新的网络文学流派，并试着突破自我。他尝试写过《空速星痕》（机甲科幻流）、《惟我独仙》（东方仙侠）和《生肖守护神》（都市玄幻）等不同风格的作品。

也许每一本书都不足以称之为那个流派的经典之作，但在网络文学领域"造神运动"尚未泛滥的早期，一个作家能跨越多种类型且都取得不俗的成绩，这本身就已经很有含金量了。

至少在那个年代，唐家三少绝对无愧于网文顶尖大神的称号。

02 一部《斗罗大陆》天下知

真正奠定唐家三少江湖地位的，是2007年之后的厚积薄发。

2007年后，起点中文网遭遇17K小说网惨无人道的挖人大战，导致血红、江南烟雨等多位初代大神出走他方。起点团队痛定思痛，决定推出"白金作家签约计划"。

唐家三少，这位最初在幻剑书盟出道的大神，早在2003年就入驻起点中文网，陪着起点中文网一路发展，可谓是劳苦功高，也自然成了起点中文网的首批白金作家之一。

那些年正值唐家三少的创作巅峰。尽管他的作品一直被读者诟病为"小白文"。但在足够优秀的情节面前,"小白文"何尝不能是一种特立独行的风格。

那是一个文青退避、以"中原五白"为代表的网络文学风格横行的时代。小白文的"量大管饱",配合上唐家三少近乎倔强的不断更风格,使得以他为代表的一批作家脱颖而出,迅速走红,并逐渐成了网络文学男频的主流。

《琴帝》虽然结局极度离谱,但作为唐家三少对西方魔幻题材的收尾之作,它在配角塑造、反派设定、情节高潮的安排等方面,都可圈可点,世界的构架和升级的体系也非常合理。

《琴帝》的成功让唐家三少看到了独立构建一个玄幻世界的可能性。不久之后,他便勾勒出一个由魂兽、魂环与魂师设定的全新虚拟大陆。

于是网文界最没有争议的吸金第一IP《斗罗大陆》就此出炉,这也标志着唐家三少创作的巅峰期就此开始。

一个带着唐门暗器的少年,来到一个陌生大陆。全新的异世界,伴随着各种新鲜设定和节奏拉满的情节,再加上唐家三少那时已经日渐熟练的"学院流"写法(尽管有水字数的嫌疑)以及充满正能量的男主人设,直接让唐家三少的创作水平步入"封神"境界。

尤其是"史莱克学院"这一设定,塑造了一批经典人物。这一点即便是唐家三少自己在后来的《绝世唐门》里也难以重现,堪称网络文学史上的经典。

一本网络小说大概有几百万字,读者阅读时如流水般划走屏幕上的文字,不可能记住全部细节。能被读者记住主人公的已经算是名噪一时的好作品了。要是能被记住三个以上的配角,那这部作品就足以留名网文史了。在《斗罗大陆》里,能被读者记住的人物大概超过两位数。

在之后的几年里,唐家三少陆续创作了《酒神》《天珠变》《神印王座》等小说。如果说唐家三少真的曾经给一代人带来过青春的感觉,那应该就源自这段时期的作品。

唐家三少不断更的神话还在继续,并逐渐成了他的习惯。甚至在他结婚当天的早上,他还在码字。第一个孩子出生时,他在产房外码字;第二个孩子出生时，他依旧如此……

与作品高产相对应的，是唐家三少水涨船高的版税收入。2012年中国作家富豪榜发布，唐家三少以三千三百万的收入名列榜首。同时，他也顺利进入中国作家协会，并在作协之中混得风生水起。

此时距离唐家三少踏足网文界，刚好十年。一个"网文之王"的神话，正在冉冉升起。

03 坎坷转型路

《神印王座》作为唐家三少第二阶段的收尾之作，确实展现了他想要转型的想法。

他试图围绕《斗罗大陆》里的神界去构建一个宏伟的系列文，最后实现一堆主角搁神界打麻将的理想。

然而，理想很丰满，现实却很骨感。在实际操作中，唐家三少显然没有很好地把握住笔力，导致《神印王座》成为了"唐郎才尽"的标志性作品。

虽然这本小说的文笔依旧在线，但剧情上的"槽点"过多，让读者非常无语。比如皓月的身份藏了个寂寞，主角龙皓晨和魔神皇的关系也显得多此一举，仿佛是为了增加剧情的复杂性而强行加入的元素。

再加上感情戏远远没有达到《斗罗大陆》里"复活吧，我的爱人"这种高潮场景，所谓的"拼爹爽文"元素也显得相当乏力，龙星宇远远比不上唐昊的存在感，唯一有点看头的配角，大概就只有"伊莱克斯"了。

2013年下半年，《斗罗大陆2：绝世唐门》开始更新。唐家三少原本以为，这部作品可以复刻第一部的荣光，甚至超越它。当时《斗罗大陆》的动画正在热播，动漫周边也在热销中，《斗罗大陆2：绝世唐门》的推出很难说到底是为了钞票还是为了当年的美好。

然而，这之后的过程却被部分网友戏称为"炒冷饭"。谁也没想到，《斗罗大陆》居然能写到第五部，而已经"烂尾"的《神印王座》居然还能看到第二部。

在2013年稳定巅峰后的十年间，唐家三少虽在大IP时代的收入逐渐过亿，但他的创作却逐渐走上了下坡路。他的形象在公众视野中逐渐变得面目全非，文体风格和写作水平也不再像当年那样与时俱进，再加上一些不当言论，确实损失了一大波路人缘。

看着唐家三少长大的一代人也长大了。回看当年的小白文，已然有了物是人非之感。

04 当唐三回到圣魂村

或许是在某一个瞬间，唐家三少觉得自己老了。

可能是连年的腱鞘炎和脊椎病，让他的身体早早亮起了红灯。

也或许是在夜深人静码完字，键盘不再作响，一回头的黑夜里，再也没有了木子那双眼睛……

可能是新时代的读者们，再也看不惯汤汤水水的小白文、三观不合时宜的人设，他们说出"无尽火域有药尘，神界不见玉小刚"的调侃，甚至出现了"复活吧我的爱人"这样的恶毒梗。

无论因为什么，唐家三少这一次，大概是真的退了。

艾略特说："这世界轰然倒塌了，不是轰然一响而是唏嘘一声。"

网文大神的榜单时常更新，网络文学的流派时时更迭，读者们从一身校服的青葱岁月过渡到了西装革履的职场生涯。

但每当你看到唐家三少还在更新的时候，无论他的书你还看不看得下去，无论《斗罗大陆》后面的数字变成了多少，你都会欣慰地笑一笑，好像过去的那个时代还在一样。

而现在，那个时代过去了。

也许我们未必会多么怀念唐家三少，就像我们余生都很难再去翻开《斗罗大陆》一样。

但我们总会偶尔想起那个唐三走出圣魂村，憧憬着外面世界的时代。

作家精彩名句与段落摘录

◎ 名句

1. 当一个人的意志力坚定到一定程度，或者拥有无比执着的信念时，奇迹往往会出现。(《斗罗大陆》)

2. 千万不要扮猪吃老虎，否则真的很容易变成猪。(《斗罗大陆》)

3. 没有废物的武魂，只有废物的魂师。(《斗罗大陆》)

4. 手握日月摘星辰，世间无我这般人。(《斗罗大陆》)

◆ 段落

1. 骑士圣殿第一代殿主，永恒英雄萧霍在这一刻身体剧烈地颤抖起来。他是亡灵，沐浴在阳光之下，会带给他无比的痛苦，无论他的实力多么强大也都是如此。可此时此刻，沐浴在那越来越温暖的阳光之中，他却发出了哽咽的声音。

尽管，他没有泪，但在这一刻，他的情绪却已经激动到无与伦比的程度。

不只是他，每一位永恒英雄，每一位在场的人类强者，都目光呆滞地盯视着空中越来越刺眼的阳光，却说什么也不舍得眨眼。

这一轮曜日，似乎在告诉着他们，黑暗已经终结，光之晨曦，来了。(《神印王座》)

2. 你愿意做我的妹妹吗？我真的希望能再有一个亲人。我家里穷，只有爸爸一个亲人，虽然我们都是天生满魂力，但我看出，你和我不同。我从不敢问你的身世，就是怕连朋友都做不成。你能做我的妹妹么？虽然我还给不了你什么，但我可以许你一个承诺。(《斗罗大陆》)

南派三叔：他还是回来了

翟晨旭

2021年9月28号，在温州举办的"2021中国国际网络文学周"活动中，著名悬疑小说作者南派三叔携他的新作《南部档案》和再版书《吴邪的私家笔记》再次亮相。

从书名和南派三叔一贯的作风中不难猜出两本书的内容，基本上还是"盗墓笔记"系列旗下的作品。其中，《吴邪的私家笔记》就不用说了，初版可以追溯到2014年。

最新力作《南部档案》则运用了"档案揭秘"的二代手法，为小说人物"张起灵"的张氏家族编了一套族谱式的体系。

两本书的创作角度，不得不让人感叹，假如"养韭菜"和"割韭菜"是一门行当，那南派三叔绝对是当之无愧的农学专家级别。

在南派三叔将盗墓笔记系列不断"翻新"的背后，其实也折射出如今网络文学圈里光怪陆离的无奈。

01 商人出身，意外写文

南派三叔，本名徐磊，1982年出生，标准的"80后"作家代表。

由于《盗墓笔记》的背景是长沙，所以很多人总觉得南派三叔是长沙人。其实不是，南派三叔是地地道道的浙江人，开古玩店的吴三省才是更接近他自己形象的人物，《盗墓笔记》开头的场景正是在浙江杭州。

在写《盗墓笔记》之前，南派三叔与文学几乎没有任何交集。他毕业于某大学的电子商务专业（这在当时属于追热门），之后去了外贸公司。用朋友的话说，干的是"经营赌博用品去摩洛哥"的买卖。

这位杭州小伙写作的起点，要追溯到2006年。一个ID为"218.109.112"的账号，在百度贴吧里连载了《盗墓笔记：七星鲁王宫》的第一篇，引来无数追更的读者。一个庞大的盗墓世界在南派三叔的笔下缓缓展开。

在现在很多公开的资料里，《盗墓笔记》的连载都是从贴吧开始，但其实这个贴吧，更精确一点说应该是"鬼吹灯吧"。

南派三叔当时是"混迹"于"鬼吹灯吧"的读者，所以最早的《盗墓笔记》追根究底，很有点鬼吹灯同人文的意思。如果我们去互联网上（特别是贴吧）里仔细搜一下，还能够找到当年《盗墓笔记》在"鬼吹灯吧"里的截图。

作为读者也不难发现，在最早的几个故事里和人物设定，《盗墓笔记》很有几分《鬼吹灯》的影子，比如"王胖子"这个角色以及"秦岭神树"的某些剧情等。

但必须得客观地说一句，《盗墓笔记》绝对不能看作翻版的《鬼吹灯》。可能更像是南派三叔作为一个读者和作者，在"旧瓶装新酒"的基础上进行的再创作。

小说的实质还是讲故事，从虚拟世界的构建上说，《盗墓笔记》无疑是一本崭新的小说。能在当时多如过江之鲫的同人文里脱颖而出，无疑是对南派三叔写作水平最好的肯定。

2007年初，《盗墓笔记》第一本正式出版。这时距离这本书开始在网上连载才不到半年，连"南派三叔"这个笔名都是签约前临时起的，因为必须得有个笔名。

出版之后的一个月，《盗墓笔记》就卖到了六十万册，这无疑是个天文数字。对于当时年仅二十五岁的南派三叔来说，他的人生就此摆脱了贸易公司打工仔的命运，开启了一条写作的金光大道。

2007年之后的事情，我们大多熟知了。在之后的四年里，九本《盗墓笔记》系列书陆陆续续地上架，在读者圈子里掀起了一股"盗墓小说"风潮，南派三叔的收入和地位也随之水涨船高。

2010年颁布的"第五届中国作家富豪榜"，南派三叔以二百八十五万的版税收入位列榜上。那些年南派三叔受到的唯一挫折，大概是与2011年的茅盾文学奖失之交臂。

在那个网络文学已经很有影响力的年代，南派三叔作为网络文学的佼佼者，与流潋紫和沧月一同被推荐参评茅盾文学奖。

根据推荐人夏烈后来回忆，南派三叔对能申报成功这事虽有疑问，但还是本着"跟一把"的心态填写了申请表，并在微博上转发了相关消息。

此事在当时引起了各大媒体的广泛关注，因为茅盾文学奖是公认的传统文学标杆，而《盗墓笔记》是网络文学的代表作，能否获奖，意义很大。

然而，结果却非常打脸。《盗墓笔记》和《杜拉拉升职记》等著名网络作品一样，连"入围"的审核都没有通过。这在当年也引发了不小的争议。

时过境迁，到了2019年，南派三叔终于获得了茅盾文学奖的"网络文学奖"。故事兜兜转转，似乎又回到了最初，不知道领奖时，南派三叔是不是会有几分感慨。

02 青铜巨门，IP 神树

不过书场失意，商场会得意。2011年《盗墓笔记》完结，但对于这个巨大的 IP 而言，一切才刚刚开始。

南派三叔的商业天赋，大概要比他的文字天赋展现得更为明显。早在外贸公司工作的时候，南派三叔就顶着烈日奔波在各个工厂之间，朋友们是这样形容他的："有着深深的理性精明和表演欲。"

流浪的蛤蟆（网文作者）曾经在知乎里提到过这样一件事。2011年，他、南派三叔以及江南一起吃饭，南派三叔表示有几套房子可以卖给蛤蟆，那时候杭州的房价大概是一万出头，蛤蟆一犹豫，没入手。

后面的结果不说了，打那之后，蛤蟆就没好意思再和南派三叔一块吃饭。当然，南派三叔的商业天赋，远远不止几套房这么简单。

《盗墓笔记》的迅速爆红让南派三叔敏锐地感受到，这本书的价值也许远远不只是一本小说。早在刚刚签约起点中文网没多久，南派三叔就坚持拿回这本书的版权，在那个网络文学还没被资本垄断的时代，起点最终选择了让步。

而这个决定，也许是南派三叔这一生最值得庆幸的一个决定，因为这意味着他把《盗墓笔记》的全部相关收益握在了手里，未来将拥有无限收益。

近些年网络文学中最大的两个 IP——"盗墓笔记"和"斗罗大陆"，几乎都源于他们的作者在那个合同还不规范的时代里拿回了自己的版权，才有了更多元化的开发。

与之相反的，是《鬼吹灯》的作者天下霸唱，懵懵懂懂地把自己的版权以当时一百万的"天价"卖了出去，后来甚至连《鬼吹灯》里人物的续集都不能写。这也不得不让人感叹，有时候选择确实要大于努力。

在《盗墓笔记》完结后的十年里，南派三叔凭借一系列眼花缭乱的商业操作，让这个 IP 发光发热。

2014 年初，南派三叔成立了"南派投资管理有限公司"，半年之内就收获了乐视、小米等投资商在内的近亿元投资。

这个公司绝非空壳，而是打出了"IP 树"的概念牌，对《盗墓笔记》《藏海花》《老九门》等一系列作品进行 IP 开发。

2015 年，由南派参与投资打造的《盗墓笔记》网剧正式在爱奇艺上线，这部剧在当时因为"五毛特效"被观众广为吐槽。但由于《盗墓笔记》广大的读者群体，播放量依旧可观。

只不过时过境迁，现在很少有人记得，这部剧的里程碑意义在于，它是中国第一部付费网剧。"充会员看剧"的说法正是从《盗墓笔记》开始的。

比这一年更早一些的时候，南派三叔逐渐发掘出《盗墓笔记》的另一个闪光点，那就是以小说人物吴邪和张起灵作为 CP，可以在读者中引发强大的共鸣。

这种以双男主为 CP 的卖点，很难说到底有没有南派三叔的刻意引导，但在之后的诸多后续作品和改编作品中，南派三叔都很突出这个卖点。

有时候我们甚至分不清，到底是《盗墓笔记》开启了双男主为 CP 的影视时代，还是这个时代给予了这本书太多的附加值。

但毫无疑问，近几年里，"瓶邪组合"的作品依然具有强大的流量。

03 钵满盆满，后续如何

通过上文，想必很多人已对南派三叔这十年的"商业模式"有了清晰的认识。简而言之，就是围绕着《盗墓笔记》进行作品衍生，进而推进 IP 改编，从卖书到卖影视再到卖游戏，最后赚个盆满钵满。

这一模式，也是当下众多网络文学大神的选择，他们安于现状，靠情怀赚大钱，而不再去追寻作品的创新和突破。在南派三叔的两位好友——江南和唐家三少身上,这种模式体现得尤为明显。

前者的《龙族》年年只卖周边不出续集,后者则近乎肆意地给《斗罗大陆》无限续作。南派三叔在完成九本《盗墓笔记》后,留下了一个开放式的结局。我个人倒不觉得这是他为了后续作品故意留的伏笔。

读完《盗墓笔记》后,我更多地感受到,或许作者真的无法用笔墨完全描绘出他幻想的那个世界,所以只能如此收尾。

盗墓小说的难点,在于所有东西都很难简单用"鬼神"之说糊弄过去,必须给出合理的逻辑解释。如果解释不当,小说设定便会崩塌。这也是为何这类小说中精品难得一见的原因。

在《盗墓笔记》系列作品中,南派三叔也许曾试图呈现一个非常完美的结局,但遗憾未能如愿。

如何评价南派三叔,这些年来粉丝们各执一词。"恰烂钱"和"炒冷饭"的指责在某种角度上来看确有其事,因为很多作品确实是为了迎合粉丝而写,并没有很好地塑造一个完整的故事。

但我觉得将南派三叔完全定义为"商人",也确实有失公正。从他微信公众号更新的免费文章来看,他确实很想再去进行新的创作。

这一点,在已成名的网络作家里其实实属难得。尤其是在资本与舆论的双重压力下,作家很容易迷失自我。

也许可以这么说,在南派三叔的身上,我们能看到些许自己的影子:是选择安逸地躺平,还是艰难地勇敢迈出下一步,去遇见更好的自己。

作家精彩名句与段落摘录

◎名句

1. 有些面具戴得太久,就摘不下来了。(《盗墓笔记》)

2. 我看到过人间无数的奇景,我有着世界上最神奇最有故事的伙伴,我们在峭壁高歌,在雪山诵经,在戈壁对酒,在海上看月。(《盗墓笔记》)

3. 秘密是一切力量的来源,但是,秘密也是一切痛苦的来源。(《盗墓

笔记》)

4. 我已经是张家最后的张起灵，以后所有的日子，都必须由我来守护。不过，既然你来了这里，我还是和你说，十年之后，如果你还能记得我，你可以打开这个青铜巨门来接替我。(《盗墓笔记》)

5. 有些人是无法被代替的。(《盗墓笔记》)

6. 他需要神明，在绝望冲击之后，他往往会需要神明。他需要一个救世主，需要独立于整个世界之外的神力来告诉他一个答案，一个坚实有力的确定的答案。(《沙海2：沙蟒蛇巢》)

◆ 段落

"胖爷我就待在这里，只有两个人可以让我从这里出去，一个是你天真，一个就是小哥。你们一定要好好地活着，不要再发生任何要劳烦胖爷我的事情了，你知道胖爷年纪大了。当然，咱们一起死在斗里，也算是一件美事。如果你们真的有一天，觉得有一个地方非去不可并且凶多吉少的话，一定要叫上我，别让胖爷这辈子再有什么遗憾。"(《盗墓笔记》)

江南：逐渐"老贼"

翟晨旭

《龙族》有新消息吗？

作为影响了一代人的青春文学作品，近些年经常能听到关于《龙族》更新活动的消息，包括页游、周边、精装版等。

除了新书。

大概在2022年末或者2023年初时，江南开始在"腾讯阅读"上重写《龙族5：世界的重启》。

断断续续写了三四个月，其实就是把之前已经出版了的《龙族4》重新梳理了一下，大段大段的情节跟实体版本的《龙族4》"不能说似曾相识，只能说一模一样"。

即使这样，《龙族5》的剧情还是在原来《龙族4》的结尾之处戛然而止了。

芬格尔一个虎跳出去，砍断了高架桥，奥丁拿着枪一步步走来但再也没有后续了，路鸣泽到底是个什么东西谁都没有说出个所以然。

以"马后炮"的思路去看这本在一年前莫名其妙更新或称重写的作品，已经四十多岁有了肚腩的江南，压根没有去填任何的坑，"挖坑"倒更像是他擅长的老本行。

当年看着江南长大的一代人，大多已经是"社畜"模样，而路明非的结局却遥远得像是下个世纪的故事，再也等不到后续。伴随着这个《龙族》IP的不断商业化，作家江南的形象似乎也变得模糊起来。

是商人还是作家，资本操手还是文艺青年，这将成为江南乃至整个新生代作家们身上一个绕不开的话题。

01 北大才子

江南出生于 1977 年，高中就读于合肥八中，随后以优异的成绩考入北京大学化学系，并在大时代的浪潮下，顺理成章地去了美国留学，学的依旧是化学专业，最后博士肄业归国。

在这些看似与写作无关的经历中，文学的种子已悄然在理科生的江南的心田生根发芽。翻开江南的作品，无数经典的情节都能在江南早年的人生经历中找到影子。

《龙族》中路明非从小生活的那座小城，其实就是江南的故乡合肥，在后续的自传《龙与少年游》中，江南曾这样回忆道：

"离开合肥的很多年之后再回忆这座城市，总想到长江路上茂盛的法国梧桐，我还是那个上高中的孩子，骑着辆自行车在深秋季节飞驰在盘旋坠落的、枯黄的大叶中，道路两侧的树伸出如同巨人手臂的枝干，在我头顶交错，盛大的桐荫覆盖了整座城市。"

高中时期的江南非常喜欢周润发，因此长大后常常去买巴宝莉的风衣。《龙族》中楚子航高中时候常常一身巴宝莉出场的设定，其实就来自江南高中时期的审美。

后来江南回国，来到上海工作。《上海堡垒》中被当作人类指挥部的"中信泰富广场"，其实就是江南在上海的工作地点。

而在北大的经历，则被江南写成了那本著名的《此间的少年》。在这本同人校园作品中，江南巧妙地借用了金庸作品中的人物名，构建了一个校园江湖世界：乔峰与康敏遗憾地擦肩而过，黄蓉坐在郭靖的自行车后座上摇摇晃晃……

《龙族》里的陈墨瞳告诉路明非："你和普通人不同，你的人生里，有个隐藏的选择项……我们总是说，永远有另一个选择，就看你想不想要。"

2000 年《此间的少年》正式出版，对于当时还远在大洋彼岸实验室中的江南而言，他的人生，"文学"这一隐藏的选项，开始渐渐清晰了起来。

与此同时，网络文学的大潮也在悄然降临。以"水木清华"BBS 论坛和

"榕树下"原创文学网站为代表，大批论坛性质的网站在鸿蒙初开的中国互联网上野蛮生长。

江南、苍月、马亲王（马伯庸）等一票后来的大神混迹其中，开始在当时的青年文学圈里声名鹊起。

江南当时写作的方向是：玄幻文学。

02 九州岁月

一代人有一代人的文学记忆。"80后"作家群体们从小看着金、梁、古的武侠小说，在日本卡通片的熏陶中茁壮成长，在黄易的小说里迈入大学，很容易走上创作玄幻文学的道路。

2001年，江南着手创作《九州缥缈录》系列。与《此间的少年》的试水不同，一个宏大的玄幻画卷，缓缓在江南笔下展开。

三年后，满身风雨的江南从海外归来。这一次，江南踌躇满志。2004年，他与今何在（《悟空传》的作者）、潘海天（《克隆世界》的作者）一起，创办了《九州幻想》，三个不到三十岁的年轻人，开始在文学界发出自己的声音。

如果我们回顾新世纪以来的中国文学掌故，"九州"绝对是一个绕不开的词。

"50后"的作家往往习惯于以文会友，而在改革开放浪潮中成长起来的"80后"作家，注定要在金钱与梦想之间，寻找属于自己的平衡点。无关对错，皆是选择。

在三人最早的设想中，"九州"将是一个宏大的概念。远从2001年起，这批网络文学的"创始一代"，就开始搭建这个宏大的文学世界了。

其中，包括林林总总的种族、浩大恢宏的背景以及严谨细致的物种设定。《九州幻想》不过是这个玄幻文学世界的冰山一角。

在三位合伙人和后来的"七天神"的努力下，《九州幻想》在创刊之初便已然火爆全国，连载的《九州缥缈录》（江南著）与《九州·海上牧云记》（今何在著）等小说，直到今天依旧是被人们津津乐道的大IP。旗下的唐缺、萧如瑟等作家，也成了那个时代青春少年们追捧的文学偶像。

只可惜，梦想与现实，往往存在着差距。小说中的热血，远远不足以解决资金问题和繁杂的事务。2007年,"九州门"事件爆发,江南与今何在等人正式分道扬镳,江南带着沧月、唐缺等人另立门户,开启了自己的"另一个选择"。

"九州门"事件的背后,实际上是新生代作家群两种理念的不同。

两方的矛盾可以解释为,江南将杂志社看作是一个公司。在公司的概念下,有产出就有投入,但其他人不愿意或是不屑于参与日常的事务运营,连亏损时期的经费也是由江南垫付的。最拮据的时候,《九州幻想》甚至无法拿出现金再多招一个编辑。

因此在那场著名的BBS对线中,江南很愤怒地提出:"在2006年一整年,如果我仅仅是一个作者,那么我没有出版图书,我也没有从我自己参与创办的杂志拿稿费。如果作为职业经理,我也没有任何工资,甚至部分出差费用都需要我自己垫付。我如果没有别的收入源,我是如何维持自己的生活的?"

而今何在等人却认为,这应当是大家联合成立的公司,杂务只是小事,文学作品才是立身之本,大家在文学上的作品分量是等同的,那权力应该一样。

无形之中,一道巨大的天堑,横隔在两方作家之间。于文学而言,金钱究竟是结果,还是目的?人在三十岁的时候,是选择梦想,还是面向现实?

江南曾说:"我的人生首先是作为一个人,和我爱的女孩,我的朋友,我的家,我的车(这个我还没买),我的老同学们,我的爹娘组成的。我的人生不是由一堆堆的《九州缥缈录》组成的,虽然这个非常重要。"

答案已然明了,今何在选择了前者,江南选择了后者。在某种意义上说,两者的选择,其实都能在各自的作品中找到蛛丝马迹。

今何在一直是《悟空传》里的那只猴子,高喊着"我要这天,再遮不住我眼,要这地,再埋不了我心"。

而在江南的世界中,每一个少年,最后都会变成老贼。那些年轻时相信能够对抗世界的人,在时间的推移中,逐渐变得面目可憎起来。

正如《龙族》里那个留着鸡窝头的路明非,终将穿上巴宝莉的风衣,驾驶着布加迪威龙,迎来属于自己的伟大舞台。

03《龙族》的光

如果没有《龙族》，你会如何定义江南？

这似乎不是一个很值得讨论的问题。假如 2010 年没有《龙族》的横空出世，"江南"这个笔名应该逐渐消失在 21 世纪头十年的文学记忆中。

偶然提及，人们会想到《上海堡垒》里林学姐"一弯细细的卷发蜷在耳边，像是细巧的钩子"，会想起《九州缥缈录》里阿苏勒"在火红色的战马上抬起头去看漆黑的夜空"……

然而江南写出了《龙族》，第一部看起来颇为《哈利波特》神韵的小说，一直到第二部才逐渐走入佳境。江南的文笔天赋几乎以一种炸裂的形式在刻画着人物，"暴雨、迈巴赫、高速路、尼伯龙根"，看过这本书的人似乎凭借这几个词就能"燃"起来。

到了第三部，江南突发奇想，以改掉大纲作为代价硬生生在后半部塑造出了"上杉绘梨衣"这一人物，进而发展了一段绝世虐恋。最后那段写道："04.24，和 sakura 去东京天空树，世界上最暖和的地方在天空树的顶上。""sakura 最好了"成了太多人心中的意难平，以至于十年后，这本书的后劲仍在。

写作十年，江南写来写去，还是写了一个从"热血青年"到"老贼"的过程，美国的留学经历、从小生活的小城、酒红色头发的学姐，这些历历在目的场景在江南的笔下呈现。

沿着自己选择的路，江南作为"老贼"一直在成长着。

2013 年，江南凭借一部《龙族》，正式以两千五百五十万元的收入，问鼎"中国作家富豪榜"首位。2014 年，《天之炽》在上市之初，就创下了二十四小时内狂售六万册的佳绩。

在那些年的中学校园中，不知道有多少少男少女为路明非和绘梨衣的爱情所倾倒，也不知道有多少读者在为《龙族》与《天之炽》中的人物津津乐道。

而江南也终于从自己的青春中走了出来，开始以"老贼"的形象成为他人的青春。沈从文说："我和我的读者都行将老去。"其实对于江南来说，何尝又不是如此。

等了很多年后，《龙族》也没有出现下一部，网络版的"但为君故"再也没有了后续。当年卖断货的爆款IP《天之炽》,故事也只是停留在了西泽尔上车的时候。

时光荏苒,当年那些追着《龙族》的读者们,逐渐从青葱校园走向社会,而江南也已然是不惑之年。近几年,他的作品开始减少,或是更加随心所欲地创作。人们逐渐相信"江郎"尽管未必"才尽",但或许物是人非,心境不在,已经很难再写出当年的笔调。

"生活高于文学",这是江南这一代作者提出的口号。无论任何时候,江南都不把"作者",看作其唯一的身份。

在更多元的社会背景下,他倾向于尝试探索更多世界,例如剧本的创作与公司的经营。在一个"老贼"看来,这是一份独属于他的"江湖"。而我们也期待着,他所领略的那个"江湖",最终能投射到作品,并被我们看到。

也许正如他所说的那样:

"一个作者哪能写尽世上的所有人呢?写来写去,写的还是自己和自己身边的人,无论孤独还是野心,都是自己人生某个侧面的写照。这是我的局限与浅薄,但也是我的真诚。"[1]

作家精彩名句与段落摘录

◎名句

1. 一个人可以逃避世间的一切魔鬼,但惟有一个是他永远无法摆脱的,那就是懦弱的自己。(《龙族》)

2. 命运这种东西,生来就是要被踏于足下的。(《龙族》)

3. 大人有时候就是那么幼稚,总以为随着时间流逝,孩子就会懂事孝顺,不再叛逆不再哭喊,变成他们期待的样子。(《龙族》)

4. 人就是这样,小时候爱唱歌,唱破了喉咙也没人听懂,如今有人想听,你却不想唱了。(《龙族》)

---

[1] 摘选自江南:《龙与少年游:江南随笔精选》,长江出版社,2014年版。

5. 世界上是有两万人是你第一次见面就会爱上一辈子的,但你一辈子都可能遇不上一个。(《龙族》)

6. 拿什么去怀念你？那个心情如云起云落的时代。(《龙族》)

7. 我心里动了动,想许多年以后我是不是会很怀念这个时刻：夜色下我驾着一辆车,油箱里有足够的油,面前是一条空旷笔直的路,旁边是一个我喜欢而又似乎不讨厌我的女人安安静静地就要睡着。(《龙族》)

8. 下雨,是因为云在哭。大河东流,因为它要去找太阳的家。人会死……可是人又为什么活着呢？(《龙族》)

◆ 段落

1. 记忆是一种控制不住的事情,乔峰做梦听见康敏在宿舍对面的楼上唱歌,对面满是蒙蒙的雾气,醒来之后乔峰整整一个下午躺在床上仰面看着天花板。乔峰想阿朱是个很好的女孩,阿朱很聪明很漂亮很温柔,乔峰也确实喜欢阿朱……不过阿朱不是康敏。

想到康敏的时候乔峰的心里是虚的,这个时候他才可以大概知道自己心里到底有多深。

而康敏已经是一个故事——故事,是一段过去的事。(《此间的少年》)

2. 我猜每个人的一生里都会遇见某个人,喜欢上她。有些人在合适的时间相遇,就像是在春天遇到花开,于是一切都会很好,他们会相恋、订婚、结婚、一起生活。而有些人在错误的时间相遇,就像是在冬天隔着冰看见浮上来换气的鱼,鱼换完气沉到水下去,再也看不见了,什么结果都没有。但我们能说在春天遇到花是对的,而在冬天遇到鱼是错的么？在错误的时间遇到,就能克制自己不喜欢那个人么？是不是仍然会用尽了力气想去接近,想尽办法掩饰自己,甚至伪装成另外一条鱼。(《龙族》)

马伯庸：小人物最擅长刻画小人物

笑风生

如果说到历史科普或通俗类的读物，你只能想到当年明月，那你可能真的过时了。

近些年来，作为历史写作圈的当红炸子鸡，马伯庸的历史小说可谓是写一本火一本，只要走进书店，你总能看到马伯庸的书摆在显眼处，在鸡汤文学泛滥的今天，像一股清流。

人们说，马伯庸的成功，就是在大历史中塑造了一批成功的小人物。

01 "四面八方读书"

马伯庸，原名马力，1980年出生在内蒙古赤峰市。

马伯庸的父母都是高级工程师，按理说这样的家庭出身，应该从小就打下了比较好的数理基础，但马伯庸学得最不好的科目，就是数学。

幸好，父母对他并无太高要求，"他们不会因为我达不到什么成绩，或者说没有找到他们所预期的工作，而不停地唠叨。反而是鼓励我大胆去走，放心去做"。

因父母工作频繁调动，马伯庸每隔几年就要转学，换个城市生活。频繁的搬家让他没有什么发小朋友，父母也因工作繁忙对他"散养"，很少陪伴在他身边。

因此，童年时期，家中书架上的一百五十本书就是马伯庸最亲密的伙伴。

小时候，马伯庸最喜欢做的事，就是站在书架前，这本翻翻，那本也看看。家里的藏书很杂，上有天文下有地理，父母从不给他设限，什么都允许他看。

这种开放包容的阅读环境，让马伯庸的涉猎极其广泛。尽管有很多似懂非懂的内容，他都囫囵吞枣。但书里所描绘的广阔世界、漫长历史、精妙观点，都钻进了他的脑子里。

这些跨领域的知识素材，为他日后写作，打下了坚实基础。现在我们赋予马伯庸作品的各种标签，诸如广阔的领域、多变的文风、博览的知识，都是他年少阅读带来的回响。

马伯庸一直践行着苏东坡的"八面受敌读书法"，阅读时带着特定的问题，从不同角度、不同侧面研读一本书或一篇文章，这极大地锻炼了他的想象力。

马伯庸发现了自己对历史的兴趣浓厚，用这种方法精读了大量的古文典籍和考古资料，积累了深厚的文史知识。

长大后，马伯庸到新西兰留学。新西兰地广人稀，每天下午六点以后所有店铺都关门了，节奏相对国内而言很慢。

"那个地方荒郊野岭，也没有别的事干，就只能看书、玩游戏、写东西。最初的原创动力特别简单，就是无聊，给自己消遣解闷，后来习惯了就越写越多。"[①]他当时为了哄女朋友开心，还写了一个鬼故事《她死在QQ上》，"我不会甜言蜜语，只能编个鬼故事哄哄女孩子"。

虽然不知道他女朋友是否被逗乐，但马伯庸的幽默文风，在那个时期便可见一斑了。"想到就先写"。马伯庸就在当年的论坛上开启了自己的写作之路，那时哪怕是读者的几个评论都能让他开心一天。

"作品就像大树，它只能生长于坚实的土地，而不是虚无缥缈的云端。无论你何时有创作冲动，先写下来，哪怕烂得惨不忍睹，至少也会给你一个可以修改的基础。一个删掉的烂文档，胜过十个盘旋在脑海里的好念头。"[②]

终于有一天，一位杂志编辑联系马伯庸，想要刊登他的一篇短文，稿费是一百五十元。这让马伯庸感到自己的努力写作有了回报，甚至看到了一点发展

---

① 摘选自张頔：《马伯庸："野生历史学者"的穿越写作》，《齐鲁晚报》2020年7月17日。

② 摘选自马伯庸微博。

事业的苗头。

他大手一挥，请全班同学吃了顿饭，花了三百多块钱。那时候马伯庸发现，写作真是一个亏本生意。

02 网文江湖路

尽管留学时期的马伯庸尚未能预感到自己"改编剧亲王"的命运，但由于新西兰的生活实在太无聊，不管能不能赚够本，他依然选择在网络上笔耕不辍，书写着自己对历史的想象，附加密集的段子和冷笑话，各种典故信手拈来。

"'想法'这种东西，在落实到笔端之前，都是一团混沌暧昧的思想雾气。这有点像薛定谔的猫，它只有在纸上或屏幕上被写出来的瞬间，才会坍缩成确定的、凝结的文字。你脑海中的想法才会因此固定下来，让一个故事开始生长。"[1]

在网络成名作《三篇作文》里，马伯庸分别以田中芳树、村上春树、王小波的写作口吻，混搭"一只小船""送伞""记一次难忘的劳动"这三个小学作文主题，令人捧腹大笑。

之后他又模仿古龙的文笔，写了一篇颇具黑色幽默风格的讽刺小说《留学生七种武器之泡面》。相似的作品还有《冷酷仙境与世界尽头：葫芦兄弟人物赏析》《包藏祸心的现代神话：评日本动画片〈圣斗士星矢〉》《从〈机器猫〉看阶级斗争残酷的本质》等。

总之，上学期间的作品，更像是马伯庸日常消遣的游戏，但是他对不同笔调的操纵和创造能力，以及冷笑话和段子的生产力，已经在作品中凸显出来。

2004年，马伯庸的留学生活接近尾声，正在为毕业论文焦头烂额。他把写作作为现实生活短暂的避风港，正好那时候手边有陈寿的《三国志》和福赛斯作品集，他忽然有了灵感，想写一个三国谍战的故事。

"写毕业论文有多痛苦，写小说的灵感就有多澎湃。"2005年，一部二十七万字的《风起陇西》横空出世，受到广大读者的喜爱。这本书也是马伯

---

[1] 摘选自马伯庸微博。

庸第一部真正意义上的长篇小说，让他开始逐渐被主流文学界所认可。

在《风起陇西》的写作中，"段子手马亲王"一改玩世不恭的常态，引古论今、旁征博引、洋洋洒洒，但也幽默诙谐。他将军事谍战片的剧情放置在古代三国的背景下，写魏蜀两国的情报战争，连语言风格也偏翻译腔。

"有人说把名字和地名全部替换掉的话，就是一部典型的苏美间谍小说。对于这一点，我只能抱歉地回答：'我是故意的！'"

"如果把我称为《风起陇西》亲生父亲的话，那么它的祖父是克里斯提昂·贾克，祖母则是弗·福赛斯，外祖父是罗贯中与陈寿，外祖母是丹·布朗。"[①]

对于这部长篇作品的处女座，马伯庸曾在很多场合都坦言它并不成熟。比如受当时历史水平的限制，他在《风起陇西》里把汉中描写成一个如同陕北黄土高原的地方，但实际情形与之不符。

一个汉中的读者告诉他："我们这里号称是'小江南'，才不是满眼黄土呢。"马伯庸特意去实地考察了一圈，才知道自己犯了错误，赶紧在再版的时候做了修正。

不论如何，《风起陇西》都是马伯庸多年阅读、长期写作的一个集中式的尝试。而且他关注小人物命运的写作偏好、打造立体的人物角色的写作手法，在这部作品中已初见端倪。

马伯庸回忆，在读三国文学的时候，推断过一定有间谍这一群体，只是因特殊的身份让他们在史书中被抹去了。

官渡之战，曹操是如何知道袁绍囤粮在乌巢？又是如何带兵准确地将其付之一炬？每一件大事背后，一定有着非常扎实的情报基础。于是，他把熟悉的近现代间谍故事放在了古代。

自《风起陇西》之后，马伯庸的写作有了更多的延伸和发展，并迎来了自己创作的黄金期。

[①] 摘选自马伯庸：《风起陇西》，湖南文艺出版社，2017年版。

03 "秉笔太监",意外走红

留学回国后,马伯庸给自己在外企施耐德电气找了个班上,一干就是十年。尽管最终成为资深员工,但马伯庸刚入职时跟所有职场小白一样,找不到自身的职业定位:做销售,不会喝酒;做营销,不会说话。

马伯庸只好哼哧哼哧走着每一个理工男必走的道路:写PPT、写调研报告。

直到有一天,他灵机一动,把自己的书送给了领导。

领导惊为天人,这一举动也让马伯庸从此走上了撰写演讲稿的道路。他的演讲稿供不应求,全公司的领导都成了他的忠实客户,因此他戏称:"当时我在公司的官职,大概相当于明代司礼监秉笔太监。"

这份工作不仅为马伯庸提供了观察和体验职场生活的空间,能跟外界社会对接,还让他拥有了一份稳定的收入,使他能够无后顾之忧地进行创作。他白天在公司忙碌,晚上则沉浸在写作的世界中。有时工作提前完成,他就忙不迭地一头扎进自己构想的历史故事中。

这段时期,他写出了《笔冢随录》《三国机密》《我读书少,你可别骗我》《古董局中局》等作品。其中,《古董局中局》更被马伯庸亲自认证为"第一本真正意义上的畅销书",总销量超过一百万册。

在创作这个系列时,马伯庸会格外关注叙事的流畅度和读者群体的阅读动力。"读者更愿意看到这种故事被怎样讲述?"带着这样的思考,他放弃了自己熟悉的文风,转而采用了一种说书人的口语化表达。

"当我明确了是想要一本畅销书的时候,口语化对于降低阅读门槛就是很重要的。你会看到里面的话特别顺,特别溜,它不是文学的表达,更像是一个人的口述史。这也是我的一个尝试,原来太过于雕琢句子的复杂程度和巧妙程度了。"[1]

文风的改变,让马伯庸得以触及更广泛的阅读受众。在此后的作品中,马伯庸也会根据历史故事的调性改变文风,以求更精准地营造故事的氛围,给读者焕然一新的沉浸式感受。

例如,在《长安十二时辰》中,死囚张小敬必须在十二个时辰内抓住偷偷潜入、意图灭城的突厥狼卫,每一章都是紧张的死亡倒数。

---

[1] 摘选自夏斌:《打磨时间的颗粒感——专访作家马伯庸》,光明网2023年5月12日。

04 自由散漫，全职写作

2015年，马伯庸辞职了。他在微博上写道："我已经三十五岁了，也想尝试一下自由散漫的生活。"

辞职之前，马伯庸给自己做了很长时间的心理建设，要求自己必须自律和健康，保证自己有充沛的体力和健康的身体，把写作这件事持续下去。

马伯庸在离家几百米的地方，找了间工作室。每天送完儿子上学后，他就来到工作室，泡一壶茶，开始一天的写作生活。虽然是全职写作，但马伯庸依然找各种机会观察真实世界和体验生活。

他有时会让朋友在公司准备一个特别吵的工位，最好在会议室旁边。他就坐在那写作，其间会听到大家的聊天和吵架，感兴趣什么、担心什么、上班族有什么"黑话"等。

2017年，《长安十二时辰》出版，仅预售就售出五十万册。2019年，这本书改编的网剧播出，由雷佳音和易烊千玺主演，全网爆火。马伯庸意识到自己真正红了。

在这部剧完结当天总播放量破五十亿，四十三万人为这部剧打出8.2的高分，同时还带动原著纸质书销量和电子书销量暴增。马伯庸在接受采访时直言"现在比以前要火，让我都感到惶恐了"。

《长安十二时辰》的主角张小敬，死囚，当过十年西域兵，一如既往是一个"小人物"。爆火之后，马伯庸迎来了他的四十岁。他说试图提炼历史规律和人生经验，是中年男人的宿命，自己也不能免俗。

马伯庸认为，任何一个历史转折都是底层人民产生的需要汇聚在一块儿形成的潮流，也就是他书里描绘的小人物。

"自下而上才能推出整个社会历史事件真正的动机，那些上层的历史人物、英雄就是适逢其会。一个小老百姓想活或者想死对历史无关宏旨，影响不到，但如果千千万万个老百姓聚到一起，产生的流向就是所谓的历史大事。"[1]

有一次，马伯庸在读"一骑红尘妃子笑，无人知是荔枝来"时，又开始天

---

[1] 摘选自孙若茜：《马伯庸：中年男人试图提炼历史规律，我也不能免俗》，"三联生活周刊"公众号2023年6月12日。

马行空地想象。他思考着"一骑红尘"这短短四个字，述说着多少运送荔枝的底层人，他们需要做多少工作，需要动用多少资源。于是他从一个九品小吏着手写荔枝的长途运送，创作了《长安的荔枝》。

在《太白金星有点烦》里，马伯庸更是结合自己多年的"社畜"经验，颠覆性地创作出"西天取经"的职场故事。在他的设定里，主人公太白金星李长庚，负责了西天取经这个自导自演的项目，目的是让佛祖二弟子转世的唐僧能够刷一遍履历。

工作汇报、费用调度、人事安排让李长庚焦头烂额，回到洞府还会收到同事们的夺命消息连环call。让人狠狠共情的故事背后，是马伯庸对于生活的细致观察和扎实体验。

他认为外企工作的十年对写作帮助非常大，只有真正上过班，才能了解一个"社畜"的世界，知道他们在想什么。

直到现在，马伯庸还跟前同事保持着密切的联系，还会到同事聚会"蹭饭"。

05 寻找历史的细节

近些年，"马伯庸"的名字后面，往往紧跟着"宇宙"二字，这不仅说明他的高产，更意味着不同作品之间有一致的内在逻辑，自成体系。

自《长安十二时辰》之后，马伯庸又相继写出了《显微镜下的大明》《两京十五日》《风雨〈洛神赋〉》《大医》等十余部书。

2023年，他首次担任编剧的网剧《显微镜下的大明之丝绢案》开播，为作品的影视化再添新作。

小人物为主角、诙谐幽默、史料丰富、重视细节……尽管"马伯庸宇宙"的作品有不少共性，但他坚持一个好的历史故事，应该只是指向一个朝代的。

是因为这个时代特有的社会形态所产生出特定的故事，放在另外一个时代它是不成立的。比如《两京十五日》，它只能放在明朝，因为大运河在明朝才会发挥如此重要的作用；比如《长安十二时辰》，只有在唐代长安城的那种城市结构之下故事才能发生。

马伯庸曾分享过自己创作的故事引人入胜的秘诀——写出深入而准确的细节。在写《显微镜下的大明》里关于丝绢税的内容时，他会翻找出庞杂的数字史料，然后自己重新算一遍。

这个曾把《高等数学》放在枕头边治疗失眠的人，把算钱当作理解历史的重要途径，从这个视角去看政治斗争，看人性，看资源分配。

马伯庸在写医疗题材《大医》的时候，也为细节做了大量调研，看论文，请教专家，甚至养成了每天阅读《申报》的习惯。

"很多场景下，我需要的不是现代的正确做法，而是错误的处理方式，才符合当时的实际情况。"比如盘尼西林在1943年的美国才实现量产，1945年之前的中国主要是靠磺胺来抗菌。了解了这一细节后，他删去了医生为抗战义士打青霉素的情节。

尽管作品高产，但马伯庸的创作起源往往来自"被打动"。《大医》的创作，就起源于他2017年参观1910年的哈佛楼（原华山医院门诊楼）时开启的想象。

他边参观边思考，如果通过医院或医生的视角去重新审视近代史，那是怎样的面貌？"小人物"不是马伯庸作品的落点，更像是串起全局的针线。

他认为把观察历史的尺度拉长，会发现历史的发展途径不会因为某一个人的死亡、某一个重要历史人物的变化而产生大的变化。

马伯庸通过小人物，建立起沟通读者与漫长历史星河的桥梁，也把自己的历史观和价值观注入其中，与读者交流。

"写作不是迎合读者的过程，而是争取读者的过程。你展现自己的三观、个人趣味，与你志趣相投、三观一致的人自然会被吸引。"[1]

马伯庸一直都看得见"小人物"，不论创作还是待人接物，他从未放弃理解和体察大局中个体的感受。

但这份体察背后，马伯庸的价值观是更为坚固的。正如"个体"始终无法影响马伯庸宇宙的故事走向，也不能改变马伯庸在现实生活中坚守的人生态度。

这份对自己价值观的坚守，在创作和做人上，马伯庸都一以贯之。

---

[1] 摘选自小漫：《马伯庸：我卷不动了》，"视觉志"公众号2022年10月13日。

作家精彩名句与段落摘录

◎ 名句

1. 一个人如果面临纷乱的局势，一时难以措手，不妨先从做完一小事开始。一个个麻烦由小及大，逐一解开，你不知不觉便进入状态了。古人临事钓鱼，临战弈棋，都是这个道理。(《两京十五日》)

2. 就算失败，我也想知道，自己倒在距离终点多远的地方。(《长安的荔枝》)

3. 船行到了一半，岸边升起浓雾，我突然之间陷入绝望。这不就是我的人生吗？已经过去大半，而前途仍是微茫不可见。(《长安的荔枝》)

4. 人的气质就像是古董的包浆，说不清道不明，但一眼看过去就能感觉得到。(《古董局中局》)

◆ 段落

1. 我原本以为，把荔枝平安送到京城，从此仕途无量，应该会很开心。可我跑完这一路下来，却发现越接近成功，我的朋友就越少，内心就越愧疚。我本想和从前一样，苟且隐忍一下，也许很快就习惯了。可是我六月一日那天，靠在上好坊的残碑旁，看着那荔枝送进春明门时，发现自己竟一点都不高兴，只有满心的厌恶。那一刻，我忽然明悟了，有些冲动是苟且不了的，有些心思是藏不住的。(《长安的荔枝》)

2. 没势力没本事的小人物，不知埋没了多少委屈，多少冤枉。这次赶上替罪的恰好是孙悟空，是个有能力有脾气的主，这才从一桩酒后胡闹的小事故演变到大闹天宫的乱局。整桩事盘下来，竟不是什么复杂的大阴谋，而是一个个私心串联所导致的结果。(《太白金星有点烦》)

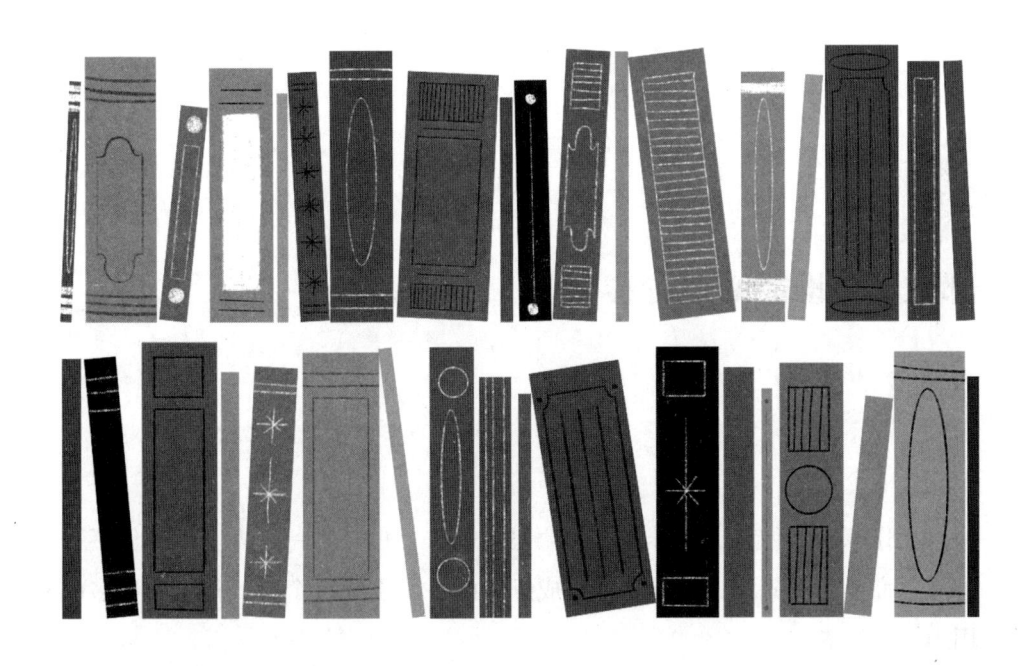

第六章　年少、敢为，他们曾开辟阵地

郭敬明：谁能缔造青春文学／雷隐隐

韩寒：我所理解的生活／夏夜飞行

刘同：不是"文艺青年"／丁眉月

大冰：江湖再见／张九七

笛安：打破标签／丁眉月

双雪涛：砸掉铁饭碗之后／青野

李娟：天生的作家／元气邓　夏夜飞行

安妮宝贝：一个旅人走到新的边界／丁眉月

郭敬明：谁能缔造青春文学

雷隐隐

把作家当偶像艺人培养，郭敬明是第一人，也是唯一一人。他开创了青春文学商业化的先河，把自己打造成巨大的 IP，围绕这个 IP，衍生出更多的周边。

他深谙流量密码，也乐于展示自己积攒的巨大的物质王国，他的财富被艳羡，他的成名之路被津津乐道，他的商业之路被赞叹。

可流量这把双刃剑，最终还是指向了他自己。

被抵制后，郭敬明不灵了，而他不灵的根源，也许并不因为他是"郭敬明"。

01 小镇青年，走出西南

1983 年，郭敬明出生在四川自贡市的一个小县城，四岁时得了严重的败血症，在医院住了半个月，身体弱小的他无法再参加男孩子间打打杀杀的游戏，于是书籍填补了童年的孤寂。

幼年时他展露出的文学天赋体现在：两分钟即可速成一篇作文，快且准，还会被当作范文供全班同学赏析。

文学的道路就这样顺理成章地在郭敬明的学生时代得到开启。初二那年，他在《人生十七八》杂志上发表了自己的处女诗《孤独》，诗里提到了《百年孤独》。

后来，他收到杂志社寄来的十元稿费，那是他第一次享受到文字兑换成金钱的快感。对于初二的孩子来说，通过文学获得金钱和认可，成了一种无懈可击的逻辑。若干年后，他凭借文字乘风而起，实现了物质上的极大满足。

那时的郭敬明，一直都是别人家的孩子，学习好、不调皮、被当作榜样，毫无争议。

2000 年，网络文学的风吹遍了大江南北，读高二的郭敬明开始在文学网站"榕树下"发表作品，网名"第四维"，从此"小四"成为伴随他成长的最知名的代称。

在老板朱威廉的大手笔下，此时的"榕树下"热闹非凡，星光闪烁，不但点击量在当时的原创文学网站中一骑绝尘，更是聚集了当时几乎所有著名的网络作家：安妮宝贝、李寻欢、宁财神……十八岁的郭敬明徜徉其中，带着对高中生活的苦闷和青春期独有的多愁善感。

那时，他的文字轻松、幽默，青春的小快乐里带着淡淡的忧伤，看过的人留言给他：你的文字，让人看的时候想笑，看过之后想哭。

真正令郭敬明在"榕树下"一鸣惊人的作品，是一篇音乐评论《六个梦》。

他写窦唯的音乐属于夜晚，有一种春末夏初的味道，光滑而精致，心花怒放；他写王菲音色清丽却慵懒，迷迷糊糊拉着人走遍尘世；他写朴树像桃花源里的人，不懂得人情世故……

他将自己的心情穿插其中，混杂在对音乐的评价里，文字优美且文笔犀利。从此，"第四维"在"榕树下"红了，被人赞美，也被人追捧。

彼时的郭敬明，并不是个徒有其表的写作者，他擅长总结，更擅长模仿。在看完当时火爆全网的痞子蔡《第一次亲密接触》后，他用一上午的时间就模仿出了痞子蔡的风格。

"只要我高兴，安妮宝贝那种小说一天能写三篇。"

甚至有人在他的文字下留言："你的文字让我想到安妮，不知道为什么会一直感觉你和安妮有如此相似的灵魂。"

他乐于解构，可以轻而易举地将一个人的作品庖丁解牛般拆解开，分解出风格、文字、内容、结构，再选择自己喜欢的一种或多种加以复制，组合成完全不一样的作品。这种能力需要大量的阅读，也需要天赋。

幸运的是，对于青春期的郭敬明而言，才华和天赋，从来是可以随着文字肆意挥洒的东西。

2001年，在第三届新概念作文大赛上，他拿到了第一名。第二年，他蝉联了第四届新概念作文大赛的第一名。在青春文学的舞台上，他开始崭露头角，也是从那年开始，他的人生与另一个同样天赋异禀、特立独行的人发生纠葛，这个人，就是韩寒。

在之后的很多年里，郭敬明与韩寒，将走上看似迥异的人生道路。前者身为小镇青年，在新概念作文大赛获奖之后选择了他心目中的魔幻之都上海，他曾对记者说："希望以后提起新上海，人们就会想到我的《小时代》。"而后者身为地道的上海人，却放弃上学成为那个时代的"叛逆青年"，在"亭林镇"的小天地中写天写地。

02 纸醉金迷，经商有道

郭敬明天性敏感，且自卑。

儿时生病，身体瘦弱，几乎没有童年玩伴，父母上班，他只好一个人在奶奶家和外婆家辗转。

高一开始，他离开父母，一个人生活，朋友更少，喜欢把自己关在房间里写文章或者看小说。

他总是沉浸在自己的世界里，自得其乐。

他在《一个人生活》里写："一个人住的日子很惬意，但是也很孤独。"这种孤独被写进他的文字里，悲伤又脆弱，戳中无数少男少女的心。尤其2003年小说《幻城》出版后，这部融合了奇幻元素与青春情感的小说，令他俘获无数年轻读者的心，从此声名鹊起，获得无数"拥趸"。

伴随成名接踵而至的，是争议。

2006年，那场众所周知的抄袭案，郭敬明被判赔偿和道歉。判决书下来的那天，郭敬明把自己关进房间，再出来时，红着眼圈，带着一个决定。他同意赔偿，但坚决不道歉。

他说，要用实力和作品来证明自己。

那几年，郭敬明遭受的非议多且杂，除了抄袭，还有作品的价值取向，不少人称其毒害青少年。尤其是他将"青春文学"IP化，找到一条属于自己的商业道路后，议论声更大了。

自古文人多清高，尤其厌恶金钱的铜臭味。而郭敬明恰恰把对金钱和物质的渴望发挥到了极致，还摆上了台面，甚至凭借自己的商业帝国"坐上"富豪榜。

郭敬明对贫穷的厌恶，对金钱的渴望，自第一天到上海上大学，就被激发出来。上海的纸醉金迷和自贡的灰头土脸，形成了鲜明的对比。

初到上海，郭敬明穷得只能数着日子花钱，学校食堂的蒸蛋他不敢经常吃，太贵；图书馆楼下的珍珠奶茶他不敢多喝，钱不够；夏天带去的两双鞋子，要穿到冬天，冻得脚痛。老师要求买一台照相机、一台 DV 机、一台高配置电脑，他过了一个星期才敢跟家里要，一个月后那笔钱才寄到自己手里，他甚至不敢问钱是怎么来的。

出自贡前，他没觉得钱多重要，重要到跟自尊成正比。到上海后，物资匮乏成为他自卑的来源。有一年，他用二十万版税给父亲买了一辆车，媒体朋友帮他把车开回自贡，但第二天，上海报纸的醒目位置上，出现了他父亲手握方向盘的照片，标题是《暴发户的可笑嘴脸》。

但郭敬明并不太在意，他反而意识到，金钱能提高一个人的地位。

后来，他自己开始赚钱，疯狂地买各种奢侈品，带着一种快意的恨。

十七岁时，郭敬明读过一个画廊老板的话："用企业家的身份经营艺术。"这话被他套用在了自己身上。

2006 年开始，郭敬明成立文化公司、举办文学新人选秀、发行杂志《最小说》，把作家当作偶像艺人运作。

原本单纯的作家，逐渐成为敏锐的商人。

03 青春文学，一骑绝尘

2003 年，郭敬明的第一篇小说《幻城》出现在《萌芽》杂志头条。

这部两万字的短篇小说写在高考临近的日子，为了释放学习带来的压力，他用两个小时写出头脑里的幻想，构建出一个充满奇幻色彩的世界。

在一个名为幻雪帝国的神秘领域里，两位王子卡索与樱空释之间情感与命运的纠葛缠绕人心，奇幻、爱情、权谋、成长……诸多元素糅合，勾勒出一个令人想象无限的魔幻世界。

就是这样一部被称为魔幻现实主义的作品,在《萌芽》上面世没几天,郭敬明就迎来了铺天盖地的追捧和讨论。十九岁的少年被无数少男少女奉为偶像。

郭敬明彻彻底底地红了,势如破竹,无人可挡。

有出版社提出让他用一个月的时间,将短篇《幻城》改为十几万字的长篇作品。他笃定自己的能力在面对时间的紧迫时,亦能轻松自如。

果然,长篇小说《幻城》在北京图书订货会上一面世,就以十万册的订货数量高居排行榜第二。此后的几个月内,幻城发行量到了五十万册,甚至有买不到书的读者,借书手抄。

上海大学还专门为郭敬明举办了"《幻城》作品研讨会",为一个名不见经传的大学生举办作品研讨会,连文学界都称"这在中国尚属首次"。

那时,主流媒体将他评价为"新时期少年作家的领军人物"。

四年后,他出版《小时代》系列,一百二十万册的首印数量七天售罄,九十九元的限量版被炒到了九百九十元。只要他现身的签售会,尖叫声从未断过,与大明星们的粉丝见面会无异。

"我始终站在十五岁到二十五岁年轻人的立场上说话,直到我八十五岁、九十五岁。"郭敬明这话深得少男少女的心,而他精准把握粉丝定位的敏锐为他在粉丝中赢得了不可撼动的地位。

以至于《小时代》系列电影上映后,虽然口碑颇差,但依旧成为票房过亿的粉丝电影。

奢华而迷离的上海,俊男美女们间纠缠着复杂的情感关系,充斥着无数奢侈品的场景,赤裸裸地表现着物欲。电影所构建的世界,物欲横流,毫不掩饰,有人斥责它对金钱的膜拜,有人则反对它偏颇的价值观。

有人诟病,但也有人欢喜。

十七岁的女生逃了自习课,一口气买十二张电影票;二十五岁的女生称自己是郭敬明的"脑残粉",学着《小时代》女主角顾里"毒舌式"的说话方式;十九岁的男生想要学郭敬明的样子,靠文字去上海闯一闯……

喜欢郭敬明的人,似乎将他当作一种"信仰"。在自己人生的路上,郭敬明的一切都拥有着指引方向的力量。

2007年，郭敬明主编的杂志《最小说》出版那天，新闻发布会地点选择了人民大会堂，贾平凹、刘震云、苏童、铁凝、王安忆等为《最小说》题词。那是郭敬明的"黄金时代"，自十九岁起就成为"领军人物"的他，在此后的人生里，一次又一次打破人们对"作家"身份的传统认知。他将文学IP化，将作家偶像化，将粉丝商业化……

他成立文化公司，构建独属于自己的商业王国，笛安、落落、安东尼等青年作家相继被发掘，他和他的作家们，占据了"青春文学"的大半壁江山。郭敬明这个名字，已经不再是一个作家，而是象征着一个"青春伤痛文学"的流派，席卷每个中学校园外的书店。

也就是在杂志和公司相继成立的那年，郭敬明成功登顶作家富豪榜，此后不久，他买下曾属于汪精卫四姨太的上海老宅。

二十七岁的郭敬明获得了前所未有的成功。

04 导演之路，争议时有

郭敬明转行做导演比韩寒早了一年。

2013年，《小时代》上映。这部由郭敬明自编自导，杨幂、郭采洁、郭碧婷等领衔主演的青春时尚都市电影，是《小时代》系列电影的第一部。影片于2013年6月27日在中国内地上映。

不得不说，郭敬明对流量密码的把握精准无比。电影里对物欲赤裸裸的坦白和狗血的剧情，再配上七八十个奢侈大牌、豪华的私人别墅，迎来了社会对价值观的广泛讨论。

他一次次解释，这个世界本就存在贫富差距，上海本就充斥着纸醉金迷。他试图让人们理解，他的电影有内容、有高度，而不是只有看得见的"拜金"。只是解释得越多，辱骂声就越多，人们无法理解他为何如此强调物质，更无法被这种宣扬所打动。

但这一切的争议和辱骂，并没有将郭敬明吓退。

他笃信自己拥有着无可替代的低龄受众群体，即使"80后""90后"长大了，还有"00后"。直到2016年，《爵迹》票房惨淡，他在路演现场声泪俱下：

"是不是因为我叫郭敬明，所以我做什么都是错的！"

也是2016年，他主办的杂志相继停刊。此后，他在社交平台上减少了动态分享。

2020年的最后一天，郭敬明发表长文，就抄袭一事道歉，此时距离判决已过去十四年。这份迟来的道歉里，有试图挽回名誉的挣扎。

十四年前，网络文化还未曾普及到每个人，郭敬明依仗自己的忠实粉丝，尚有几分逞强。十四年后，尽管他不断想用实力证明自己的能力，但却因抄袭被数百位影视从业者联名抵制。

日渐成熟的郭敬明，距离文学越来越远。他自始至终也未曾在文学上有过多的野心，他将自己归类于商业圈和娱乐圈。

《小时代》有一场戏，需要封锁上海延安路高架桥，这本是出品方的工作，但郭敬明凭借一己之力获得了支持。

当他描绘初来上海的贫富落差时，鲁豫不解，"上海是个包容性很强的城市"。他笑笑说："前提是你有没有钱。"成功意味着自由，而自由意味着更多选择。

他并没有试图摘掉自己身上关于欲望的标签，他一遍一遍试图让人理解和接受，物质是人类生存的必然，没有人可以抛开物质谈其他，拜金不过是现实，为什么大家不愿意相信现实。

成功后的郭敬明大概太笃定自己的能量，以为自己通过努力向人们证明的是自己的能力。

可流量本就是把双刃剑。

当青春和才华消失殆尽，当一代人有一代人的"郭敬明"，当纸媒没落，当青春文学衰退，当网络文学蔓延时，郭敬明只剩下一句"你永远可以相信郭敬明式审美"。至于过往的骄傲与放纵，成绩与辉煌，全部被封存在记忆里，渐渐冷场。

作家精彩名句与段落摘录

◎ 名句

1. 我们太年轻,以致都不知道以后的时光,竟然那么长,长得足够让我忘记你,足够让我重新喜欢一个人,就像当初喜欢你那样。(《夏至未至》)

2. 时间是最伟大的治愈师,再多的伤口都会消失在皮肤上,溶解进心脏,成为心室壁上美好的花纹。(《夏至未至》)

3. 流年未亡,夏日已尽。种花的人变成了看花的人,看花的人变成了葬花的人。(《夏至未至》)

4. 记忆像是倒在掌心的水,不论你摊开还是紧握,终究还是会从指缝中,一滴一滴,流淌干净。(《怀石逾沙》)

5. 如果记忆如钢铁般坚固,我该微笑还是哭泣?如果钢铁如记忆般腐蚀,那这里是幻城还是废墟? (《幻城》)

◆ 段落

1. 你要相信世界上一定有你的爱人,无论你此刻正被光芒环绕被掌声淹没,还是当时你正孤独地走在寒冷的街道上被大雨淋湿,无论是飘着小雪的清晨,还是被热浪炙烤的黄昏,他一定会穿越这个世界上汹涌着的人群,他一定会走过他们,走向你。他一定会怀着满腔的热,和目光里沉甸甸的爱,走到你的身边,抓紧你。他会迫不及待地走到你身边,如果他还年轻,那他一定会像顽劣的孩童霸占着自己的玩具不肯与人分享般地拥抱你。如果他已经不再年轻,那他一定会像披荆斩棘归来的猎人,在你身旁燃起篝火,然后拥抱着你疲惫而放心地睡去。他一定会找到你,你要等。(《小时代》)

2. 鸟群送葬光线,海水抚摸星辰,你比永久更加永久,也比漫长还要漫长;你把传奇披戴,你把海底植满悲怆,你朝世界尽头缓慢前行,那时的多少风光,还有多少凄凉,日光被镶嵌在你瘦削的肩膀,把未来推向黑暗,把过去照得虚妄。(《幻城》)

3. 他说其实一直旅行的人最寂寞,因为他们没有什么地方可以停下来,所以他们只有一直走。因为陌生的环境中,什么都是新鲜的,没有时间停下来让一切变得熟悉和无聊,最后就变成寂寞。而清和告诉我,其实人们漂泊还有个重要的原因,那就是离别。在这个地球上生活的人们,每天只能看到一次落日,但他们仍然拥有在不同的地方看落日的自由,这或许是部分人漂泊的理由。离去,使事情变得简单,人们变得善良,像个孩子那样,我们重新开始。(《天亮说晚安》)

韩寒：我所理解的生活

夏夜飞行

2014年，电影《后会无期》上映拿下六亿票房，韩寒坐稳了新身份——导演。

导演之外，他还为同名主题曲填了词，"当一艘船沉入海底，当一个人成了谜……"被邓紫棋唱成了年度金曲。

而后，作家韩寒悄然隐去。十多年里他不再有新书面世，毕竟他自己都说："杂文这东西很'鸡贼'。""如果不能超越《1988：我想和这个世界谈谈》，就先不写了。""写来写去，最后都是发泄情绪……我就毅然把它给停了。"

面向公众的表达从文字变成影像，韩寒成熟了许多，也沉默了许多。

他的博客的最后更新的时间定格在2014年，微博主页空空如也。他偶尔出席活动讲两句，网友评价大多也都是"不太韩寒"。

十年倏然而过，如今那艘沉船有了名字叫"里斯本丸"，倒是韩寒真成了个谜。

01 走进丛林

跷着二郎腿，穿着借来的黑夹克，长发遮住半张脸，2000年，十七岁的韩寒就这样出现在央视《对话》的演播间。

在他正式入场前，现场火药味已浓，台上两名教授锐评完"韩寒现象"，话筒传到了观众手里。

在主持人的引导之下，问及如何看待韩寒，扎着马尾辫的大姐淡淡说道：

"我觉得韩寒现在是这样,他可能是土鸡变凤凰。"

一番揶揄之后,主持人这才笑盈盈地把韩寒请到台上。这段访谈的后半段,为今天的中文互联网贡献了诸多名场面,至今还有不少短视频被冠以"少年韩寒舌战群儒""韩寒高能一挑五"的标题在网上疯传。

实际上,抛开这些口头上的机巧和节目花边不谈,当时台上两位教授的解读倒还算中肯。其中一位说:"韩寒其实很害怕他说的话是正常的,他试图创造一种另类文化……他必须这样表演。""韩寒作为一种文化(符号),被媒体、被出版业、被他的书、被他说的话堆积起来,我们所理解的就是被这些堆积起来的韩寒,而韩寒也在不断往这些堆积物上添砖加瓦。"[1]

另一位则引用了诺贝尔物理学奖得主江崎玲于奈的原话,"偶尔偏离正轨,走进丛林,你会得到惊人的发现",点了韩寒一句"不是完全偏离"。

像是告诫,也像是预言。

至少在今天,我们回顾韩寒在 21 世纪里头几年的表现,他在做的无外乎上面两件事:持续"韩寒化"和"走进丛林"。换句话说,就是把叛逆进行到底。

复旦给了他特招录取的机会,他不要,他说,"复旦请他去当教授,得看自己有没有时间";博客上掀起"韩白大战",他写文章……

反教育、反主流、反权威,"80 后"和"90 后"深恶痛绝之事,他总要掺上一手,用野路子掀翻学院派、少年提着大宝剑行走江湖的戏码,精准挑弄到粉丝的痛点和爽点。这很韩寒。

然而,韩寒并非天生离经叛道。

为暗恋的女孩苦练长跑,以特长生身份考入同一所高中;上课写小说《三重门》,七门功课亮起红灯,不想被开除而选择主动退学……至少在受到大众媒体关注之前,这些故事堆积出来的韩寒,顶多算主流视野中的"问题少年",离后来媒体笔下的"文化英雄""反应试教育斗士"还差着好远。

但是开弓没有回头箭,一层层标签、一场场舆论紧贴过来,你推我就之下,少年韩寒"走上神坛"。

---

[1] 摘选自《对话》,CCTV-2 财经频道 2000 年 10 月 15 日。

青年们需要精神偶像，媒体需要批判对象，与其左右为难，不如继续这种无意识的"反叛"表演。毕竟一个十七岁的少年，突然被卷入洪峰，每日面对着同样激烈的批判与崇拜，后面的路怎么走，是个问题。

02 他的国

同是"80后"非典型作家，如果韩寒学大冰，他的作者简介上应该这样写：韩寒，作家、赛车手、导演、歌手、演员、杂志主理人、餐厅老板、电竞选手、投资人……

这些职业不仅韩寒都干过，而且大多成绩斐然。

当作家，韩寒自然不必多说。十六岁出道，十七岁一篇《杯中窥人》惊艳新概念作文大赛一众评委，作品从《三重门》到《1998：我想和世界谈谈》，十年间光是版税就赚了至少四千万。门户网时代，他在博客写杂文，轻松博得一个"博客流量之王"的头衔，点击量至今无人超越。

当赛车手，他孤身北上，在北京的头两年烧光《三重门》第一笔版税五十万，一度穷到连房子都租不起。但在二十七岁时，他已是中国职业赛车史上唯一一位场地和拉力的双料年度总冠军，站在中国职业赛车赛事最高峰，成绩傲人。

当导演，他十年里拍了五部片，除了《四海》败北，其余四部表现不俗，其中《飞驰人生2》更是拿下三十三亿票房。他持股过半的亭东影业，估值远超二十亿元。

尽管当年他申请退学时，办公室里的一众老师最担心的是"韩寒将来靠什么养活自己？"当然，成功与成名，韩寒靠的不只是才气，还有一场场"厮杀"，这在今天都很难复制。

2006年，文坛前辈白烨发表了一篇博文《80后的现状与未来》，在评价郭敬明与韩寒时一褒一贬，倾向鲜明。提及韩寒的作品，他写道："他的《2004通稿》，我看了之后很吃惊，里面把他在中学所有开设的课程都大贬一通，很极端，把整个教育制度、学校现状描述得一团漆黑，把所有的老师都写成是误人子弟的蠢材和十恶不赦的坏蛋。"白烨还表示韩寒之流"只进入了市场，尚未进入文坛"。

白烨撞上了枪口。二十四岁的韩寒，正值"舞刀弄枪"的青年时代，一篇博客文章直接拉开了2006年最精彩的文坛大戏。

"别凑一起假装什么坛什么圈的，什么坛到最后也都是祭坛，什么圈到最后也都是花圈。"

"我早说过，真正的武林高手都是一个人，顶多带一武功差点的美女，只有小喽啰才扎堆。"

几番交锋下来，白烨招架不住，他的圈内好友纷纷下场帮腔。随后《人民文学》主编李敬泽、导演陆川和儿子陆天明、作家解玺玺、高晓松等文艺圈人士也都参与了这场"倒韩"接力赛。

韩寒白天赛场飞驰，晚上博客鏖战。一个人对一群人，优势仍在韩寒。文字犀利直白，若干脏话加持，情绪拿捏到位，网上的年轻人站在了韩寒这一边。

其中最有意思的还属高晓松，知道文字上和韩寒斗狠势必吃亏，于是另辟蹊径，直接一纸状书把韩寒告了，理由是"《三重门》引用了他的歌词没授权"。不过他还是吃了韩寒一记"重拳"，高晓松告韩寒这事情，古人早有定论，那就是"高处不胜寒"。

这场后来被载入文坛史册的"韩白大战"，最终以白烨关停博客，韩寒大获全胜收场。当年文化圈内外，茶余饭后都在聊韩寒。经此一役，韩寒找到手感。他的射程之内，郭敬明、余秋雨、赵丽华、陈凯歌、郑钧、李敖等人均未能幸免。

真正让他的影响力跃上新台阶，实现从"叛逆少年"到"公民韩寒"转变的，则是他将目光投向社会政治领域的抉择。

成为"公共知识分子"，这是一个危险但回报率很高的选择。尽管脚踩钢丝，但韩寒依然走得很稳。

在当时影响力比较大的公共社会事件中，几乎都能听到韩寒的声音。

当然，也有人视韩寒介入公共领域的转变是一场"竖牌坊做知识分子"的作秀。社科院研究员施爱东总结了两条炮制韩寒的准则："一是针砭时政的内容大幅增加；二是文章风格和价值观念发生突变，用语变得文明，立场偏向底层，价值趋于普世。"

但不管是不是刻意设计，韩寒在文化、社会、政治表达上的趋于成熟，让那些曾经各据话语体系，视韩寒如敌的"50 后""60 后""70 后"们，对这个青年不再敌意浓厚，甚至态度逆转。

在那个"公知"尚不是贬义词的年代里，洪晃曾如此评价："韩寒是中国唯一可以被称为公知的人。"梁文道则更是称韩寒为"当代鲁迅"。

2010 年，韩寒肖像赫然出现在美国《时代》周刊封面。照片中他手握钢笔，表情冷峻，其号召力已然登顶。

此后数年，无论是跨行做杂志、开餐厅、拍电影、开影视公司，自称"表达不一定要面向所有人"的韩寒，在新赛道里取得的丰厚流量和骄人成绩，至少有一半的功劳来自此时。

当不少人谈及韩寒，目光还停留在二十年前那个不羁少年身上时，韩寒的身份早已换了一轮又一轮，在他身后一座庞大的商业帝国正拔地而起。2015 年，韩寒的亭东影业成立，公司名字取自韩寒的家乡亭林镇亭东村。又四年后，亭东影业估值二十三亿，韩寒已悄然攒出超十亿身价。

事业之外，儿女双全。

03 依旧韩寒

当年韩寒准备退学时，他的伯乐、《萌芽》杂志主编赵长天对他说："人是需要妥协的。你现在不妥协，将来也要妥协。"

韩寒没听进去。很多年后，他与蒋方舟在另一档节目相逢，韩寒对她说了相似的话。

蒋方舟问："我很久前在某个场合，说过'韩寒做了一件很牛的事，他更新了社会的话语系统，但可惜的是他没有文化，当然我知道用文化去衡量人太暴力了'，我到现在还觉得自己是对的，我想听听你的反驳。"

韩寒回道："我为什么要反驳你，你是个可爱的姑娘。终有一天，你会替我反驳你自己的。"

2018 年，结束一场访谈后，韩寒发文感慨："退学是一件很失败的事情，说明我在一项挑战里不能胜任，只能退出，这不值得学习。"此话一出，众人错愕。韩寒驳倒了曾经的自己。

毕竟，"退学"曾是少年韩寒最为得意的"手笔"，他的成名路以及后来拥有的一切都发轫于此。

当年他挂科、留级、退学，写下"七门功课红灯，照亮我的前程"，身后有无数少年"效颦"。十七岁的韩寒在镜头前骄傲地说出那句"美国总统四年一换，韩寒永远不变"时，粉丝眼中的他，何等意气风发。

但少年老去，理想也终于长出了啤酒肚。

曾经五十万版税摆在韩寒面前，他觉得也不过如此，但后来他也说："提着一把大宝剑，要去改变这个世界……但大宝剑也是要钱的。"

曾经夸张地对世界宣告"用汉语写字的人里头，钱钟书是第一，我是第三"，但后来他放下了笔，甚至偷偷摘掉了"作家"的标签。有人引用王小波那句"一切都在无可挽回地走向庸俗"，惋惜韩寒抖落一身锋芒。但没人关心，站在韩寒对面的已不是当年的对手。

回溯韩寒的过去，这些变化很难去找出一个分明的节点。也许是方舟子质疑的代笔，也许是女儿韩小野的出生，也许是涉足利益纷杂但必须维持"人情世故"的影视圈，也许都不是。

就像他首部电影《后会无期》制片人方励说的那样，以前他当作家、当车手，一个人可以担下一切，而跨行当导演之后面对的是一群人。"……不能让这个集体散掉，要把握这群人共同的情绪和愿望，任何一个年轻人，有过这种经验之后，会有新的人生感悟。"

成长当然不是什么丢人的事情，"观过世界之后才有世界观"也不只是一句鸡汤，用新的经验去矫正少年时的狂妄，然后与自己和解，向世界道歉。这样的韩寒其实还是韩寒。

只是很多时候，神坛上的人，是不被允许做自己的。

04 消失的他

韩寒最近一次公开出现，是在方励导演的《里斯本丸沉没》上海路演。

跟观众聊起了十年前二人是如何偶然在东极岛探寻到这段往事时，他讲的和媒体宣传有点出入，他说"当年写'当一艘船沉入海底'完全是为了押韵"，现场大笑。

现场的他，打扮依然简单，一身休闲，戴着细框眼镜，面颊饱满，谈吐温润平和。久不露面，这个模样很难让人把他和心中的韩寒画上等号。

最近两年，他几乎完全放弃了文字表达。新片上映没有宣发，围绕着他的几场争议也都没有回复。韩寒在微博消失得彻彻底底。

他倒是开了抖音，三年里发了三十一条短视频，积累粉丝三十六万。这和当年韩寒入驻微博，仅仅发了一个"喂"字引发的轰动不可同日而语。

粉丝多少、传播力如何早已不是韩寒在意的东西了。当年拍摄《后会无期》时，路金波、方励建议韩寒怎样做，韩寒对他俩说："相信我，我懂年轻人想要什么。"现在的他只会更懂。

但他偶尔也想停下找找自己想要什么。他曾经写："我所理解的生活，就是和喜欢的一切在一起。"[1] 如今答案依然没变。

少年时喜欢出风头，迷恋"力量的延伸"，文字在他笔下是棍棒刀枪，俏皮张扬，他享受着被关注、被讨论、被"标签"。如今身价十亿，他已为人父，悟到的又是另一重心境了。

过了看山是山，看水是水的年纪，被什么样的东西吸引，就走什么样的路，韩寒跳出"符号化韩寒"，又做回了自己。

工作不忙的时候，他也拨弄拨弄吉他，坐在上海夜色的露台里，吉他里响起卢冠廷作曲的《岁月轻狂》，他闭上眼睛，兀自唱着：

"从前的少年啊，漫天的回响，放眼看岁月轻狂……不回想不回答，不回忆不回眸，回不了头。"

作家精彩名句与段落摘录

◎名句

1. 我们听过无数的道理，却仍旧过不好这一生。(《后会无期》)
2. "虚惊一场"这四个字是人世间最好的成语，比起什么兴高采烈、五彩

---

[1] 摘选自韩寒：《我所理解的生活》，浙江文艺出版社，2013年版。

缤纷，一帆风顺都要美好百倍。(《1988，我想和这个世界谈谈》)

3. 权力高于你尽全力捍卫的权利。(《像少年啦飞驰》)

4. 小孩子才分对错，成年人只看利弊。(《后会无期》)

◆ 段落

1. 总有一些世界观，是傻呵呵地蠢在那里的。无论多少的现实，多少的打击，多少的嘲讽，多少的鸽子都改变不了。我们总是要怀有理想的。写作者最快乐的事情就是让作品不像现实那样到处遗憾，阅读者最快乐的事情就是用眼睛摸一摸自己的理想。世界是这样的现实，但我们都拥有处置自己的权利，愿这个东西化为蛀纸的时候，你还能回忆起自己当年冒险的旅程。(《独唱团》)

2. 真理往往是在少数人手里，而少数人必须服从多数人，到头来真理还是在多数人手里，人云亦云就是这样堆积起来的。第一个人说一番话，被第二个人听见，和他一起说，此时第三个人反对，而第四个人一看，一边有两个人而一边只有一个人，便跟着那两个人一起说。可见人多口杂的那一方不一定都有自己的想法，许多是冲着那里人多去的。(《零下一度》)

刘同：不是"文艺青年"

丁眉月

2023 年的微博文化之夜，刘同作为年度作家上台领奖了，一同上台获奖的还有上上个月刚摘得茅盾文学奖的刘亮程，以及马亲王马伯庸。

一个是大众知名度并不低的乡土文坛老将，他的散文集《一个人的村庄》里有 50 多篇文章入选高中语文课本和试题，颇受中学生读者喜爱。

一个是当代历史小说界的"鬼才作家"，虽说是写网文出身，顶着微博段子手的名号，但嬉笑怒骂间扎实的文史功底和叙事能力不容小觑。喜欢马伯庸的人钦佩到五体投地，对其无感的人，没点学识功底倒也不敢妄议。

至于刘同……"青春畅销书作家"的名号相较之下确实"廉价"了不少，喜欢的人觉得找到了知己，不喜欢的人觉得谁都能踩上一脚。

"这也叫文学？""无病呻吟矫揉造作""鸡汤文""什么 QQ 空间非主流语录""逻辑混乱，狗屁不通""看不下去，浪费时间"……

也就是说，矫情程度高和文学性低，是刘同的作品被诟病最多的地方。"矫情"是刘同个人的性格，无可厚非，何况粉丝觉得那叫"敏感"。

至于文学性低，或许有没有一种可能，从始至终，刘同打心底就没把自己定位成文学青年。

01 寂寂无名的青年作家

刘同的微博认证有两个身份：一个是青年作家，一个是光线影业副总裁。论知名度，前者显然比后者大得多。然而在百度百科上搜索刘同，词条顶头赫然几个加粗黑字——刘同（光线影业副总裁）。

众所周知，百度百科本人就可以编辑，不知无意还是有心，括号内的七个大字，像是生怕读者不知道他的这重身份似的，仿佛在说：看，其实写写畅销书不过是我的副业罢了。

刘同出生在湖南郴州的一个农村家庭，父母都是医生。

青少年时期的刘同很自卑，外表又黑又丑又矮小，成绩也不好，老师和同学都不喜欢他。

高中之前的刘同是讨好型人格。在《谁的青春不迷茫》里，他写过，为了刷存在感，他会主动帮打篮球的男同学准备凉水，第一节早自习后帮女同学买早饭，一切无非是让别人觉得自己有利用价值，从而和他成为朋友。

但女同学还是不喜欢他，男同学嘲笑他，不乐意与他同行。

高三那年的刘同突然开窍，不是自己放低身段就能得到别人的尊重，而是自己得先有能力有真本事，别人才看得起。于是他发奋图强，成绩从班级后十名一跃成为年级前列，考上了湖南师范大学。

在专业报考上，刘同和父亲大吵了一架。

刘同的父母都是医生，父亲希望他能报考医学专业，一来继承自己的医术，二来因为儿子性格偏柔弱，人缘也不好。在父亲的认知里，唯一能让儿子活得不那么辛苦的方法就是读个医科院校，然后进父母的工作单位谋个职位。

赚不了多少钱，也见不了多少世面，但至少稳妥体面，不用为找工作低三下四去四处求人，不用处理复杂的社会人际关系。简单来说，至少不会被人看不起。

但刘同态度坚决："如果你不让我读中文系，我们就断绝父子关系。"①

后来的采访中刘同说过，自己当初选择中文系，倒不是因为多热爱文学，而是觉得自己其他方面都不行，更学不好，又隐约开始对电视传媒感兴趣，觉得中文系倒也是能"曲线救国"的办法。

因为选专业的事，刘同和父亲的关系彻底闹僵，冷战了近两年的时间。直到大二下学期，刘同在省报发表了自己的第一篇文章《微妙》，讲的就是和父

---

① 摘选自刘同：《就这样，慢慢靠近你》，《青年博览》2015年第5期。

亲微妙的关系。

父亲的同事在省报上看到这篇文章，拿给了他看。刘父看完之后很感动，也有些骄傲，于是借着开会的名义，假装顺道去学校看看刘同。

那天坐在父亲的车后座上，刘同很开心，拿着一沓甚至还没发表的小说和父亲炫耀。

"爸，你看我的文章能发表，我水平够高了。"[1]

02 玩命写作的大学生涯

从进学校开始，刘同就没想过考研，所以每门功课糊弄个六七十分，其他时间都用来写作和实习。

因为中学时期被别人嘲笑，到了大学他开始严格控制自己每天的说话字数，如非必要，每天说话不能超过十句。如此一来，他几乎不与人交往，便省下来更多的独处时间做自己的事。

他爱听音乐，除了上课几乎所有时间都戴着耳塞，一听到有新的专辑就会跑去学校附近的音像店看。

和大学同学不怎么交往的他，倒是和音像店店员混熟了。有次刘同突发奇想，和店员商量，新到的专辑先借他听几天，然后帮店主写专辑对应的推荐语，公平交易。

店主把刘同写的推荐语全都写在门口的小黑板上，没想到，店里磁带和CD的销量都比以前高出了很多。这是他第一次切身感受到文字的煽动力。

读大学时，他常常逛书店，但不怎么买小说，反而喜欢每月省出几十块钱买杂志。《上班族永远不会知道的十个真理》《21世纪最有竞争力的人格》《如何成为老板的心腹》《为什么你永远都不可能成为有钱人》《你适合创业吗》《不完美的人生也能有完美的事业》……这些今天看来非常鸡汤的成功学杂志标题，对于当时的刘同来说就像一根根救命稻草。

那时的刘同对自己的未来很焦虑。父亲反对他读中文系，最担心的就是他大四毕业之后找不到工作，没有安身立命的资本，在社会上被人看不起。

---

[1] 摘选自刘同：《谁的青春不迷茫》，中信出版社，2012年版。

于是大学四年他一直在问自己一个问题：当初我是好不容易考进大学的，四年之后，我该怎么走出大学？

刘同不想当老师，不想搞科研，便只能拼命写东西。刘同喜欢安妮宝贝。安妮宝贝曾说："我用写作区别自己和别的女人。"刘同也一样，想用每天写作来区别自己和身边的同学。

没钱买电脑，就用稿纸一遍又一遍地写日记，哪怕写错了一个字，也要重来一遍。"活得让人看得起"——这是刘同心里的一块石头，每天压着他，逼着他努力。

那时候的刘同常常收到报纸杂志的退稿信，他把这些印了各个杂志社名字的退稿信都留着，偶尔打开看看时，总幻想着是过稿通知。

有时刘同也会在同学面前假装不经意拿出这些信来，让他们以为是自己和编辑的来往信件，从而误以为自己和很多编辑相处融洽。

刘同第一篇文章的稿费是三十元，他却没有把稿费取出来，而是将稿费单折起来放在钱包里，随时准备"不经意"露出来给别人看，然后用漫不经心的调子说："嗯，这笔稿费还来不及取出来呢。"

为了这三十元的稿费，刘同前后花了二百多元请客吃饭庆祝，直到稿费单过期，都没动过兑现它的念头。

他太想被人看得起了。

03 辗转反复的综艺人士

1997年7月11日晚，《快乐大本营》在湖南卫视首播。

那时候国内热门娱乐节目只有两档——《曲苑杂坛》和《正大综艺》，这种尝试还仅限于中央台，省级卫视依然坚持着"新闻立台"的角色定位。

《快乐大本营》在湖南台的横空出世引得万人空巷。刘同看着电视机里的主持人与自己的偶像钟汉良谈笑风生，好不羡慕。进入传媒圈，成为像何炅一样的主持人，是十六岁的刘同暗自许下的愿望。

大三那年，身边同学都忙着准备考研或者考教师编，刘同则跑去了湖南电视台总编室实习，一边实习，一边写作。

毕业前夕，刘同写完了自己的第一篇小说，开始四处给出版社投稿，甚至在天涯论坛注册了五个小号，自己给自己留言，其中一个还装成专业编辑，希望被出版版块的编辑看到。

历经千辛万苦，小说版权终于以五千块的低价被出版社买断。身边人都说是得不偿失，但刘同很开心，被专业机构认可的感觉真好。

毕业后，刘同应聘了湖南电视台的娱乐频道，在四百人的面试规模中脱颖而出，顺利拿到了offer。最开始作为幕后人员，他每天一睁眼就是想创意，怎样做出更好的新闻，常常熬夜写方案到天亮。

有次因为节目主持人请假，制作人让他出镜报道新闻，那是他第一次面对电视机镜头。家乡的父母从电视上看到儿子的脸，终于松了口气——"儿子不仅找到了份正经工作，还混出个人样。"

之后的出镜机会越来越多，刘同参与了全国联播节目《城市日记》的嘉宾主持，还负责了第一届《超级女声》的宣传报道。在光鲜亮丽的履历下，是与日俱增的工作量。在湖南卫视待了一年多，刘同因为压力太大开始疯狂脱发，终于因为过低的工资和不匹配的工作量，他熬不住了，辞去了湖南卫视的工作。

2005年，刘同跳槽进光线传媒，开启了北漂生涯。刚跳槽的时候刘同非常焦虑，每天睡觉都会惊醒。做噩梦梦见自己被开除，总是怕挣的钱不够，无法养活自己。

他没想到，他在光线传媒一干就是十几年。节目策划、制片人、节目主编、艺人总监、营销经理……同一个公司，刘同的岗位换了又换，参与了多档王牌娱乐节目制作，在传媒圈摸爬滚打中，薪水也日益丰厚。

那时的他常常不分昼夜地出差加班，忙里偷闲的时候就爱写写东西，让自己静下来。他在日记里把自己叫"鸡血哥"，说自己"像狗一样活着""每天都处于很嗨的状态"。

从1999年到2012年，刘同写了八百万字，发表了很多文章。他通过工作关系认识了不少出版社的朋友，也出版了七八部作品，但都没有激起什么火花。

在某本书里，刘同坦言："我对电视节目有着狂热的爱好，曾经有一段时间在文字和工作之间做抉择，最终还是选择了工作。文字只是一个虚幻的东西，当没有更多东西写的时候，面对的就是一个'死'字。"[1]

刘同是喜欢写作，但似乎也仅仅止步于喜欢了。作家的梦想实现了又好像没有实现，靠着写作出人头地的理想，似乎距离刘同越来越远。

谁也没想到，转折，会来得如此之快。

04 指引青年的心灵导师

2011年12月，刘同代表光线传媒受邀《职来职往》，在嘉宾席上凭借犀利幽默的说话风格，一下子备受关注，成为众多年轻人的职场新偶像。

第二年年底，《谁的青春不迷茫》出版了。足够人气、足够吸睛的书名，配上足够"矫情"但也足够真诚的日记体内容……

阴差阳错，《谁的青春不迷茫》一下子爆火，点燃了一堆年轻人的青春共鸣，销量很快突破二百万册，超过他过去十年出版的所有作品的总和。

有意思的是，以前认真写的作品没什么人看，而这本书是出版社编辑找到他，让他把自己的日记整理精选出来出版。当制作人第一次拿着他的北漂日记让他出版的时候，他说，看自己二十岁时候写的东西就像我们现在看五六年前的QQ空间。

其实刘同也觉得羞耻。但这种羞耻感很快被之后铺天盖地的销量数据所掩盖，2013年，刘同以年版税七百一十五万的成绩登上了第八届中国作家富豪榜。

能挣钱，能挣很多钱，还有什么好羞耻？混迹于传媒圈多年的刘同，很快以敏锐的商业嗅觉探索出一条可行的营销路子。

他把"谁的青春不迷茫"打造成系列作品，延续这种文艺敏感的日记体风格，陆续又出版了《谁的青春不迷茫2：你的孤独，虽败犹荣》《谁的青春不迷茫3：向着光亮那方》……

线上线下大力宣传，塑造"成功、励志"的个人IP，高频次举办签售活动，参与各种访谈节目和校园巡讲增加曝光率，售卖各种图书周边……最终，"青茫"系列图书创下了八百万册总销量的商业奇迹。

---

[1] 摘选自刘同：《谁的青春不迷茫》，中信出版社，2012年版。

他当然清楚自己在做什么，在写什么，在迎合什么。就像在某次校园签售会的互动环节，刘同说，他渴望成为张嘉佳那样的作家，本身就是一个招牌，不用宣传书也卖得好。

和张嘉佳、大冰一样，伴随"畅销"而来的，是大量的批判、负面评价。批判他无病呻吟矫揉造作，文学性差文笔差，逻辑混乱语言不通，廉价鸡汤毫无营养……

但自始至终刘同在心底就没把自己定位成文学作家，也没想着写出文学性多强、多深刻的作品。他是个传媒人，作品卖得好，就很对得起这个身份了。

05 极具争议的个人性情

2012年是刘同爆火的一年，也是最忙的一年。

忙新卫视节目、忙新电影宣传、忙新书写作。他打电话给母亲时，母亲心疼他，让他别那么忙那么累，多注意身体。

刘同回复："当别人都看得起你的时候，你不珍惜，你以前不是每天烧香求菩萨让人看得起咱吗？"

就像大学第一次过稿把稿费单放在钱包里，刘同现在还是会写微博纪念和"炫耀"自己的无数个"第一次"：

写的明星文章第一次被登在电视台内刊；写的小说在全国发行的杂志上刊登了，围绕一个主题写的很多想法被登在杂志上；第一次成为被访嘉宾还被拍几张照片登在杂志上；第一次在杂志上拥有了带自己一寸照片的专栏……

一些人提醒他："就不能低调一点吗？就不能把自己的喜悦稍微隐藏一点吗？"刘同想了想回答："做不到。"

从小，刘同就喜欢看带有变身情节的动画片，他希望自己的人生也能有这种反转的效果。

他对朋友说："其实这些年最辛苦的事情不是自己的坚持努力，而是纠正别人对自己的看法，我想要自己的坚持和努力被人看见，想要被人看得起。"

刘同做到了。不管外界对他的评价如何毁誉参半，他也终于活得有头有脸了。

作家精彩名句与段落摘录

◎名句

1. 有一种孤独,不是做一些事没有人陪伴,而是做一些事没有人理解。(《你的孤独,虽败犹荣》)

2. 我们没有成为我们曾以为的,我们成为了我们能成为的。(《你的孤独,虽败犹荣》)

3. 如果没有当时你一次又一次的失败,今天的我或许还在老路上一条路走到底吧。(《谁的青春不迷茫》)

4. 很多人你不提,也许就会忘记。(《你的孤独,虽败犹荣》)

5. 你回头看看那么长的路、那么久的时间,人来人去只有你在陪自己。一个人那就一个人吧,也挺好的。(《一个人就一个人》)

◆段落

1. 我最佩服自己的优点应该是:懂得让自己变得更开心。不开心的时候,我就给自己一个开心的理由;想不明白的时候,就给自己一条想得明白的路。当你意识到,你能对自己负责;你的灵魂能够让现实的你变得更好;你是你最好、最亲,也是最可靠的朋友的时候,你便会想方设法让现实的那个自己变得更好。(《向着光亮那方》)

2. 真实的我是什么样子?朋友总说:"刘同,你好像看起来就很积极,很阳光,总是笑着,怎么打也打不死。"说多了,我也就信了。以至于,当我情绪真的变得糟糕起来,我的第一反应甚至是不可能,这不是我。然而生活是日夜更替,自然是四季轮回,没有人能一直活在白天,永远拥有日光。(《想为你的深夜放一束烟火》)

大冰：江湖再见

张九七

2023年，新藏线重新成为自驾和骑行热门旅行路线。

五月，高原冰雪融化，一队队摩托车骑行爱好者排队涌入219国道，在新藏大地上风驰电掣。

其中，一个身穿黑皮夹克、防滑靴，骑着两驱越野庞巴迪的中年男人格外引人注目。他是在社交平台上消失已久的大冰。

重装马甲，双杠墨镜，港式油头，标志性的一字须，喜欢在无人旷野播放音乐，见到冈仁波齐与萨普神山依然会哭。

时隔五年，大冰还是那个大冰，依然是观众印象中的行者、作者、文青梦想终结者。很难想象，七年写出七部"神作"的青年大冰，已然是"奔五"的人了。

01 被嫌弃的"野生"作家

2022年，作家大冰出版了他写书生涯的"最后"一部作品——《保重》。"感恩十年，诸君不弃，赠我以温饱体面。保重。"跨越十年，销量千万，"小蓝书"系列终于收官。

抖音直播间预售当晚累计有数万人观看，一万册签名新书上线即被抢购一空。短视频带货的效率，让见惯江湖风雨的大冰也不由啧啧感叹。

与上回剧情相似，大冰出书，迅速成为图书零售市场的一大爆点，但同时也让众多网友嗤之以鼻。

不少网友到他的微博评论区留言："终于等到你，村头厕所没纸啦！""有家长说给上大学孩子买的，这孩子算是学废了。""笑死，谁买，给中学生看的吧？"划开新书留言区，几乎清一色的差评和恶搞。

不过，与以往大张旗鼓、众星捧场的发布会不同，这次的新书活动十分低调。没有校园路演，没有粉丝握手礼，没有跟编辑斗智斗勇的微信截图，同时也没了小孩图片做封面，甚至内页都撤去了那串经典头衔和黑字署名，只留下了一圈抖音二维码，可谓紧跟时代风口。

众所周知，作为斜杠青年偶像，大冰身上贴满了无数的头衔：资深拉漂、丽江混混、民谣歌手、文青偶像、禅宗弟子、高校导师、科班画家、业余银匠、皮匠、手鼓艺人、诗人、前知名主持人、老背包客、摩托骑手……

作家，只是大冰众多斜杠身份的标签之一，却是让大众讨论和争议最多的一个头衔。喜欢大冰的人将他的书奉为圭臬，硬座千里只为求一纸签名；讨厌他的人则从哈尔滨排队到腾冲，同样来势汹汹。

不知道从什么时候开始，互联网上逐渐兴起一个现象：每当聊起青年作家群体或者文学相关话题的时候，网友们总会不约而同地提到大冰。小到一则网络段子、一位当红作家，大到发行新片新作、诺贝尔文学奖，几乎没有大冰容纳不下的梗。

如同物体运动离不开参照物，大冰和他的书，俨然成了当代文艺界的"度量衡"。然而，拨开议论的表象，里面显现的却是当事人被嫌弃、被群嘲的事实。

即使销量千万，也抵不过现实世界里的昙花一现。文坛住不下大冰，作"家"容不下大冰。以至于大冰一度调侃自己是野生作家，借此安抚公众对自己的负面舆论。

02 小镇青年的"向往的生活"

时间倒回很多年前。一部叫作《乖，摸摸头》的蓝皮书横空出世，在各大图书平台和线下书店里长销不衰。

《乖，摸摸头》是大冰转行写作后发行的第二本书，一经出版就成为市场热门读物，在一众明星大V的推荐下，六个月便卖出上百万册，并在此后一再刷新市场销售纪录。

伴随着作品的大卖，大冰也从边缘来到了舞台中央。一年之内，大冰微博粉丝数暴涨二百余万。从边陲小镇到北上广深，《乖，摸摸头》几乎席卷了所有书店和中学校园。

被同行嫌弃的野生大冰，突然成了炙手可热的网红作家。2015 年，大冰趁热打铁，写出了第三部小蓝书《阿弥陀佛么么哒》，一年后再推出下一部《好吗好的》。

南方姑娘的逃婚之旅，越战老兵的跌宕人生，成名前的"雷子"，还没出头的"大鹏"，流浪歌手，新疆姑娘，台北爸爸，身患绝症的弟弟，以及身世凄惨异父异母的妹妹……天南海北的故事于书中交会，构成了大冰笔下的人情江湖。远方太远，故事太湿。煽情桥段融入网络热梗，微信语录体加回车键漂移式写作，曾一度让众多网友争相模仿。

对于书籍的装帧设计，大冰也颇为上心。小孩照片、大间距、大字号、故事密集，佐以插图，每则故事后面印一个听歌的二维码。

啤酒配花生米，民谣配大冰，堪称捆绑营销的完美范例。当然，最重要的还得是让读者琢磨半晌的个人简介秀，不知道哪一个标点后面才是作者的真身。

伴随着声势浩大的营销活动，"小蓝书"系列火遍全网。据说当年《阿弥陀佛么么哒》销量超过二百万册，势头一度压过余华、莫言等文坛大佬。

尝到甜头的大冰，似乎找到了财富密码。他推掉一切无关的活动，全情投入写作，保持一年一部的"年更"节奏，陆续推出了《我不》《你坏》《小孩》等作品，收获书迷无数。

"请相信，这个世界上真的有人过着你想要的生活。忽晴忽雨的江湖，祝你有梦为马，随处可栖。"[1]

在紧张压抑的学习和职场环境下，大多数人被囿于校园和城市，没有说走就走的勇气，但又迫切需要找到一个出口，用来安放难以言说的迷茫和慌张。

于是，大冰笔下的故事，便成了无数小镇少年的"向往的生活"。"平行世

---

[1] 摘选自大冰：《乖，摸摸头》，湖南文艺出版社，2014 年。

界，多元生活"，书迷眼中的大冰，俨然已是斜杠文青的代言人。

七年时间，大冰累计输出字数超过二百万字，辛勤程度不亚于任何一位网文作者。之后的几本小说，虽然销售数量上不如最初三部，但也几乎本本畅销，"吊打"一众青春文学作家。

那些年，大冰、刘同、张嘉佳是书店和咖啡馆前排书架上的常客。在诗和远方的时代氛围下，一本大冰的小蓝书、一本张嘉佳的《从你的全世界路过》、一本凯鲁亚克的《在路上》……几乎是文艺青少年旅行箱里的标配。

03 浪子不回头

时间拨回 2002 年。那时，刚刚从艺术学院毕业的大冰还稍显青涩，与后来一嘴胡茬的浪子形象相去甚远。

画画出身的他，天性活泼，爱好唱歌讲话，所以去参加了山东卫视的主持人选拔。"斜杠"的基因似乎从加入电视行业这一天就埋下了种子。

彼时，他还叫焉冰。在《阳光快车道》做了两年综艺主持人后，他给自己取了一个后来在网上家喻户晓的艺名——大冰。

与后来我们熟知的酒吧掌柜不同，大冰在主持人这个岗位上安安分分干了十年。在地方电视频道式微之前，他为山东综艺节目的发展壮大，可以说贡献了不可忽视的力量。

由他主持的《阳光快车道》《不亦乐乎》《歌声传奇》等节目，曾是多少"95 后""00 后"的童年回忆。那时的大冰还不是喜欢在微博上怒呛粉丝的"耍大牌"网红作家，而是观众心中善良诙谐的阳光小伙儿。

他怒怼城市富二代、哐哐用头砸西瓜、为山区儿童募款等场面，让他在社会层面赢得了非常好的观众缘。

2013 年，年届三十岁的大冰决定离开电视台，背上背包，正式"下海"做一名斜杠青年。早在此前，他已经徒步走完了（据他自己说）滇藏线、川藏线，曾在藏区和滇西北山区游荡。一路上发生了各种离奇的事，遇到过形形色色的人。

后来，他将旅途中遇到的人和事记录下来，发布到网络平台上。这也成为他之后写作的一手资料。

2013年底，大冰从中精选了十个故事，合订成第一本书，取名《他们最幸福》。当年，这本书的全网销量达到八十万册，一度压过柴静和郭敬明。放到当下颓靡的图书市场来看，这无疑是相当亮眼的"战绩"。

紧接着2014年，大冰顺势推出了他的代表作《乖，摸摸头》。畅销百万册之后，大冰的写作之路便一发不可收拾，甚至甘愿放弃主业（经营酒吧），花十年时间构建他的"江湖帝国"。伴随着作品爆火，他的身价也顺势猛涨。

2016年，大冰从一众职业作家中杀出重围，荣获年度畅销作家奖。此后，大冰连续多年登上版税排行榜，排名一度超过当年明月、唐家三少等同龄作家，进入"千万作家俱乐部"行列。

各类商业路演、校园演讲纷纷找上他，甚至一些资方也找上门想投资他的小屋，在国内打造一个现象级的酒吧IP。

然而，即便名利双收，大冰依旧笔耕不辍。早在2016年就宣布行将"封笔"，但在之后的四年间，大冰依然"难却"粉丝的热情，一口气又推出了三部故事集锦。

即使文思穷尽，没有新鲜故事可写，他也不忘将自己早期的作品"回炉重造"，二度加工。亏谁不能亏粉丝，"绝不能让书迷留下遗憾"。在粉丝的簇拥和市场热捧下，大冰无疑成了移动互联网时代最当红的流量作家之一。

莫愁滇藏无知己，天下谁人不识冰。"小蓝书"卖断货后，大冰俨然成了滇藏两地的"文青领袖"，深受国内书迷和背包客们的追捧。

除了日常写书、演讲，大冰和他的朋友们，还将各地的酒馆生意经营得风生水起。从丽江古城出发，"大冰的小屋"开遍了成都、重庆、济南、厦门、西安等各大城市。

在"小屋"口碑尚未崩坏之际，这些分布在全国各地的酒吧"分舵"，不仅是许多民谣歌手的聚集地，也一度成了国内驴友和青年学子的网红"朝圣地"。

不过，这样的光景没能持续几年，属于大冰的章节便迅速翻篇了。

04 "冰学"兴起

大约在2017年前后，大冰的风评开始极速逆转。其受到诟病最多的地方，便是"毫无文笔"的叙事。

有读者认为，他的文字不修边幅，时有糙话，语言累赘，且习惯在各类故事里插入时下流行的网梗、野生句子，"非常破坏美感"。更有专家直言："他的作品根本谈不上审美。"

尤其是新书《我不》《你坏》发行后，随之兴起的"冰学""冰鉴"，再次在网络上掀起了解构大冰的狂欢热潮。

作为文青聚集地的豆瓣，无疑是读者们推行"冰学"运动的主要阵地。豆瓣上，关于大冰最知名的句梗，当属于马尔克斯《百年孤独》那段经典开篇："许多年后，面对行刑队，奥雷里亚诺·布恩迪亚上校将会回想起，父亲去带他见识大冰的那个遥远的下午。"

这里直接挪用了"冰块"，借谐音烘托了作者的声望和牛气程度。拉美文学巨擘加西亚·马尔克斯见到当事人也得"甘拜下风"，文艺教父凯鲁亚克会见大冰也得"乖乖让对方摸摸头"。

小蓝书系列最终章出版后，有网友化用张爱玲《红楼梦魇》的金句留言：人生四大憾事：一恨海棠无香，二恨鲥鱼多刺，三恨红楼梦未完，四恨大冰封笔。

更有好事者，将大冰先生载入《史记》，"高山仰止，景行行止"（《史记·冰子世家》），以表示对作者品行的向往和崇敬。

"文坛不能失去大冰，就像西方不能失去耶路撒冷。"得益于5G网络的快速传播，网络上很快出现了造梗热潮。一时间，万物皆可入"冰学"，甚至连大杯冰美式都概莫能外。

当然，与其说它是有关大冰的谑弄玩梗，不如说更像是一场抽象主义的集体狂欢。时代喧哗造物忙。随着时代变迁和受众群体的变化，大冰的书连同其本人、书迷，都逐渐成了攻讦和嘲谑对象。

曾经红遍互联网的"小屋"，也在经历一系列负面舆论后，逐渐走向了沉寂。当"90后""00后"陆续长大，走出象牙塔，大冰笔下的江湖轶事开始重新被人们审视、评判。

当"造神"的声音褪去，批评便成了主流。各种负面舆论纷至沓来，有关大冰的各种"黑料"、段子，堆满了媒体评论区。

人人"谈冰色变"，大冰的作品逐渐沦为"低劣""矫俗"的代名词。而他本人也在铺天盖地的争议声中逐渐退居幕后。

批判大冰，成了毫无异议的政治正确。但是，除去网上似有若无的"爆料"，真正关于他的实锤消息，则确属不详。

现实生活中，文艺青年大冰反而做了不少好事。

比如资助贫困学生，给一些乡村教师发放福利，用自己的稿费在百所学校办了五百多场免费音乐会，收留流浪歌手，发生灾难也会带头捐款捐物……

在赵雷最落魄的时候，大冰收留了他，逢人就推销："赵雷不红，天理难容。"在十年前的一次演讲中，已经小有名气的大冰用大段篇幅来介绍"雷子"。

大冰形容他是"最有才华的创作歌手"，但问题是"长相吃亏，难出头"。坐在台下的赵雷轻轻扯了扯帽檐遮住红了的脸。

在滇藏流浪的那段时间，赵雷写下了《小屋》《浮游》《理想》《阿刁》等多首经典民谣，但在很长时间里都不温不火。

后来的故事大家都知道。因一首《成都》而红遍全国后，民谣大火，赵雷终于走到了人群中央。但曾经的掌柜大冰却选择和成名后的赵雷分道扬镳了。

05 鸡汤总有乏味时

知乎上有网友提问："为什么大冰的书这么畅销，却总是被嫌弃？"回复讨论最多的，还是得归咎于作者糟糕的书写能力。

与其他精致讲究的青春文学作品相比，大冰的文笔差不多称得上作家中的"泥石流"，基本上是怎么俗腻怎么来，怎么"江湖"怎么写。口语化、网络化、短平直，偶尔迸出的矫情金句，是"大冰文学"的一大亮点。当然，也有被读者吐槽最多的小黄段子、油腻情节。

以上种种，无疑都触犯了文艺青年的逆鳞，是一个写作者不可饶恕的"罪证"。

其次，大众的厌倦情绪还源自大冰百试不爽的"冰式营销"。

当年，大冰与编辑的降价拉扯，至今还刻在书迷们的 DNA 里。除了在社交媒体造势以外，"小蓝书"的风行还离不开其团队"地推式"的营销活动。

每年上百场的亲笔签售与粉丝握手礼，一度让大冰患上了腱鞘炎，"手指不可屈伸"，其推广强度之大，堪比阿里铁军。

除了上述因素之外，大冰及其江湖的"崩塌"，还和时代变迁与受众群体的变化密切关联。

十年前,"00后"尚未成年,"90后"刚刚走入社会,"70后""80后"正是社会的中流砥柱。生活不止眼前的苟且,诗和远方还有庞大的受众市场。

在现实环境的约束下,外面的世界对于刚踏出校园和正背负学业压力的年轻一代无疑充满了巨大的吸引力。

于是,大冰、张嘉佳、张皓宸等一批网红作家应运而生,他们为焦虑的都市青年和小镇做题家们构筑了精致的乌托邦。

然而,随着移动互联网与经济的发展,越来越多的年轻人成为背包客、独行侠,他们看到了更大的世界。远方也不再神秘。

当"90后""00后"逐渐长大,经受"江湖"的拷打和环境的剧变,曾经的那些"侠客梦""江湖梦""音乐梦"似乎都成了杯中幻影。相反地,找到一份稳定的工作、寻一处温馨舒适的小窝,变成当下很多年轻人的梦想。

毕竟,与诗和远方相比,柴米油盐油费机票才是更为现实的考量。当天时地利人和失去,大冰笔下的快意江湖,如同海市蜃楼一般轰然塌陷。

在新的书写环境下,青春文学赖以生存的叙事公式,正逐渐成为过去时。

以大冰、张嘉佳、卢思浩、郭敬明、饶雪漫等为代表的青年作家群体,被网友们以"青春伤痛鸡汤文学"一言蔽之。与之相对的,现实主义叙事则重新登上了神坛。

读者审美的跃变,青春文学市场的萎靡,由此导致的大冰的"垮掉",也就不难解释了。

不过,单从文学审美角度去贬低大冰的作品一无是处,那未免也太看不起大冰了。至少在某个切面上,他曾给经验尚浅的年轻人提供了观察社会人生的多样视角,让一些人看到在"996"和"007"之外,还存在着不同于主流叙事之外的另一种生活、另一片世界。

穹顶之下,命运殊异,并非所有的人都有能力或机遇到达远方,去体验"斜杠"之后的多元生活。

从这个意义上说,每个时代都有可能推出契合那个时代情绪的"大冰",去书写新的江湖故事。

那么,下一个时代的大冰,将会出现在哪里呢?

作家精彩名句与段落摘录

◎ 名句

1. 国人喜欢俯视、仰视、漠视、鄙视,唯难平视。就算视线中偶有善意,也难免附带围观感、怜悯感。(《阿弥陀佛么么哒》)

2. 忽晴忽雨的江湖,愿你有梦为马,永远随处可栖。(《乖,摸摸头》)

3. 愿你我可以带着最微薄的行李和最丰盛的自己在世间流浪。(《阿弥陀佛么么哒》)

4. 喜欢就好好喜欢,别把执着当认真,放弃当放下,随意当随缘。还有一句:婆娑大梦,日日黄粱,若真的喜欢,就别抗拒遗憾。(《阿弥陀佛么么哒》)

5. 我对普通朋友这四个字的理解很简单:我在路上走着,遇到了你,大家点头微笑,结伴一程。缘深缘浅,缘聚缘散,该分手时分手,该重逢时重逢。(《阿弥陀佛么么哒》)

◆ 段落

1. 你曾经历过多少次别离?

上一次别离是在何年何月?谁先转的身?

离去的人是否曾回眸,是否曾最后一次深深地看看你?

说实话,你还在想他吗?

古人说:日暮酒醒人已远,满天风雨下西楼。

古人说:从此无心爱良夜,任他明月下西楼。

古人还说:无言独上西楼……

古人说的不是西楼,说的是离愁。

情不深不生婆娑,愁不浓不上西楼。黯然销魂者,唯别而已矣。

怨憎会,求不得,爱别离,每个人的每一时总要经历几回锥心断肠的别离。

每个人都有一座西楼。(《乖,摸摸头》)

2. 所谓朋友，不过是我在路上走着，遇到了你，大家点头微笑，结伴一程。

缘深缘浅，缘聚缘散，该分手时分手，该重逢时重逢。

惜缘即可，不必攀缘。

同路人而已。

能不远不近地彼此陪伴着，不是已经很好了吗？（《阿弥陀佛么么哒》）

笛安：打破标签

丁眉月

时间是个有意思的轮回。

十年前，笛安是大名鼎鼎的郭敬明最偏爱、最器重的作者，羡煞旁人；十年后，郭敬明三个字却成了笛安写作路上挥之不去的"阴影"。

2023年4月，由马伊琍、白宇领衔主演的《龙城》在央视八套和爱奇艺同步播出。很多书粉借此怀念青春的同时，也不乏有观众毫不留情地指出这部电视剧情节过于"狗血"，甚至被一些人调侃为家庭版"伤痛文学"、家庭版"小时代"。

哪怕是2018年笛安凭借小说《景恒街》摘得了人民文学奖的桂冠，但作为曾经郭敬明旗下的签约作者，受到的非议与质疑从未间断。但不可否认的是，郭敬明确实是笛安成名路上名副其实的贵人。

十年前的采访中，笛安曾多次透露出对小四郭敬明的真挚感激。小时候的笛安被父亲断定在写作上没有才华，而郭敬明给了她前所未有的肯定和鼓励——"他发自内心欣赏我的作品""他说，你尽管写你想写的，剩下的交给我"。

01 文学世家

笛安本名李笛安，十九岁之前，她没有想过自己会成为一名作家。

尽管笛安可以说是名副其实的"文二代"，父亲是写了《厚土》、得过"赵树理文学奖"的李锐，也是被瑞典著名汉学家看中的、最有可能拿诺贝尔文学奖的中国作家之一，母亲则是鲁迅文学奖得主、太原文联副主席蒋韵。

然而小时候的笛安与父母的接触并不多。笛安的外公外婆都是医生，住的是医院的家属院，也是顶好的学区房。因此，小时候的她长期被"寄养"在外公外婆家中，父母只是每天晚上来家里一起吃顿饭。

青少年时代的笛安并未过多显露出在写作上的才华，小学语文作文永远拿不到高分，高中稀里糊涂成了校刊的编辑。在母亲蒋韵看来，那些校刊上的文字大多是些"文摘体"和"贺卡体"，零言碎语充斥着幼稚的流行腔调，没什么太大的文学价值。

很长一段时间里，李蒋夫妇都觉得自己这个女儿可能"没什么写作的天分"，更别谈成为职业作家。对于笛安最大的期望，就是能够好好读书，考个好大学，做个大学教授，再嫁一个大学教授，过上稳妥的中产知识分子人生。

而外公外婆对笛安的期望，则是希望她成为一名医生，安稳、体面、受人尊敬。小时候的笛安不知道自己到底想要什么、想成为什么样的人，只常常有一种抽离感。

在医院的家属院，一整栋楼里的每一家至少有一个成员在这个医院上班，大家互相都认识，孩子们都一起玩，可以说是一个小型熟人社会。但在相当长的一段时间里，笛安最大的梦想是去一个完全没有人认识她的地方。

"这孩子总让人觉得，啥事儿都和她无关。"这是外婆对小笛安的评价。

02 国外时光

2002年，十九岁的笛安没能报考当时最感兴趣的中戏，而是迫于父母的意愿，前往法国留学，在完全陌生的城市读书和生活。

对于大部分法国留学生来说，最难过的是语言关，笛安也不例外。在大学，她读的是社会学，法语中复杂又变幻莫测的语法给本就理论性极强的社会学加大了学习难度。

喜欢独处的笛安在学校附近独自租下了一个小小的房间，到家后卸下一整日枯燥的法语学习，窝在床上用中文写作成了她找回自我、调节自我的方式。

"当时我自己的人生属于完全真空的状态，从早上睁开眼睛到晚上睡觉，如果我不去张嘴跟人讲话，就没有人会来跟我讲话。我被抛到一个完全陌生的世界，无论是语言还是习惯，一切都是完全陌生的。"[1]

---

[1] 摘选自刘秋香：《专访 | 笛安那种非常激烈的东西没有了》，"书都"公众号2019年4月26日。

命运的齿轮开始转动，曾经在脑海里零碎的片段和故事就是在这时候串联成一个个鲜活的故事。

《姐姐的丛林》是笛安在法国读书的第一年里写的。写完之后，笛安怀着忐忑的心情把文稿发给了父亲李锐。看到原稿的时候，李锐很吃惊，"居然写得还不错"。

为了避开文学圈裙带关系的影响，李锐把小说匿名交给了《收获》杂志的专业编辑，让他帮忙看下这篇"偶然拿到的小说"到底怎么样。

结果这篇题为《姐姐的丛林》的处女作成功登上了《收获》2003年第六期的头条。而这一期，刚好是创刊人巴金先生百岁华诞的纪念刊。

负责审稿的编辑在最后的录选消息还没有确定的时候，便忍不住发邮件给远在法国的笛安，毫不掩饰地表达对文章的喜爱之情。

那是笛安二十年来最开心的一天："我特别怕我写的东西只有我的家人说好，专业的编辑看不上。很幸运，编辑不是我们家的人，也觉得不错。""活了二十来年，第一次有人肯定我。"[1]

笛安凭借《姐姐的丛林》在文学圈崭露头角，成了《收获》最重视的青年作家之一。

《告别天堂》是笛安在刚过完二十一岁生日时完成的第一部长篇。二十万字的作品，她只用了三个月就完工了。一身的荷尔蒙无处释放，灵感如流水倾泻。

年少气盛的她此时还热衷于写爱情故事，写"一道闪电同时劈中两个人"，总想怎么才能让故事再激烈一点。她也是第一次感受到有个叫"天赋"的东西冥冥之中在推着她走。

但事实是，因为名气不够，愿意出版她小说的出版社并不多，准确说只有一家。而《告别天堂》出版之后，首印量卖得也不好。

那时候的笛安常常一个人逛书店，看到店里没有自己的书，便会假装漫不经心地问店员有没有卖《告别天堂》的，得到的回答要么是没听说过，要么是卖不出去，没进货。

十九岁那年，笛安第一次想到，写作或许是一条未来能走下去的路。但现在看来，这条路能走多远、能通向何方，仍然是个未知数。

---

[1] 摘选自刘秋香：《专访｜笛安那种非常激烈的东西没有了》，"书都"公众号2019年4月26日。

03 东霓西决

2006年，笛安从巴黎索邦大学社会学专业毕业。她没有回国，而是继续在法国高等社会科学研究院深造。

笛安在校成绩算不上好，对社会学的研究也算不上热情，但除了继续读书深造，她想不出自己到底还能做什么。她后来常想，如果她没有成为一个作家的话，很可能就成了坐在办公室格子间里出调查问卷题的那帮人。

但老天没有放任笛安泯然众人矣。2008年，二十五岁的笛安遇到了自己写作路上的伯乐——郭敬明。郭老板以毒辣的眼光和丰厚的条件拼命签下了还在法国读书的她。

笛安在后来的采访中坦言，自己小时候曾被作家父亲断定在写作上"没天赋""没才华"，而郭敬明对自己的坚定欣赏和重视给了她前所未有的鼓舞。

"他很喜欢我小说中'纠结''有张力'之处，包括洒狗血的部分。如果非要说小四和其他读者的区别，那么在于他更了解我作品角落中隐藏着的自己。"[1]

2008年起，长篇小说《西决》开始在郭敬明创办的《最小说》上连载，那时候还没有"最世文化"，《最小说》的总部只是郭敬明的一个小小工作室。

《西决》的写作过程并不像以往那么顺利，甚至可以称得上痛苦。笛安写了删，删了写，总觉得不满意。传说中的天分似乎不再足够推着她继续向前走，以往流水式的发泄方式似乎也不再适用。

有几次笛安都想要放弃，但郭敬明总鼓励说："写得很好，继续写吧，我们继续连载。"

如果说以前的笛安只是以单纯取悦自我的方式闷头写作，那这时的笛安开始不得不考虑整体的规划、结构的搭建。在这个过程中，笛安的作品叙事方式更有规划性，对情感的掌控也更成熟。

最终，在《最小说》收录的一众青春文学作品中，这部罕见着眼于家庭伦理关系的小说脱颖而出，一连载即受到年轻读者的空前热捧。

笛安成了2009年《最小说》年度最热门作者。而《西决》在《最小说》

---

[1] 摘选自《笛安：郭敬明欣赏我作品中的"洒狗血"》，中新网2014年11月17日。

连载的七个月里,每期均在读者排名中位列前三,人气仅次于老板郭敬明。

《西决》在2009年3月正式出版成书,首印二十万册,销售情况比预想中还要火爆,销售没多久就立即加印。那时的笛安面临硕士毕业,就业尚未落实,留在法国还是回国发展也是个苦恼已久的问题。

但可以预估的高昂版税让笛安第一次意识到:哪怕不上班,成为职业作家也可以很好地养活自己。

通过《西决》认识笛安的人越来越多,在郭老板的鼓励和催促下,续集《东霓》和《南音》也陆续推出,与《西决》合称"龙城三部曲"。

几百万销量带来的超高版税和超高人气,直接把笛安推上了作家富豪榜第十一位。老板郭敬明意味深长地说:"从此之后,你不一样了。"

在十九岁的少女笛安眼里,写作是对抗生活的武器,给了她生活以外的自信。生活可以充满挫败,可以永远失败,但是有写作在就什么都不怕。

但二十五岁之后,成为热门畅销书作家的笛安却突然发现:全世界开始对自己笑脸相迎,对抗生活的武器可以赚到钱了,而且是很多很多钱,啊,怎么回事,我原本不是想要打仗的吗?

04 转型之路

2012年,最世文化在《最小说》之外又推出了两个支线产品《文艺风赏》和《文艺风象》。

两本杂志的主编是郭敬明当时的左膀右臂——笛安和落落。相较于《文艺风象》少女小清新定位的稳妥路子,笛安把《文艺风赏》定义成了一本先锋的纯文学文艺刊物。

对于杂志收录文章的内容和体裁,主编笛安没有过多的限制。无论是传统的小说诗歌散文,还是中外电影话剧独立音乐赏析,在《文艺风赏》中都可以看到。

无论是传统严肃文学大家,还是当红网文作者,只要写出来的东西足够有感染力,足够有"新意",均能在《文艺风赏》上发表。

立足当下,放眼世界,兼容并包,是这本纯文艺杂志的最大特色。《文艺风赏》虽然没有像《最小说》一样成为一代人的现象级青春读物,但也实打实地影响了一批年轻人的眼界与审美。

有读者曾在微博私信笛安，坦言自己的中学时代在一个很小很小的县城度过，整个县城只有一家书店能买到《文艺风赏》。是每期的《文艺风赏》给他打开了一扇通往外界的大门，让他得以了解大城市的年轻人都在读些什么文章、关注些什么话题。

小说创作上，继"龙城三部曲"之后，笛安选择了一个市场上有些"冷门"的题材——明朝万历年间，十九岁丧夫的少女令秧拼了命地想要立贞节牌坊。

郭敬明曾明里暗里劝过她，这个题材和背景的小说市场可能会不太好，可能卖不出去。但笛安态度坚定："写作品，不可能永远想着畅销。"

事实证明笛安的选择没有错。2015年笛安凭借《南方有令秧》获得第三届"人民文学·新人奖"，畅销之余，严肃文学殿堂的大门也朝她越开越大。

三年后，笛安的小说《景恒街》再度被人民文学奖肯定。这次她不再以"新人奖"的身份被鼓励，而是实打实地摘得了人民文学长篇小说奖的殊荣，成为首位问鼎人民文学奖的"80后"作家。

在历任的获奖名单里，作家们的名字大概跟笛安父母是一辈的，多是靠乡土文学摘得桂冠，像她这样用当下城市文学的爱欲情仇敲开人民文学奖大门的几乎没有。

在中国当代文学的写作上，乡土文学一直占有压倒性份额。致力于书写城市的作家很少，写得好的更少，然而笛安的写作主题几乎都与城市密切相关。

华东师范大学中文系教授黄平曾评价说："今天的作家谁把城市文学写成熟了，谁就会进入文学史。笛安由青春文学出发，现在正走在城市文学的路上。"[①]

但在笛安个人看来，青春文学的基因本身是城市的。她并不认为自己的写作发生了多么巨大的转变，而是一个自然而然的延续过程。不管写得好不好、深不深刻，青春文学都是城市文学中不可分割的一部分。

[①] 选自徐明徽：《专访｜人民文学长篇小说奖得主笛安：那个战斗的少女不见了》，澎湃新闻2018年12月14日。

05 人生意义

在写《景恒街》时，笛安其实已经悄无声息地诞下了一个宝宝。

小说写完后拿给两位好友看，好友的评价是："以前看你的小说，主人公好像永远是危险冲动的，一直在犯错，从翻开书起就在等着那个狂暴的发生。而这次在《景恒街》中，这种犯错的冲动似乎消失了。"[1]笛安自己也半开玩笑说："我变了，变'正常'了。"

母亲的身份给笛安带来了自身都难以想象的巨变。怀孕以前，笛安把写作视作人生的全部意义所在，对人生的规划不外乎：二十岁必须要写出怎样的作品，三十岁必须要成为怎样的作家……

有了女儿之后，她依然觉得写作重要，但已经不再是第一位了，或者说，她发现写作已成为身体的一部分，但她人生的追求和意义，已悄然偏离了方向。

在新作《亲爱的蜂蜜》里，一向擅长写男女关系破裂的笛安甚至给了男女主角一个团圆结局，原因仅仅是想给小说里的孩子"蜂蜜"营造一个安定的生活环境。

在几年前的访谈中，笛安说自己的终极梦想，是写出像《卡拉马佐夫兄弟》那样伟大的小说，自己当下要做的，就是努力接近它、不断接近它、无限接近它。

笛安现在的写作状态更自如、更放松。写作不再是对抗世界的一种"战斗"，而成了一件自然而然的事情。"你发现你必须学会和很多东西共处，人永远不可能一直在战斗。"

作家精彩名句与段落摘录

◎名句

1. 天真其实不是一个褒义词，因为很多时候，它可以像自然灾害那样借着一股原始、戏剧化、生冷不忌的力量，轻而易举地毁灭一个人。(《西决》)

---

[1] 选自徐明徽：《专访 | 人民文学长篇小说奖得主笛安：那个战斗的少女不见了》，澎湃新闻2018年12月14日。

2. 可是人生那么苦,我只是想要一点儿好风景。(《东霓》)

3. 有时候,只要大家都愿意装作什么都没发生过,那就是真的什么都没发生过。(《西决》)

4. 高速公路是个好去处,因为全世界的高速公路都长得差不多,所以你很容易就忘了自己身在何方,因为一望无际,所以让人安心。(《西决》)

5. 幸福这东西,一点不符合牛顿的惯性定律,总是在滑行得最流畅的时候戛然而止。(《告别天堂》)

◆ 段落

1. 仇恨,是种类似于某些中药材的东西,性寒,微苦,沉淀在人体中,散发着植物的清香,可是天长日久,却总是能催生一场又一场血肉横飞的爆炸。核武器,手榴弹,炸药包,当然还有被用来当作武器的暖水瓶,都是由仇恨赠送的礼品盒,打开它们,轰隆一声,火花四溅,浓烟滚滚,生命以一种迅捷的方式分崩离析。别忘了,那是个仪式,仇恨祝愿你们每个带着恨意生存的人,快乐。(《西决》)

2. 可是人们都惊讶地跟我说:"你对生活还有什么不满意的吗?你已经从写作里得到了那么多。"交谈的欲望往往就在这一刻烟消云散,我笑笑说:"别理我,我发神经,喝酒吧。"于是大家参差地碰杯,他们没注意到我其实根本没有端起我的杯子。我看着有人醉了,有人流泪,有人叹息,我就会突然开始强烈地想念我小屋里的那张书桌,我的电脑和台灯。像乡愁那样地想念。也许每个人的人生都经历过这种深渊一样的瞬间,清醒着默默地求救,身后甚至还配着没心没肺的音乐。(《南音》)

双雪涛：砸掉铁饭碗之后

青野

1995 年，沈阳青年公园西门正对面，一座粉色大楼拔地而起，楼顶上五个红色大字惹人注目——北方图书城。

北方图书城是东北地区面积最大、种类最全的书店之一。对当时的沈阳人来说，青年大街上的这栋小粉楼是选购图书的最佳去处。每到周末，书店里人头攒动、热闹非凡。

人群中有一个瘦小的，并不起眼儿的男孩，一个人穿梭在书架和书架之间，目光神采奕奕、难掩雀跃——那是当年还在读初中的双雪涛。

01 启蒙时代

双雪涛自幼喜好阅读，不过工人家庭的藏书只有寥寥几本。他在其中最倾心《水浒》，几乎每年都要重读一遍。

也正是因为翻了太多遍，书的封皮慢慢脱落，直到书脊裸露出来，和它的主人面面相觑、相顾无言。

北方图书城的开业，对双雪涛来说显然是一个好消息，这意味着一家免费的图书馆向他开启了大门。

每到周末，双雪涛会在陈列着文学作品的书架之间走上几个来回，最后选择一本余华或者苏童的书，再找个地方坐下。以积攒了一周的期待，迫切投身浪漫奇崛的小说世界，直到城市被灯火点亮，天色逐渐暗沉下来。

和大部分"80 后"读者相似，是先锋文学完成了对双雪涛的启蒙。正是经由格非、余华、苏童这些南方作家，东北少年双雪涛初步认识到了什么是"小说"以及如何讲一个故事。

"他们需要读者，需要他们——有别于厚重的西方经典，有别于鲁郭茅巴老曹张爱玲沈从文，这是一群还在探索、洋溢着未完成感，对小说怎么写充满了新奇的作家。"[1]

十几岁正是觉得凡事皆有可能的年纪。少年双雪涛见识了虚构的伟力，难免会生出动笔的野心。不料他第一次出手，便被按头浇了一盆冷水。

"初中第一次作文，我的文章震动了老师和同学。老师将我大骂，说我不知跟谁学的，不知所云，这么写去中考肯定落榜；同学认为我是抄的，此文肯定埋伏在某本作文选中。我心灰意冷，唯一的利器钝了，立显平庸。"[2]

此后，双雪涛虽没有放弃阅读，但在作文上再没有出格之举。循规蹈矩、按部就班的三年很快过去，双雪涛升了高中。

双雪涛代表作《平原上的摩西》里有一个角色叫傅东心。作为出身知识分子家庭的文艺女青年，傅东心一生不容于外部热闹喧腾的凡俗世界，每天只顾着读书画画，在周围人看来性格清冷孤僻，是个不合群的"各色人"。

这个小说人物看似如凭空造人般不接地气，但细究起来，多少携带着双雪涛高中时代语文老师的影子。语文老师姓王，很年轻，性子冷，在老师群里人缘不咋地。但王老师很有才华，古诗词信手拈来，在教学方法上也有自己的一套。

双雪涛还记得王老师给他们布置的第一次命题作文——题目不限，但必须是两个字。双雪涛最后写了自己刚刚去世的姥爷，题目取了"生死"二字。满分六十分，他拿到了六十四分。正是这多出来的四分，让一度泯然众人的双雪涛再次辨认出了自己身上的某种天分，某种"异禀"。

于是他更卖力地阅读文学作品，仔细琢磨大家写文章的笔法，想从中寻摸出一条属于自己的道路。严格来讲，双雪涛的作文不算作文，更接近小说。但

---

[1] 摘选自双雪涛：《白色绵羊里的黑色绵羊》，上海文艺出版社，2023年版。
[2] 摘选自双雪涛：《平原上的摩西》，北京日报出版社，2021年版。

王老师并没有拿应试教育的框子框住双雪涛飞扬的想象力，还让他当了语文课代表。

"我的作文字迹极乱，老师尽力辨认，有时候我嫌作文本的格子框人，就写在八开的大白纸上，蝇头小字，密密麻麻，老师也为我批改。高中毕业前，我写了一篇东西叫作《复仇》，写一个孩子跋山涉水为父报仇，寻找的过程大概写了近千字，结尾却没有，老师也给了我很好的分数，装作这是一篇作文。"①

从某种层面上说，王老师是小说家双雪涛的第一个读者。她那"期待而无所求的眼神"是双雪涛喑哑无光的少年时代里恒亮的烛火，也是日后他每每回想都感到慰藉的温暖际遇。

02 银行的"出逃者"

高考之后，双雪涛觉得自己人生里一个特别关键的问题解决了，父母的辛劳和期望没有落空，他松了一口气。

不过热爱文学的他并没有读中文系，而是报考了吉林大学的法律专业。或许在一个东北下岗家庭的认知里，搞文学终究不是什么正经营生，所谓的自由作者和"街溜子"、盲流、无业游民之间，没啥本质区别。

和大部分人一样，双雪涛的大学生活以玩为主，以学为辅。刚入学时，他曾写了一篇文章，申请参加校内文学社团，结果惨遭拒绝。自此双雪涛自认没有写作才华，对文学死心断念，用踢足球和打麻将来打发课余时间。

度过了四年自由散漫的大学生活，2007年双雪涛从吉林大学法学院毕业，回到了沈阳老家。进入国家开发银行辽宁省分行任职，意味着工人后代双雪涛，端上了一个相当体面的"铁饭碗"。

上班族的日子简单重复，双雪涛白天在单位和钞票打交道，下了班就踢踢足球、看看书。最痛苦的是早起，但尚且可以忍耐。直到2010年春天，双雪涛平静的体制内生活被一则征文启事打破。

朋友告诉他台湾办了一个华文世界电影小说奖，一等奖的奖金有六十万元

---

① 摘选自双雪涛：《平原上的摩西》，北京日报出版社，2021年版。

台币，距离截稿还剩下二十余天。几乎没有正经写作经验的双雪涛动了心思。

一方面，而立之年的双雪涛需要这笔钱买房安家；另一方面，关于写作的野火在他的心中从未真正熄灭。

利剑出鞘，披荆斩棘。双雪涛的处女作长篇《翅鬼》飞过海峡，给他挣来了第一笔"稿酬"。《翅鬼》不算一部成熟的作品，但初试啼声的兴奋和满足却是真切的。

站在台北的街头，双雪涛生出少年般的意气风发，他在心中立下宏愿——"我想吃写作这碗饭，赴汤蹈火，写出牛×的小说"。于是，从台北回到东北后，双雪涛过起了双面生活。

白天他依然扮演着银行的小职员角色，用快捷键操作表格，和不同客户打交道，能喝小一斤白酒。夜晚则是小说家双雪涛在中南海的雾气缭绕中粉墨登场，演出剧目有关自己的青春，名为《聋哑时代》。

那个时候，双雪涛很喜欢日本作家村上春树，而村上春树以写小说为职业的生活状态在不断诱惑着他。"那段时间很喜欢村上春树，他29岁辞职，我也是那个年纪，他的经历像一个杠杆似的撬动了我，感谢他的选择影响了我的选择。"[1]

终于，在某个失眠的夜晚双雪涛做出了一个大胆的决定——辞职。就这样，二十九岁的双雪涛以砸掉"铁饭碗"的壮举向前辈村上春树致意。

作为这家分行成立二十多年来唯一的"出逃者"，当时的人事部门甚至不知道该如何给双雪涛办理辞职手续。

在双雪涛离开银行之前，一个平时并无多少交集的女领导把他叫到了办公室，略显突兀地说起了自己年轻的时候也萌生过离职乃至出国的想法，不过最终还是没能做到。

人到中年，过去身不由己的事情，如今已经无从弥补。如二十年前的自己一般站在人生分岔路口，却做出了相反选择的双雪涛让她感受到了一种别样的安慰。

她对他说："你有想干的事情，还是应该去做。"不知道当时的双雪涛有没

---

[1] 摘选自李俐：《双雪涛感谢八年前的任性"裸辞"》，《北京日报》2020年7月3日。

有注意到，面前这位中年女领导眼神中所流露出的期待，竟和当年的王老师那般相似。

虽然为奖金而写的《翅鬼》有点类型文学的样子，但辞职写作后双雪涛笔尖是朝着严肃文学使劲的，他的目标是《收获》这样的大刊。

03 "迟来的大师"

2013 年，双雪涛三十岁，辞职已有一年，而写作业绩却还是零。长篇小说《聋哑时代》虽然已经完稿，但是根本找不到地方出版，与此同时，某种中年危机也悄然来临。

成为父亲之后，双雪涛开始体会到了频繁失眠的感觉："我有几天没怎么睡觉，儿子出生，家里乱作一团，想起尿不湿的价格，实在不容易入睡。"[①]

没有了父母、体制的庇护，生活向双雪涛发出"欢迎来到成年人的世界"的冷酷之音，而他显然没有完全做好准备。

正是在这种心境下，他创作了《跛人》这篇小说。该小说讲述的主题关乎一个自以为长大成人的少年，在遭遇真实粗粝的现实世界的撞击后，认识到了自己的稚嫩和孱弱。

好巧不巧，正是这篇《跛人》让一度被纯文学拒之门外的双雪涛获得了期待已久的入场券，小说成功发表在他心向往之的《收获》2014 年第 4 期。

2014 年算是双雪涛创作上的一个丰收年。不仅《跛人》《大师》等已经刊出的作品受到好评，代表作《平原上的摩西》也在这一年年底完成。不过这篇小说的写作过程远不及《聋哑时代》顺畅。

如果说《聋哑时代》作为一部自传体小说，关乎双雪涛心中不吐不快的青春记忆，书写的意义在于替少年时代的自己掸去寒霜，那么《平原上的摩西》则是他走出自我后的一次逆向而行。

写作，是为了与他血脉相连的土地与人群。

"我本是个性急之人，有时候喝水都能呛着，写小说时是我人生中最具耐心的时刻，但是在这篇小说里，多次感觉耐心已经耗尽，好像一场旷日持久而

[①] 摘选自双雪涛：《白色绵羊里的黑色绵羊》，上海文艺出版社，2023 年版。

要求太多的恋爱，因为吵闹而烦躁并且越陷越深。后来我改变了方式，搬到岳母家，每天早晨坐十几站公交车，回到家里去写，写到离精疲力尽还差一点时，赶快收手。可惜每天回去，想起白天的工作，还是觉得不太完美。"

"那个故事独自躺在空房间的电脑里，那里一片漆黑，门窗紧闭，那个故事充满瑕疵，满脸粉刺，唯一支撑我坚持下去的理由，可能是感觉到这段恋爱最重要的时刻还没有来临，有些值得铭记一生的话语还没有说出。"[1]

《平原上的摩西》讲述了由一起出租车司机被杀案揭开的东北往事。小说采用多重第一人称叙事的手法，通过拼贴不同人物的叙述，描摹出凶杀案背后错综复杂的人物遭际，也以一叶知秋的方式折射出了历史转折处"共和国长子"的消沉与没落。

《平原上的摩西》的发表可谓一鸣惊人，这部小说不仅成为双雪涛最广为人知的代表作，甚至还被批评家盛赞为整个"80后"文学成熟的标志。

"迟来的大师"双雪涛，就此声名鹊起。

04 成名在望和成名之后

2015年，双雪涛收到了一封来自北京的邀请函，中国人民大学首届创造性写作研究生班向他抛出橄榄枝。

当时的双雪涛已经对长期居家的写作生活感到了由衷的厌倦，几乎未经犹豫，便打包好行李坐上了从沈阳北站出发的高铁。此次北京之行，最开始是求学，最终演变为定居。

先是从银行出走，继而离开东北，双雪涛文学上的野心促使他不断重复着"甩脱"的动作。新世界充满未知的机遇，一切如万花筒般在他眼前徐徐展开。

与此同时，某种"丧失"在同步发生。最明显的收获当然是几部小说的接连出版。2016年，除了《平原上的摩西》外，《聋哑时代》《天吾手记》这两部积压了好几年的旧作也得以问世，2017年则有延续东北风格的中短篇小说《飞行家》出版。

此外，华语青年作家奖、中国新锐文学奖、华语文学传媒大奖、"紫金·人

---

[1] 摘选自双雪涛：《白色绵羊里的黑色绵羊》，上海文艺出版社，2023年版。

民文学之星"小说佳作奖等各种奖项也纷至沓来。

2020年的新作《猎人》拿下宝珀理想国文学首奖,意味着双雪涛也许不被读者买账的写作转型获得了业内人士的认可。

随着"东北文艺复兴"的热潮,双雪涛的《刺杀小说家》《平原上的摩西》等作品陆续被改编为影视作品。虽然评价褒贬不一,但好歹也是登上了小说影视化的时代列车,从曲高和寡的文学圈驶向了光影璀璨的影视圈。

随着知名度提高,双雪涛的个人生活也发生诸多变化。比如他终于少了为钱奔命的压力,却多了被俗务所累的困扰;比如他原先觉得一个写小说的人应该躲起来才好,现在几乎每个月都要准备一个讲稿;再比如他刚到北京的时候,每半个月都要回沈阳探望妻儿,如今他对外公开的伴侣已变成同行张悦然……

一个诚恳的写作者在面对世俗意义上的成功时,大概都有些消化不良,双雪涛坦言,"大部分时间在焦躁和虚荣中度过"。但他始终保持着一种出身草根的韧劲。

不必洁净无瑕,不必尽善尽美,甚至不必做文学的圣徒,只需不断生长、不断跋涉,以或坚定、或踉跄的步子走那条命定的长路。

就像在《不间断的人》的创作谈中,双雪涛写道:"好像远方有一条无穷无尽的道路。怎么走也不可能走到尽头。人只是不间断人类的一环,如果这么想的话,那么能走多远就走多远吧,这时候个人的渺小是最好的安慰。"

作家精彩名句与段落摘录

◎名句

1. 只要你心里的念是真的,只要你心里的念是诚的,高山大海都会给你让路,那些驱赶你的人,那些容不下你的人,都会受到惩罚。(《平原上的摩西》)

2. 谁也不能永在,但是可以永远同在。(《平原上的摩西》)

3. 人和人之间有着永恒的距离啊,谁也代替不了谁,所以"担心"这东西是无谓的,而且很自私。(《平原上的摩西》)

4.而我非常胆怯出现在他们面前,因为那会使所有意念中的精神塔楼都变成一件真实的黑色围裙,同时伴随着责任,世故和磨损,不太适合一个懦夫。(《飞行家》)

5.那个外面一切都在激变的夏天,对于我来说却是一首悠长的朦胧诗,缓慢,无知,似乎有着某种无法言说的期盼。(《聋哑时代》)

◆ 段落

像我这样平庸的人,也许终我一生,也不会遇到美妙的事情,只有因为没有看透玄机而燃起的幼稚的希望,然后希望被击碎变成了绝望。我把剪子放在枕头底下,每天上床的时候都伸手摸一摸,确定它百分之百地与我同在。我没有想到跳楼,吃安眠药,卧轨之类的方式,只想到用剪子剪破自己的喉咙。也许是我想在死之前,先成为一个完完全全的哑巴。其实我当时并没有意识到,只要换个方式就可以活下来,像动物一样活着,放弃思考的权利,放弃对美妙事物的期盼,按照他们教我的方式,做一个言听计从的孩子。那时候,我还是太小了吧。(《聋哑时代》)

李娟：天生的作家

元气邓　夏夜飞行

"李娟"，或许你身边就有人叫这个名字。

但给这个平平无奇的名字加上"作家"或"新疆"的前缀之后，就会出现一种神奇的魔力。

梁文道评价她说："她的文字，让我觉得惊为天人。我没办法用太多的评语去评论她，大家只能自己去读。"

这个从小不爱上课、高中辍学、收过废品、当过裁缝……但40岁之前就把散文界所有有含金量的大奖都拿了一遍的女作家，为什么这么吸引人？看完她的经历，你也许会明白她的魅力所在。

01 新疆的孩子

李娟，1979年出生于新疆，母亲是农业技术员，但她从小跟着外婆在四川长大，因此，童年时期的李娟长期辗转于新疆和四川两地。

外婆是一个仆佣的养女，没有户口，生过十个孩子，夭折了八个，七十多岁时被政府召回照顾百岁高龄的烈属养母。李娟就跟着外婆靠捡垃圾维持生活。

李娟从小很笨，到了五岁说话还不利索，经常被人笑话。因此李娟不爱说话，终日待在家里，趴到玻璃上，惶然地望着外面的世界。

小学一年级时，李娟偶然看到了一张旧报纸，她就把自己认得的字都挨个念了出来，发现竟然能组成一句自己能理解的话。这种奇妙的初体验让李娟大为震动,"好像写出文字的那个人无限凑近我,只对我一个人耳语"。

从此,李娟爱上了阅读。外婆拾废品捡来的烂报纸、旧杂志,李娟挨着读了个遍。

在那堆"破烂"里,李娟印象最深的是一本叫作《小王子》的小书,虽然当时还弄不清作者想表达什么,但阅读文字带来的那种快感,让李娟欲罢不能。

小学三年级的时候,李娟跟着妈妈回新疆生活。母亲单身,当时有两个追求者,向李娟征求意见。

小小年纪的她哪里懂大人的事情,但她怂恿母亲选择了其中一个,原因仅仅是"那人家里有一面摆满书的书架,令人神往"。

最后,李娟得偿所愿,但母亲的婚姻一塌糊涂,后爸嗜酒如命,母亲经历了八年的混乱人生。

后来,母亲做回收废品生意,更是乐坏了李娟。她成天躺在快要顶到天花板的书海中,毫无选择地阅读,鲸吞海纳。

童年的李娟,境遇并不乐观。在学校成绩太差,被老师区别对待;放学路上,被男同学霸凌,"当作人肉沙包踢来踢去";回到家里,又常常被醉酒的后爸呵斥、辱骂……但好在阅读为她打开了一扇治愈的窗,能让她忘记烦恼任由自己在报刊亭、图书角、废品堆的书海中畅游。

毛姆说:"阅读是一座随身携带的避难所。"

对于那时的李娟来说,阅读是孤独苦难童年里最好的慰藉。

02 生活是素材本身

李娟对"考大学"没什么概念,她理解不了为什么一个人才十多岁,就要学习紧绷得"好像要为一生负责似的"。

老师讲课听不进去,课后作业也不想写,高中时期的李娟是一个标准的差等生。

但和其他作家不同,李娟的其他科目成绩尚可,偏偏文科成绩差得一塌糊涂。

高三的一次英语考试,李娟提前打好的小抄,却不小心在开考前最后几分钟落在教室讲台上。李娟很慌，遂逃回宿舍把铺盖一卷跑回了家。

从此，李娟的读书生涯仓促地打上了句号。

知道此事的外婆哭了，母亲也哭了。以后不上学可咋办？但李娟很高兴，觉得辍学后就可以不受管教地干其他事了。

她跟着母亲收废品、做裁缝、卖杂货，偶尔浪漫一下，在日记里写一些漂亮的句子："抬头望向窗外，那一汪蓝天蓝得令人心碎。忍不住放下衣料，把针别在衣襟上，锁上店门出去了。"①

李娟也曾一个人"拽"着五块钱，跑到乌鲁木齐一家黑作坊做流水线女工。

她做得慢，吃得多，很不受老板待见。

有次作坊里丢了两个煤气罐，老板娘硬是说她偷的。李娟为了能够留下来赚钱，没有反抗。后来她回忆起那段时光，说自己最大的愿望就是跟一个可以帮她买秋衣秋裤的老板干活。

打工不易，李娟想要改变生活，就拿着自己的文章跑到《中国西部文学》的编辑部去投稿。

就在那时，她遇到了生命中最重要的贵人——刘亮程。刘亮程是新疆作家，那时他刚出版《一个人的村庄》，名气很大。读完李娟的文章，刘亮程很喜欢。

社里编辑怀疑李娟会不会是抄的，刘亮程说："这只能是野生的。她找谁去抄，中国文学没有这样的范本让她去抄。"

虽然第一次投稿被退稿了，但总体上是被认同的。受到了行家的鼓励，李娟之后写得更起劲了。回到作坊后，李娟身上没有钱，工资又迟迟不发，她找到同学借了五块钱和一条毯子，凑合着过了个把月。

好在李娟所在的作坊附近富蕴县老家的人特别多，母亲托当地的夜班车司机打听到李娟的下落，把她带了回去。

物质上的贫乏尚能忍耐，精神上的乏味必须有所寄托。

在阿勒泰漫长萧瑟的冬季里，阅读和写作成了李娟抵挡无聊生活的武器。

---

① 摘选自李娟：《我的阿勒泰》，长江文艺出版社，2018年版。

2000年，外婆意外摔倒中风，李娟专门做陪护。在外婆的病榻前，李娟写成了对她个人极为重要的一篇散文《九篇雪》。

在新疆辗转的数载光阴，让李娟积攒了大量丰富且独特的生活体验和见解，当这些过往和感受流淌到李娟的笔尖，便成了一篇篇浑然天成的散文随笔。

次年，重返乌鲁木齐打工的李娟，将这篇文字发表在了《人民文学》。这是李娟第一次受到主流文学杂志对她的认可，也正因为这篇文章，李娟意外地得到了去阿勒泰宣传部工作的机会。

在平静、稳当的单位里，李娟不再需要为生计奔波发愁，她终于可以停下来踏实创作了。记忆中一家人在阿勒泰的日常，在李娟心底和笔下疯狂跳动，之后集结为《阿勒泰的角落》和《我的阿勒泰》。

在那些鲜活的文字里，澡堂、蝗灾、采木耳、荒野……这些看似琐碎乏味的事物有了新的一层风味。

那个前半截做生意，后半截吃饭，只有十来平的裁缝铺，李娟在书中这样写道："墙皮突然掉下来一块，也是被锅里炖的风干羊肉溢出的香气酥下来的。"

03 扎根阿勒泰

阿勒泰牧居生活为李娟的写作提供了充足的养料，但在李娟心里，自己仍然只是途经这片土地的旅者，而非真正的农人。

进机关工作的第五年，揣着五千的存款，李娟辞掉了铁饭碗。在南方闯荡半年后，李娟偶然间看到《人民日报》一个非虚构创作计划的招募。拿到创作赞助后，李娟只买了一件羊皮袄，便又回到了新疆牧场。

李娟先是跟着哈萨克牧民扎克拜妈妈辗转于四季的牧场，随后又跟随居麻一家去往冬牧场，在地下一米深的地窝子里生活了三个多月。

正是这段艰难迥异的荒野之旅，让李娟开始重新审视这片"旅居"二十多年的土地。

"如果不是有这段经历，我也和你们一样，觉得耕种就是远远的风景。"

李娟从旁观者变为参与者，那些从"土地"里、从"生活"里生长出来的感触喷薄而出，没日没夜地写成《羊道》和《冬牧场》。

在那个遥远、冷漠的边疆，李娟用语言细腻地还原了一个美好的诗意世界。那里有天然的自然风物、真实又治愈的人性和物性，以及那些真实世界里藏着的某种无法言说的生命寓言。

她不厌其烦地写一些极为细微的故事，写扎克拜妈妈如何做出一张黄金馕，写舞会上求爱的小伙子的憨态，写自己凑近观察炉子上的白气时居然被问干什么，是不是要吃炉子……

细致之外，又是无限辽阔、宏大精神世界的求索。

"这里是大陆的腹心，是地球上离大海最遥远的地方。亚洲和欧洲在这里相遇，这是东方的西方，西方的东方……但是在这里，真正属于我的世界只有脚下的小路那么宽。"[①]

那么宏大，又那么孤独。

孤独也是李娟童年生活里永恒的话题，母亲和外婆的爱给了她缓解孤独最好的解药。李娟是外婆从小带大的，在《遥远的向日葵地》里，李娟用很多篇幅回望了多年前与外婆和母亲相处的日子。

外婆老了，常常做梦，醒来后便要同李娟讲，隔天再讲又是完全相反的一个故事。李娟纠正后，外婆停下筷子，迷茫地想了好久。这种纠正，让李娟恍惚意识到"（外婆）她已经没有同路人了。她早已迷路。她在迷途中慢慢向死亡靠拢，慢慢与死亡和解"。

当外婆九十六岁去世时，李娟觉得"外婆最终不是死于病痛与衰老的，而是死于等待"。

寥寥数字，孤独至极。

而李娟笔下的母亲是个很有意思的人，不但给鸡做过红绿蓝紫的衣服（保暖），还给狗缝过裤衩（避孕），给家牛缝过胸罩（给小牛断奶）。

纵使生活万般刁难，母亲也总有法子破解。得知女儿在外租房时，母亲山高路远地顶着茫茫风雪，背着、扛着、抱着、提着三五人的行李，还带着两根两到三米长的树干，倒了三次车，给李娟去安置小窝。

[①] 摘选自李娟：《羊道·前山夏牧场》，上海文艺出版社，2012年版。

在《遥远的向日葵地》，李娟这样写在地里劳作的母亲：

"于是整个夏天，她赤身扛锨穿行在葵花地里，晒得一身黢黑，和万物模糊了界线。叶隙间阳光跳跃，脚下泥土暗涌。

"她走在葵花林里，如跋涉大水之中，努力令自己不要漂浮起来。

"大地最雄浑的力量不是地震，而是万物的生长啊……"

这些细碎、满是生活情趣的描写，读起来丝毫不觉得累赘，反而在不知不觉间就把人引进更为庞大的天地中，再像上帝一样，低头看了一眼渺小孤独的自己。

04 为什么喜欢李娟

过了四十岁，自称"娟姨"，虽然她不在新疆生活了，但每每提新疆我总是能想起她。

还有很多人因为看了她的书迷恋上了新疆，想一睹阿勒泰的芳容。而我们为什么这么喜欢李娟呢？

豆瓣上有这样一个回答："在物欲纵横的年代里，读她的故事，让我们这些忙着赶夜路的人也发现月亮真的很美。"

《遥远的向日葵地》《冬牧场》《夏牧场》《阿勒泰的角落》等作品，写尽草原人苦寒单调的生活，人类一代又一代重复的命运。这类主题本身是沉重的，但在李娟笔下，不寒凉，不消沉，尽是温热快乐的细节。这或许就是我们要找的答案。

法国作家罗曼·罗兰在《巨人三传》中说："世上只有一种英雄主义，就是在认清生活的真相之后依然热爱生活。"

不论身处何种境遇，不妨读一读李娟的作品，去发现那些世间未被洞悉的美好，感受心灵上的反复叩问，让这种清醒为我们注入光亮。

让我们在任何一片土壤上都能一生向阳，随万物生长。

作家精彩名句与段落摘录

◎ 名句

1. 漫长的劳动使阿克哈拉的土地渐渐睁开了眼睛。它看到了我们，认清我们的模样，从此才真正接受了我们。(《我的阿勒泰》)

2. 我只是一个凡人，我化解不了这种黑暗。尤其是我自己心里的黑暗。(《记一忘三二》)

3. 没有月亮，外面漆黑一团。但星空华丽，在世界上半部分兀自狂欢。星空的明亮与大地的黑暗断然分割。(《我的阿勒泰》)

4. 荒野将它从很久以前藏匿到如今，像是为世界小心地保存了一样逝去的东西……(《我的阿勒泰》)

5. 我在山顶上慢慢地走，高处总是风很大，吹得浑身空空荡荡。世界这么大……但有时又会想到一些大于世界的事情，便忍不住落泪。(《我的阿勒泰》)

6. 但愿我以后生活的地方，都会有一条河经过。(《我的阿勒泰》)

7. 人之所以能够感到"幸福"，不是因为生活得舒适，而是因为生活得有希望。(《冬牧场》)

8. 在这片寂静的冬牧场，每一片雪花都承载着故事，每一缕风都吟唱着古老的歌谣。(《冬牧场》)

◆ 段落

1. 我所能感觉到的那些悲伤，又更像是幸福。世界就在手边，躺倒就是睡眠。嘴里吃的是食物，身上裹的是衣服。在这里，我不知道还能有什么遗憾。是的，我没有爱情。但我真的没有吗？那么当我看到那人向我走来时，心里瞬间涌荡起来的又是什么呢？他牙齿雪白，眼睛明亮。他向我走来的样子仿佛从一开始他就是这样笔直向着我而来的。我前去迎接他，走着走着就跑了起来——怎么能说我没有爱情呢？每当我在深绿浩荡的草场上走着走着就跑了起来，又突然地转身，总是会看到，世界几乎也在一刹那间同时转过身去……(《我的阿勒泰》)

2. 这森林是火焰与海洋交汇的产物，是被天空抛弃的一部分。——当火焰与海洋交汇，排山倒海，激烈壮阔，相互毁灭。天空便轻悠悠地冉冉升起，以音乐的神情静止在我们抬头终日寻找的地方。而那些剩下的残骸渣滓，便绝望地留在大地上，向上方伸展着手臂，努力地想要够着什么……直到长到一棵树那样的高度，便开始凋零。(《我的阿勒泰》)

3. 天空永远严丝合缝地扣在大地上，深蓝，单调，一成不变。黄昏斜阳横扫，草地异常放光。那时最美的草是一种纤细的白草，一根一根笔直地立在暮色中，通体明亮。它们的黑暗全给了它们的阴影。它们的阴影长长地拖住东方，像鱼汛时节的鱼群一样整齐有序地行进在大地上，力量深沉。(《冬牧场》)

安妮宝贝：一个旅人走到新的边界

丁眉月

作为"80"后文青们的偶像、顶流网红作家，近些年来，围绕安妮宝贝一直有一个独特的现象：

曾经的读者们回忆起阅读安妮宝贝作品的时光，大多并非感怀青春之美好、易逝，而是觉得羞于启齿——读安妮宝贝是一种耻辱。

写作二十余年，贴在安妮宝贝身上的标签并不少，几乎清一色以负面为主："小资产阶级的无病呻吟""80后精神毒品""矫揉造作的都市言情伤痛写手"……其文风也在网络上被许多人恶意模仿和扭曲。

如今，"安妮宝贝"四个字已经很少出现在大众视野中，最早的那批"80后"读者也已步入中年。

早在2014年，安妮宝贝就已更名为"庆山"，写作风格也发生了根本性的改变。

当初和安妮宝贝同时期火起来的网络作家，譬如宁财神、李寻欢等，早已不再从事纯文学写作，要么转行做了编剧，要么下海从商。只有安妮宝贝，哦不，庆山，还在以几乎一年一本的速度向文学市场供给属于她的文字与思索。

是的，她还在写。

01 榕树下

1974年夏天，一个叫励婕的女孩在浙江省宁波市的一个小渔村里出生了。

在海边农村长大的她害羞敏感、不善交际、朋友寥寥，加上父亲工作繁忙，母亲脾气急躁，她总是独自玩耍，在卧室看书或者在房屋后的大池塘边逗留一整天。

童年长时间的独处让她比同龄人多了一份寂静、敏感与惆怅。

青少年时期的励婕和大多数规规矩矩的女孩一样，遵从父母的心愿，按部就班读书、考学。从经济学专业毕业后的她听从父母的建议，在中国银行宁波市分行做了营业部职员。

20世纪80年代，法国作家玛格丽特·杜拉斯的《情人》被翻译到中国，二十多岁的励婕第一次读到杜拉斯，心里的某根弦被拨动了。

王小波在杂文集《沉默的大多数》里说：

"我总觉得读过了《情人》，就算知道了现代小说艺术；读过王道乾先生的译笔，就算知道什么是现代中国的语言文学了。"

文艺作品里涌动的爱欲与银行日复一日枯燥乏味的生活形成鲜明的对比，这个叫励婕的女孩终于按捺不住了。

20世纪90年代正是互联网的探索成长期。

1997年末，美籍华人朱威廉出于对文学的热爱，以"生活，感受，随想"为宗旨创立了中国第一个文学网站"榕树下"。

网络文学逐渐成为时新的阅读与娱乐方式。

1998年，二十四岁的励婕以信手署下的笔名"安妮宝贝"在电脑上开始了写作生涯。她在BBS上传了第一篇小说《告别薇安》，开始用喃喃自语式的细碎句子描摹破碎的情感、漂泊的女性、都市小资的孤寂。

这些并不成熟的随想式习作却意外走红网络，安妮宝贝凭借其阴郁颓废的独特笔调，受到网友们铺天盖地的喜爱。

读者们的热情给予这个向来内敛顺从的女孩莫大的勇气。次年，安妮宝贝便不顾父母反对，辞掉了银行的工作。

她先是来到南京短暂居留，在广告行业就职，后又辗转来到上海，见到了榕树下的朱威廉。于是在榕树下的公司架构中，安妮宝贝摇身一变成了内容制作主管，网站主编是路金波，也就是李寻欢。

在榕树下孕育出的第一代网络作家中，安妮宝贝与李寻欢、宁财神、邢育森被并称为榕树下"四大杀手"，在网络上红极一时。其中安妮宝贝更是凭借其鲜明独特的行文风格在四位作家中最受关注。

2000年1月,全世界都在迎接21世纪,庆祝千禧年的到来,伴随着的是下海经商潮、城市化。

安妮宝贝的《告别薇安》正是在这个时间内出版。她颓废阴郁的文字格调恰好道出了狂欢背后年轻人内心华丽颓靡的孤寂与迷茫,"生命是一场幻觉,烟花绽放了,我们离开了"。

她的写作对象总是围绕着繁华都市生活的边缘年轻人,主题大多关于年少的情欲与妄想,堆砌出了一大堆深入人心的形象。

如"海藻般的头发""光脚穿白球鞋的女孩""穿白棉布衬衣和烟灰色裤子的男人""喝冰水、在冰凉的地板上走"……

《告别薇安》最终创下四十万册的辉煌销售业绩,安妮宝贝的书一度成为小资必备,安妮宝贝本人则成为无数文青心目中的"网红"。

同时出版的还有安妮宝贝的小说散文集《八月未央》,描写的依然是城市游离者的生活,以及关于烟花般的爱情、告别、死亡和流浪。

当时一位十七岁的少年特地从四川自贡来到上海榕树下的办公室,只为看安妮宝贝一眼。

为了追随偶像,他以"第四维"的笔名也开始在榕树下码字,写下那些有关青春的明媚与忧伤。

他,就是"小四"郭敬明。

02 青春里

2001年2月,安妮宝贝离开了榕树下,北上来到首都。

从榕树下离开后,安妮宝贝也退出了网络写作,全面转向传统的纸质出版写作,并向长篇小说的方向发力。

从2001年到2004年,安妮宝贝相继出版了《彼岸花》《蔷薇岛屿》《二三事》《清醒记》四本书。

2004年被称为"青春文学年"。这一年,以"80后"作者为主体的青春文学类作品占领图书市场高达百分之十,其中又以郭敬明、饶雪漫的"青春疼痛文学风"为主打。

安妮宝贝的作品依然本本畅销，但这些作品在保留早期文章的颓废色彩和情爱主题之外，多了一些她对生命的点滴感悟与省思。

安妮宝贝爱旅行，在西藏、越南、印度等地都留下了她的足迹。旅行、读书、写作、思考构成了她生活的绝大部分。

《蔷薇岛屿》是安妮宝贝在东南亚国家的旅行摄影散文集。在这本书写作之前，她的父亲刚刚离世。至亲的去世对她产生了很深的影响，无论是思考，还是写作方式，都悄然发生了转变。亲人的生离死别让安妮宝贝重新思考生命、家庭、人与人关系的本质。

在《蔷薇岛屿》的旅途中，安妮宝贝一边行走，一边梳理自己的感悟与心绪，不再像往日一样仅仅痴缠于颓靡的男女情爱。有读者认为，《蔷薇岛屿》是她最接近"普通人"心境的作品。

一直以来，关于安妮宝贝的评价，两极分化极为严重。喜欢的人很喜欢，对她的文字几近痴迷；但讨厌的人对其鄙夷至极，认为其文字不过是"小资产阶级矫揉造作、无病呻吟的自怜"。

2005年，安妮宝贝成功加入中国作家协会，其文学上的能力与贡献得到了官方认可。在那个传统文学当道的时代，安妮宝贝进入作协，也为网络文学打入了一剂强心针。

不过，外界是非好坏的评价似乎并未影响安妮宝贝的写作态度与进度，她依然以平均一年一本的速度将笔下的文字集结成册，供大众自由阅读与批判。

2006年出版的《莲花》是安妮宝贝写作生涯的一个明显转折点。

这本小说是由几位主角的回忆交织而成，尽管结局充满缺憾，但安妮宝贝不再认为生命与爱情只是"虚无的烟花"，很多缺失开始被接纳。正如她在书里写的那样："我的前半生已经过完，后半生还没有开始，我被停滞了。"

很多从《告别薇安》一路跟来的老读者认为《莲花》是安妮宝贝最好的作品。也是从这本书开始，国内不少人开始知道墨脱这个地方，安妮宝贝笔下的救赎之地。

《莲花》之后，安妮宝贝像自己笔下的人物一样，开始往灵修的方向坚定前行。它像是一个最后的告别礼，从此，安妮宝贝和曾经的读者逐渐分道扬镳。

2007年国庆节，安妮宝贝在北京诞下了一个重达六斤四两的女儿，名叫"恩养"。她在博客中简单表达了对读者们祝福的感谢，却拒绝回答一切有关孩子父亲的问题。

私人生活上，安妮宝贝向来相当低调，尽可能减少暴露在大众视野的机会。而文学上，安妮宝贝却有着相当大的野心。生完女儿后沉寂了近四年没有出版作品集的安妮宝贝，出人意料地，在2011年做出了一本叫《大方》的杂志。

当时市场上的杂志多以单一的青春小说、纯文学为主，安妮宝贝取名"大方"，意以大方开阔的办刊精神拥抱当时日趋式微的纯文艺市场。

《大方》不同于一般的速食杂志和日益广泛流行的博客网站，杂志里面的每篇文章都在八千字以上，不追随热点资讯，不制造劲爆话题。

为了使读者获得"静谧沉浸的阅读时光"，安妮宝贝的编辑团队还专门请人绘制了大量古典风格的插图，整本杂志极具东方文艺气质。

从杂志打头的"村上春树访谈录"就可以窥得安妮宝贝的野心。村上春树向来很少接受媒体采访，而《大方》开篇即是首次独家翻译、全文刊载日本编辑松家之仁对村上春树长达三天两夜的超级深度访谈。

此外还有贾樟柯、黄碧云、郭正佩等名家助阵，甚至还刊登了周作人的未发表作品《龙是什么？》。

《大方》第一期首印量高达一百万册，颇受读者欢迎，然而仅仅刊印了两期，便因为"以书代刊"的风波被迫停刊。

这一阶段安妮宝贝的写作与审美调性已经愈发淡雅，从《素年锦时》到《春宴》，安妮宝贝的文字开始变得清简而有节制，也从"体验生命""挥霍情感"变为对生命本质的虔诚求真与探索。

03 改名后

《眠空》的出版，标志着安妮宝贝又进入了一个新的阶段。

早期作品里，安妮宝贝视写作为宣泄手段，用以宣泄某种原生情绪创伤以及童年时爱的缺失。

因此，安妮宝贝的早期作品充满激烈、禁忌、动荡、不安全的爱。她曾表示,那种状态下的自己,因对抗本身而充满毁灭性的快感。渐渐地,她对写作的动力和意义进行了重新审视,她意识到写作"代表着一种向内自省,代表对表象的超越"。

"自我毁灭是有快感的,摔破一个罐子,与长时间塑造和建设它,前者让你享受到更为强大的自我妄想,觉得自己有力量,但事实并非如此。"[①]

下半场的她开始明确关注人的精神性,开始修禅,把注意力完全转移到宗教、哲学、传统文化和心灵方面的内容。

写完《眠空》后,安妮宝贝说有一种重获新生的感觉,活泼与生机再次回归她年近四十岁的身体。

2014年6月,安妮宝贝正式更名为庆山。

"'庆'是有一种欢喜赞颂的意思,它有一种对事物和周围的世界赞美敬仰的态度,而不是消极的、灰暗的。'山'是有神性的,与天地连结在一起,有一个词叫'静山如如'我很喜欢,所以把两个喜欢的字组合成一个名字。"[②]

对于那些因早年"浓烈颓废风"而被吸引来的大部分粉丝来说,她后期的作品已经不再具有吸引力。

庆山本人也承认,后期的作品已经没有"血脉",只剩下"筋骨",也就是"不好看"了。

改名风波加上作品风格的转变,"安妮宝贝"这四个字,逐渐淡出了大众视野。

04 新开始

无论是"转型"之前还是之后,安妮宝贝从写作初始,在文学领域遭受的争议与谩骂就从未停歇。

"转型"之前,其作品被列入青春疼痛言情文学之列,在大众流行消费市场大获成功,前期的作品被许多人调侃为"银镯体":辞藻空洞华丽、频繁使用句号、无病呻吟的小资情调、故事情节单调……

[①] 摘选自《安妮宝贝:于写作中见自己、见天地、见众生》,《新京报》2013年2月23日。
[②] 摘选自路艳霞:《安妮宝贝披露改名原因:"庆"有赞美敬仰方式》,中国新闻网2014年6月23日。

安妮宝贝的作品语言尚短，王道乾翻译而来的杜拉斯的作品语言也尚短，二者读来其实都具有古典诗的韵律美。

因而在一些人看来，安妮宝贝不过是杜拉斯的拙劣模仿者，得其形式但并未得其神韵，语言的美撑不起内容的空泛。

"转型"之后，安妮宝贝与当初网络写作时期的风格相差甚远，但依然被传统的严肃文学圈子所排挤，认为其"不够格"。她的散文作品被调侃为周国平式的"哲理鸡汤"，空有哲理灌输，十分干硬。

但一直以来她似乎并不受外界评议左右，一意孤行地坚持着自己的创作主题，也就是对人内在生命状态的观察、发掘与探寻。

早年间，在绝大多数严肃文学作者都还在乡土小说的泥土中苦苦挣扎时，安妮宝贝已经以轻盈的写作姿态、碎片式的语言大肆书写城市生活，实则在中国当代城市文学中有着不可忽视的开创性贡献。

转型后，庆山求本求真，用佛家的话来说，寻求"究竟"。

尽管在庆山最新出版的书籍《一切境》中，许多读者毫不留情地指出作者的思想体系充满矛盾和漏洞，信仰体系过于驳杂且不够深刻。

但这也恰恰真实展示了她作为一个普通人的"灵修"之路：充满矛盾与纠葛，不断推翻自我再重建，不断变化的是个体感悟，不变的是个体持续性地吸收与探索。

如今的庆山很少再像青年时四处旅行、流浪，而是固定住在北京郊外的房子里，过着类似某种山洞静居般的生活。那里有她的小花园和小农田，种花、读书、禅修、写作，缓慢而认真地给邮箱里的读者邮件回信。

安妮宝贝改名时曾发微博称："改名不代表'安妮宝贝'这个名字的消失。如同一棵树长出新的枝干，一个旅人走到新的边界。"

安妮宝贝的书几乎陪伴了笔者的整个青少年时期。但年少时的"为赋新词强说愁"如今看来也并没有什么羞耻，都是生命里十分真切的一部分。笔者被其深深触动过，也思索过，回头观望时，恍惚意识到今已行路至此。

只觉欣慰与感激。

作家精彩名句与段落摘录

◎ 名句

1. 有时需要寂静。如同我们在告别之后,才会确认一些发生。(《一切境》)

2. 时光是空旷的海洋。我们像鱼一样,虽然有相同的方向,却无法靠近。孤独是心里隐藏的血液,不管是该或不该,它就是在那里,不必知道它从哪里来,到哪里去。(《八月未央》)

3. 只愿世间风景千般万般熙攘过后,字里行间,人我两忘,相对无言。(《清醒纪》)

4. 开过花,随风摇曳,照人眼目。也需要像一棵秋天的大树,逐渐把力量回归到根系,滋养根部。(《清冽的内在》)

5. 水一旦流深,就会发不出声音。人的感情一旦深厚,也就会显得淡薄。(《清醒纪》)

◆ 段落

1. 容器只有清空,才可能试图承载无限。重要的事情,不是投入地热爱或忘记,而是无限地热爱或忘记。我从不奢望长久,只希望活得彻底,燃烧充分,展示出纯度。不停上演的生老病死,论证这个物质世界的变化无常和岌岌可危。我们已知道它的苦,就可以快乐而不复杂地参与它的游戏。(《一封信》)

2. 那种一直隐藏在心里的荒凉的感觉。就像晚上的时候去海边,天上有星星的夜晚,能照亮沙滩,远处环绕的群山,退潮后偌大的沙滩上一个人也没有。在那里看海,玩弄手中冰凉的沙子,听潮水的声音。坐得冷了的时候,站起身来,感觉周围的沉寂太荒凉了。让人心里害怕。(《八月未央》)

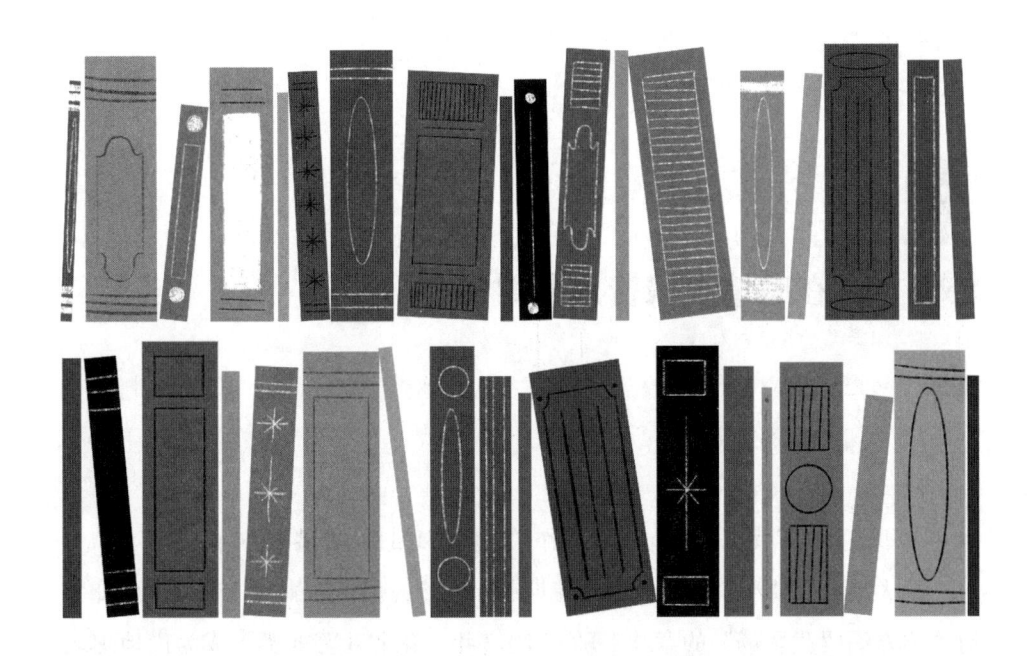

第七章　风花、雪月，他们曾书写爱情

亦舒：我在感情上浪费太多时间了／青野

八月长安：青春是座巨大的乌托邦／丁眉月

蒋胜男：出圈背后，藏着六亿女性的痛／笑风生

亦舒：我在感情上浪费太多时间了

青野

20世纪80年代流传一句话，叫作"台湾有琼瑶，香港有亦舒"。

两大港台言情小说天后的写作花期趋于同步，但是在影视化改编方面却大有"你方唱罢我登场"的意味。随着2013年《花非花雾非雾》成为内地琼瑶剧的尾音，琼瑶的影视化改编就此告一段落。

与之相对，亦舒的小说开始成为内地影视圈的热门IP，从《我的前半生》到《流金岁月》，再到刘亦菲最近开拍的新剧《玫瑰的故事》以及杨紫主演的《承欢记》，不断有新的影视作品问世。

半个世纪过去了，内地的社会文化语境堪称剧变，而亦舒的作品却稳占文化市场一隅，在观众的代际更迭和文学作品的媒介融合中延续着其悠长的艺术生命力。而亦舒比小说还要戏剧化的人生，也因其传奇性，始终被世人津津乐道。

01 出走

亦舒，原名倪亦舒，1946年生于上海，原籍浙江宁波，五岁时跟随家人到香港生活。

倪家是大家庭，兄弟姐妹有七人。其中做文字"生意"的除了亦舒，还有她的二哥倪匡。倪匡比亦舒大十一岁，父母迁港那年，十六岁的倪匡因进入华东人民革命大学受训而留在了内地。

华东革大成立于1949年，与普通大学不同，华东革大的招生公告声明凡

第七章 风花、雪月，他们曾书写爱情

录取者学习半年后，分配工作，并且免费提供膳食住宿。这吸引了当时不少解放战争后期国统区前途迷茫的年轻人，倪匡即是其中一员。

从华东革大毕业后，倪匡先后参与"土地改革""治理淮河工程"以及苏北、内蒙古的垦荒。直到 1956 年末的一次意外，倪匡的红色生涯宣告终结。

在内蒙古垦荒的倪匡在一次运煤途中，为抵御严寒把一座木桥上的杆件拆下来烧了取暖。事后他因涉嫌破坏公共交通设施，而被怀疑为"反革命"分子。

在动辄"暴力革命"的年代，倪匡为求自保，离开内蒙古，辗转几地，最终偷渡到了家人所在的香港。来到香港后，倪匡开始投稿《真报》等杂志以卖文求生，后来被《真报》录用，先后担任校对、助理编辑、记者和政论专栏作家。

1962 年，倪匡获得《明报》创刊人金庸的赏识，开始用笔名"卫斯理"在《明报》写科幻小说。也正是同一年，倪家另一位更年轻的写作者开始在香港文学场崭露头角。

写第一篇小说《暑假过去了》的亦舒年仅十四岁，小说被哥哥倪匡送到《西点》上刊登后，这位"天才少女"正式开启了自己的写作之路。

由此说来，哥哥倪匡算是亦舒的第一个伯乐。他戏称小妹为"大文豪"，并且认为"她的读者比我多，文字也比我好"。

有兄长引路，和大部分不知志业何在的少男少女相比，亦舒很早就确定了自己的人生方向。才气逼人再加上写得快而勤，亦舒很快成为编辑们眼中炙手可热的文学新星，追稿的人甚至找到了学校。

亦舒回忆自己的十七岁时说：

"觉得自己出名到不得了，叻女到不得了，简直就是一个著名的女作家，又可以出风头，又可以出专栏，又可以访问明星，又可以让记者访问我，又影相，又将相登在杂志上，哗，几威！"[①]

不羁本是少女性格的一部分，再加上亦舒如此顺利成名，难免多几分泼辣狂狷。而向自己的老板，也就是当时香港文坛大名鼎鼎的金庸要求涨薪一事，

---

① 摘选自《亦舒：我在感情上浪费太多时间了》，万维读者网。

也颇有如今的"00后"整顿职场的气概。

1965年，从何东女校毕业的亦舒经哥哥推荐，去了《明报》做记者，不仅跑新闻写专访，而且也是专栏作者。

金庸和中学同学沈宝新创办《明报》时，资本仅十万元港币。经过多年的苦心经营，《明报》从鲜有人问津的无名小报成为香港知识分子的必读报纸，同时也扩张为兼营出版、旅游和印刷乃至地产的庞大报业集团。

金庸凭借过人的经商头脑和日复一日的勤奋，创造了属于自己的报业神话。但是在稿费方面，他却是一位"抠门"的老板——当时《明报》作者的稿费都要比同水平的刊物给得低一些。

倪匡曾几番要求金庸涨薪，但没能抵御住金庸动之以情、晓之以理的话术，再加上两个人的老友情谊，只好作罢，至多暗暗腹诽一句"一流的朋友，九流的老板"。

但是小妹亦舒可不管那么多，在要求涨稿费被拒后，亦舒在自己的专栏上讽刺金庸是"刻薄的爬格子动物"。

不过小姑娘的伶牙俐齿再尖刻，也伤不到对面早已成人精的查老板。面对亦舒的"跳脚"，金庸笑着回应："骂可以骂，稿照样登，但稿费一点也不能加。"

就这样，亦舒的《明报》岁月，既有嬉笑怒骂，也有情谊无价。这本杂志向世人推举出她的言情小说、倪匡的科幻玄想以及金庸的武侠故事。这三人也被并称为"香港文坛三大奇迹"，荣极一时。

02 劳模

亦舒在写作上堪称文坛劳模。

她前半生做过记者编辑、酒店主管、公关主任乃至政府新闻官，但都没有写作长久，就像她在一次访谈中说的"唯有写作是我一路没有放弃的一件事"。

如今七十六岁的亦舒写了大概三百多部作品，著作等身对她而言不是夸张的修辞。

亦舒的小说大部分都以20世纪八九十年代的香港为背景，着力描写白领女性的情感生活。

与其他言情小说不同，亦舒的作品致力于打破恋爱的幻觉，通过营造不依赖男性、自矜独立的都市女郎形象，来传递一种崭新的性别意识：

"真正有气质的淑女，从不炫耀她所拥有的一切，她不告诉人读过什么书，去过什么地方，有多少衣服，买过什么珠宝，因为她没有自卑感。"

"一个女人没有经济能力，才会万劫不复，记住，勤奋工作，努力节蓄。"

"我的归宿就是健康与才干，一个人终究可以信赖的，不过是他自己，能够为他扬眉吐气的也是他自己，我要什么归宿？我已找回我自己，我就是我的归宿。"

《我的前半生》中的子君在遭到丈夫出轨遗弃后，被迫走出家庭，改变以往依附于人的生活方式，开始像一个男人一样打拼。

正是在投身职场的磨砺过程中，家庭主妇子君实现了自我成长和超越，变成了和之前截然不同的事业女性，并且获得了美满的爱情。

亦舒自小倾慕鲁迅，这个同名的女性"翻身"故事，算是对《伤逝》的"正能量"续写。

《喜宝》中，亦舒通过描写一个家境贫寒的年轻女孩喜宝，为了完成阶级跃升委身于"老男人"勖存姿，最终在获得财富的同时，也被欲望吞噬、迷失了自我的故事，来告诫女性不应通过出卖自己的身体，来获得虚幻的幸福。

《流金岁月》则讲述了主人公朱锁锁与蒋南孙之间患难与共、共同成长的人生经历，摆脱了狗血剧、三角恋式的叙述套路，展示出现代女性之间纯粹、坚实的友谊，也反衬出爱情的脆弱与可疑之处。

凡斯种种，亦舒对于现代女性命运和情感价值的探讨影响了一代女性读者的恋爱观和人生观。那些"姿态好看"的女性角色成为她们心向往之的精神镜像，亦舒也获得了"师太"的美名。

不过奇怪的是，亦舒的小说虽然旨在批判香港男权社会，反对女性的唯恋爱倾向，但小说中女主角最终的成功却往往伴随着一个家明式三好男生的青睐，似乎只有这样才算得上真正的圆满，对女性幸福的理解又再度退回"真爱至上"的狭路中。

以今天的眼光重读亦舒，读者看到的不再是激进的女性主义寓言，而更像是表面尖锐、实则传统且梦幻的"熟女童话"。在此意义上，亦舒或许的确已经过时了。

不过，对那些曾在青春期一度沉迷"师太"哲学的读者来说，亦舒的小说始终是一件贴己旧物，每当想起，依然散发出怀旧的、瑰丽的光晕。

03 爱恨

亦舒丰沛的生命力除了用于写作，还有很大一部分作用在其惊涛骇浪式的感情生活中。

亦舒一生经历了三段婚姻。

第一任丈夫是青年画家蔡浩泉，也是亦舒的初恋。和蔡浩泉恋爱时，亦舒方才十七岁，天不怕地不怕的莽勇在这个叛逆少女身上体现得淋漓尽致。

为了嫁给这个贫穷艺术家，亦舒不顾家庭反对，奋力与父母抗争，甚至以自杀相威胁。如愿结婚的第二年，亦舒还未满二十岁就生下了儿子蔡边村。

然而彩云易散琉璃脆，这段罗曼蒂克的爱情最终也和《伤逝》里的涓生和子君的爱情一样败给了现实。

婚后，亦舒和蔡浩泉常为金钱、琐碎事发生争执，最终导致情感破裂。

对这段感情的破碎，哥哥倪匡曾这样评价："我不怪蔡浩泉，这个人顶有艺术气质，到现在还大哥前大哥后，亦舒的脾气不好，男人受不了，乃人之常情。"[1]

蔡浩泉离婚后飞速再婚，而倨傲的亦舒从此再未见过自己年轻的肉身所孕育出的小生命。

蔡边村长大成人后，继承了父母的文艺天赋，成为一名纪录片导演。在2003年拍摄的《母亲节》中，蔡边村有这样一句对白："最后一次见母亲，是十一岁那年。那天母亲买了机械人给我，一起看了电影《007》，从此再也没有出现。"

困惑于"曾经亲密，为何疏离"的蔡边村如王家卫《阿飞正传》中的旭仔一般想象着与母亲"相认"的一刻，然而亦舒也如电影中的母亲那样，始终隐身于暗处，没有给予这个已经四十四岁的儿子任何回应。

如果说亦舒的第一段婚姻还有几分青春懵懂的赤诚，那第二段婚姻则显得

---

[1] 摘选自《亦舒拒认亲儿，儿子蔡边村拍纪录片寻母》，中国新闻网2013年5月14日。

极为狗血和歇斯底里。亦舒向来看不上琼瑶,但她和岳华的爱情简直就是现实版的琼瑶式闹剧。

亦舒和武打演员郑佩佩因工作结识,逐渐熟络,成为闺中密友。彼时郑佩佩的男友正是演员岳华。亦舒经由郑佩佩认识岳华后,倾心于他的英气与风度,一来二去,爱上了这位好朋友的男朋友。

郑佩佩有所察觉后,选择退出这段三角恋,后来远嫁海外。"抱得郎君归"的亦舒将对岳华的爱也搬到了台前,频频高调示人。

恋爱脑上头的亦舒甚至在《明报》写了一篇头条,标题就叫《亦舒为什么爱岳华》,罗列了男友的诸多美德,盛赞岳华为"这世上罕见的例子"。但与此同时,亦舒并没有完全释怀丈夫和郑佩佩之间的旧情。

看到报纸上提及郑岳往事,亦舒将岳华的西装全剪烂,甚至还有一次,气极的亦舒把一把刀子插在了岳华宿舍的床上正对心脏的位置。

最终导致两个人婚姻破裂的导火索是郑佩佩从美国寄来的一封信。这封信虽然是写给岳华,但内容并无不妥之处。亦舒发现后却将信件内容全部公开到了杂志上。

经由媒体的渲染激化,不仅郑佩佩的婚姻受到影响,而且岳华常年被控制的痛苦也集中爆发。他不顾亦舒挽留,执意要求离婚。就这样亦舒的第二段婚姻也狼狈收场。

再后来,历经千帆的亦舒在四十岁那年与一位香港大学教授结婚,移居海外,过上了相夫教子的日子。

亦舒曾在书中写过:"爱情原是锦上添花的事,男女互相为对方倾倒,糊里糊涂那么一刻两刻时分,便视为爱情,等到看清楚之后,不外是那么一回事,双方可以容忍的,便相处下来,不能够的,便立刻分开。"[①]

激烈的东西总是短寿,而亦舒最为低调的一次婚姻反倒细水长流,延续至今,想必是遇到了"可以容忍的人"。

作为作家,亦舒对爱情的理解在小说中表现得通达透彻、风轻云淡,然而作为凡人,她又何尝不曾困于情爱之中,尝尽其苦。

---

① 摘选自亦舒:《星之碎片》,天地图书有限公司,1983年版。

面对过去感情生活的一地鸡毛,亦舒不是没有遗憾。

她在一次采访中说:"我觉得我在感情上面浪费太多时间,现在回想就觉得这些时间应该用来做工。"

哈,这倒的确是亦舒女郎的口气。

作家精彩名句与段落摘录

◎ 名句

1. 失去的东西,其实从来未曾真正地属于你,也不必惋惜。(《玫瑰的故事》)

2. 人们爱的是一些人,与之结婚生子的又是另外一些人。(《玫瑰的故事》)

3. 每个人都如一本书,都有可观之处,只是有些封面设计得太差,不能引起读者打开扉页的兴趣。(《玫瑰的故事》)

4. 一个人对另外一个人好,总是有原因的。(《流金岁月》)

5. 无论什么都要付出代价,一个人,只能在彼时彼地,做出对他最好的选择。或对或错,无须对任何人剖白解释。(《流金岁月》)

◆ 段落

1. 有一种女子,任何男人都会认她为红颜知己,事实上她心中却并无旁骛,一派赤子之心。纵然举案齐眉,到底意难平。笑中带泪,没比这更凄酸了,除了天边月,没人知。(《玫瑰的故事》)

2. 山中方一日,世上已千年,南孙忽然觉得辛酸,竟没有什么欣喜之情。世界上充满了传奇。真不过瘾,这世界浑沌一片,还是小时候看的电影好,人物忠奸分明,就差额头没凿着字,而且善恶到头终有报。但磨难使他们长大成熟老练,凡事都不大计较了,并且肯努力叫旁人愉快,即使略吃点亏,也能一笑置之。(《流金岁月》)

八月长安：青春是座巨大的乌托邦

丁眉月

2023年4月底，八月长安小说改编的电影《这么多年》在影院上映了。

作为"振华系列"的终曲，小说从最初的网络连载到出版成书，八月长安的粉丝们足足等了八年，一直拖到2021年8月才终于面世。但这部小说的影视化却出奇顺利。

小说出版后的一个月内，网上就流出了光线影业的《这么多年》影视化备案立项公示，第二年投入拍摄，2023年初便已搬上了大荧幕。

作为"90后"的青春校园小说"杠把子"，《你好，旧时光》《暗恋·橘生淮南》《最好的我们》，因小说地点均发生在"振华中学"而被粉丝们爱称为"振华三部曲"。

然而《这么多年》作为姗姗来迟的第四部，更是"振华系列"的终部，连载到下册时却被八月长安的粉丝们直言"崩了"，甚至有人说《这么多年》下册毁了整个振华系列。

"永远不承认振华系列有第四部。"

01 完美履历

哈尔滨文科状元、高考作文满分、北大光华管理学院毕业……

种种光辉事迹让粉丝们向他人安利八月长安这位青春文学作家时，似乎永远都"拿得出手"。在很多人看来，八月长安的人生轨迹就如同她笔下的青春文学女主一样精彩。

1987年8月,八月长安出生在黑龙江哈尔滨市,原名刘婉荟。父母都经商,但姥爷喜爱读书,各种杂书摆满整个书架。刘婉荟自幼就显示出对读书的热爱和天赋,整面书架成了她最喜欢的地方,一待就能一整天。

刘婉荟嗜书,姥爷的书杂,刘婉荟读的也杂。从文学名著、人物传记到政府内参、母猪产后护理,无论是人文社科还是自然科学,哪怕是感冒药上的说明书,她有字就能读。

一年夏天,刘婉荟在书城看《魔术快斗》漫画,结果人看到一半中暑晕倒,被抬走的时候手里还攥着人家的书。读书以外,打游戏、看动漫也是她的心头好。

这些"不务正业"的兴趣爱好并没有耽误刘婉荟的学业。2003年,刘婉荟轻松考上了哈尔滨市第三中学。哈三中是哈尔滨市的顶级高中,每年往清北的输送量可占全国前五,校友人才荟萃,歌手李健便是其中之一。

刘婉荟所在的理科24班是优中之优的竞赛班,即便如此,刘婉荟依然稳占综合成绩全班第一的位置。文理分科时,理科成绩同样优异的刘婉荟经考量,还是选择了更擅长且更有把握的文科。

2006年6月底,高考成绩出炉,刘婉荟以六百六十一分的成绩一举夺下哈尔滨文科状元,语文作文《听我的故事,别走开》更是取得了满分的"战绩"。

在当地媒体的争相报道里,刘婉荟成了"用好课堂45分钟""从来不上补习班"的好学生样本。多年后她说:"这么说可能有点欠扁,但我的目标其实是省状元,结果才是个市状元。"[1]

刘婉荟的商业头脑在学生时代已初步显露。学校每年高考后会有一个小集市专门出售考生用过的"学霸笔记"和卷子,刘婉荟自然没有放过这样的赚钱机会,但和其他同学不一样的是,她不出售笔记原件,而是持续出售复印本。

在被父母叫停之前,学习资料一共卖了两万多块,成为当年"学霸笔记"的销冠。

---

[1] 摘选自莫琪:《〈最好的我们〉原著作者八月长安:许多人青春后,再没有变过》,澎湃新闻2016年6月15日。

不仅聪慧、文采好，而且长相温婉可爱、大提琴十级、会打排球篮球、被教育部选中作为哈尔滨形象大使出访泰国……高中时代的刘婉荟就像其小说《暗恋·橘生淮南》里的洛枳一样灿烂耀眼，自带主角光环。

如果说刘婉荟是家长心目中"别人家的孩子"，那么对于大多数普通女孩来说，她的人生是她们无法企及的"她者的青春"。

02 拥抱写作

2006年9月，刘婉荟意气风发地踏入了北大光华管理学院。

作为日本动漫的忠实爱好者，那时刘婉荟最大的梦想是"六十岁拍一部属于自己的动画片"。

但她从来不是单纯的理想主义者，比起选择相关专业，她认为先赚钱更重要。于是她理所当然地选择了北大分数最高、最热门也更利于就业的光华管理学院会计系就读。

但曲线救国的路没有想象中一帆风顺，她此后这样回忆正式上高数课的第一天：正式上课是九月十一号，八点钟，她坐在电教三楼大教室的倒数第三排，板书一个字也看不清。讲台前的年轻老师说话带一点江南口音，她走了半分钟的神，此后再没有听懂过数学。

期中考试后，数学老师在黑板上写下"月落乌啼霜满天，江枫渔火对愁眠。姑苏城外寒山寺，夜半钟声到客船"，用以安慰考试中挫败的同学们。

台下笑声一片，但那几乎是刘婉荟唯一一次看懂高数B的板书。

北大光华管理学院就读经历给她上了人生第一课——有些东西不是努力了就能做好。她看到了天地之广，也看到了自己的局限。

北大上学期间，刘婉荟几乎每周都去中关村图书大厦买书。她知道书什么时候打折，也熟悉每层楼卖什么书，常常一看就看到打烊，一列列书架堆叠起的空间成了她短暂躲避课业压力的乌托邦。

那时的她还没有开始真正的写作尝试，顶多在人人网上写日志，发泄下青春期饱胀的情绪。

大三时，当所有人都忙着实习和网申时，刘婉荟却申请了早稻田大学为期一年的交换生项目，终于逃离了这个她又爱又恨的地方。

刘婉荟把待在日本的一年形容为"晚自习停电时分"。"当你有条件往某个方向努力的时候，你不努力，就会付出很高的心理成本。但是那一年，就像高三晚自习突然停电了一样，你什么也做不了，因为条件不允许。那时候不务正业，是很开心的。"[1]

四处旅行、当英语家教、中文家教、教舞台剧演员学英语……在课业压力远小于北大的早稻田大学，她"浪费"大把的时间尽情做自己喜欢的事，文学创作也是从这个时候开始。

2008年10月，她打开晋江文学网，把已经改过一稿的《橘生淮南》发布在了上面。

对于当时的刘婉荟来说，还没有清晰的"文学创作"概念，在网站上写小说对于她来说，更多的是自我情感的发泄。笔名作马甲，也不必担心熟人的窥视。

她频繁在网络上更换笔名，不断弃坑又不断开新文，只为取悦自己。在即将离开日本的夏天，期末考试、注销账户、打包行李、对未来的迷茫……学业压力与生活琐碎让刘婉荟的表达欲达到了顶峰。

顶着"藤子不二熊"的笔名，刘婉荟在整日拉着窗帘的留学生公寓用惠普笔记本敲下了《玛丽苏病例报告》的第一行字。小说反响很好，连载不久就引来了许多人关注、求更新，读者的人数像滚雪球一样越来越多。

人还在日本，就已经有出版社开始联系她出版。编辑凌草夏通过晋江站内的短信找到她，开始与她商量出版事宜。

不久，小说改名为《你好，旧时光》，刘婉荟的笔名也正式改为八月长安。生于盛夏八月，但求此生长安。

后来回忆起这个清新文艺又稍显矫情的名字，八月长安总半开玩笑地说："如果可以，真希望我的笔名就叫熊二，而不是八月长安。每次别人喊我这四个字，我都想挖地三尺把自己埋起来。"

---

[1] 摘选自宋喆、张漫溪、买祎然：《身为普通人，她如何成为作家，成为八月长安》，澎湃新闻2019年6月25日。

03 橘生淮南

2009年，完成一年的学习后，八月长安拿到早稻田大学的政治经济学学位。

回国后的暑假，八月长安把大部分时间都用在了赶稿上。家里只能拨号上网，而她的笔记本必须连宽带，所以许多更新都是在网吧完成的。

9月开学后，落下的大三和大四的专业课一股脑涌向她，同时，找工作的事也烧到眉头，不得不正视了。她白天几乎连轴转，上课、考试、论文、小组作业、网申笔试面试……晚上回到宿舍，再挤出时间来更新。

繁重的现实压力下，写作没有成为负担，反而成为她唯一的放松和发泄。那段时间她文思泉涌，更新频率极高，几乎达到了一周三更。小说《你好，旧时光》也在这时候出版了。

2009年12月，天气冷得要命，刘婉荟双手插兜从北京西直门附近的图书公司走出来，书包里装着的是沉甸甸的五套《你好，旧时光》样书。

在当年的北大校园中，写这类小说是被默认为不务正业，甚至有点丢脸和羞耻的事情。回到宿舍后，刘婉荟甚至来不及打开看看，就迅速塞进了书桌顶端的柜子里，生怕被舍友发现。她说，如果同学知道了，她就去跳未名湖。

《你好，旧时光》首印两万册迅速售罄，再版时进行了一些字句和情节的修正，新添八万字番外，分上下两册上市，很快又销售一空。但那时候的八月长安还不明白这份命运的馈赠到底意味着什么。

身边的人都在忙着面试找工作，她最紧迫的目标也是找到一家体面的公司落脚，成为玻璃写字楼里的女白领。

2010年6月，二十三岁的刘婉荟拿到北大和早稻田的双学位，如愿去了上海从事资产投资工作。金融行业几乎没有一天不加班，她只能忙里偷闲写作。

那时候的她对"成为作家"这件事还没有概念，写作也完全称不上梦想，顶多是一份兴趣和消遣，以及零花钱的来源。

但随着《你好，旧时光》的热度持续飙升，八月长安这个名字被越来越多人所熟知。平时下了班路过书店，她就会走进去，偷偷看一眼自己的书被摆在哪里。

彼时她已经不在晋江上更新，与粉丝交流的场地转移到了博客和刚刚兴起的微博。

2011年，振华系列第二部《暗恋·橘生淮南》也顺利出版了，八月长安一边拿着三十多万的年薪在上海当白领，一边拿着越来越丰厚的稿费，事业可谓风生水起。

2012年2月26日下午两点，八月长安迎来了人生第一场读者见面会兼《暗恋·橘生淮南》的新书签售会。

去之前她还很担心没有人捧场，但实际情况是现场坐满了人。八月长安，是真的火了。

在粉丝们的催促下，《最好的我们》也即将上市，八月长安将面临新一轮的全国签售，工作与现实如何平衡？八月长安心里已经有了答案。

经商家庭出生的刘婉荟，从小就懂得权衡利弊，此时她靠写作赚的钱已远远超过了本职工作，从金融行业辞职，全职写作对她来说已经不是冒险，而是事业上升期最好的选择。

更赚钱，更持久，也更自由。于是她毅然从既定的人生轨道中跳出，而写作这条路稳稳接住了她。

第二年夏天，《最好的我们》出版，"振华三部曲"诞生了。

2014年，八月长安开始创业，在青岛成立了怀才不遇文化传播有限公司并担任CEO，带领团队开发包括自己作品在内的多部影视项目。2016年，由小说《最好的我们》改编的电视剧迅速走红，豆瓣评分高达8.9分。

正片播出之前，有一次八月长安和几个主演聚餐，从他们那里收到一张刚拍好的剧照，她随手就发了微博，配文"耿耿余淮"，结果一下子被转了几千条。

《最好的我们》的播出迅速带红了女主谭松韵，而刘昊然凭借男主余淮的角色，摇身变为当年观众心中的"国民初恋"。

之后《你好，旧时光》《暗恋·橘生淮南》也以网剧、电影、漫画等形式陆续重返大众视野，最后都成了极其热门的现象级大IP。

在这之后的很长一段时间里，八月长安享受着观众和资本的双重青睐。

04 青春不再

作为"振华系列"的第四部,《这么多年》的连载却没有像前三部一样好评如潮。八月长安从校园步入了社会,小说主人公陈见夏也从青春走向成人。八月长安的叙事笔调变了。

陈见夏并没有继承振华中学女主角的光环,八月长安对她也算是异常"残忍"。她贫穷、拧巴、努力摆脱原生家庭在大城市扎根,多年后还是在现实中举步维艰。

"知识改变命运,但是知识没有告诉她,什么样的命运才算好。"[1] 在《这么多年》的线上分享会中,八月长安直言想把书中这句话写在书封上。

她说她不希望《这么多年》的发展是轻盈、简单的结尾。"振华系列并不是必须要以青春文学作结尾,在我自己跨入某个年纪后,往前走是必须要做的一件事情。"[2]

然而从"振华三部曲"一路追随而来的粉丝们并不买账:"想写残酷物语的成人故事重开一本就好了,何必打着'振华系列'的幌子、蹭着'振华系列'的热度搞出来一个不伦不类的东西?"

更有甚者,说八月长安早已江郎才尽。

一部《这么多年》的连载拖了"这么多年",既不想放弃青春文学作家的名头,又试图写出现实人生、跻身严肃文学行列,但奈何笔力不够,加之过于顺遂的生活让她无法感知生命真正的底蕴,于是这本书像在拙劣的成人世界里安插了一条不伦不类的伪童话。

随后她的小说《狼狈为欢》也不见叫好叫座,很多粉丝对她更加失望。

但无论是否江郎才尽,八月长安是真的不傻。

《这么多年》从"振华系列"衍生而来,本身就是一种商业化套路,重开一本的难度远高于挂靠一个成熟的大 IP。八月长安在坚持写"成人童话"的同时,又选择了商业上更加稳妥的策略,哪怕冒着可能让粉丝失望的风险。

《狼狈为欢》最初连载在杂志《读者·全世爱》上,八月长安的解释是

---

[1] 摘选自余冰玥、沈杰群:《八月长安:"振华中学"故事完结了,这次不是青春文学式解法》,《中国青年报》2021 年 8 月 31 日。

[2] 同上。

"不过是几年前的休闲练笔之作""仅写了五万字左右""起初就是以狗血为目的、将所有经典套路的言情小说桥段堆在一起"……

但"融梗"与"抄袭"还是有很大差别，明眼人一看便知。

八月长安在微博长文中暗示这不过是一部"拿钱交稿"的凑数作品，大抵没想到这许多年前随便应付的作品若干年后还会被网友拿出来"鞭尸"。

2019年，八月长安重返北大光华，成为北大"中国CEO"项目的春季班新学员。

当八月长安隐约感受到自己在写作上很难再有大的突破，自己青春文学的头衔在图书出版和影视剧改编的红利正逐渐淡去的现实时，她选择了重返北大校园商科院，学习如何做好一名企业家。

此时无论是八月长安的影视公司，还是其开在青岛的"八月小馆"咖啡馆，均维持着还算稳定的运营状态。

她一直以来都懂得权衡利弊，也从来不会让自己陷入无路可退的尴尬境地。

05 名满天下

2003年是哈尔滨第三中学建校八十周年的校庆，李健等知名校友纷纷返校庆贺。十六岁的刘婉荟看着新校区大体育场夜晚绽放的烟花憧憬地说："等十年后的九十周年校庆，我要成为坐在主席台上的知名校友。"

2013年，哈三中举办建校九十周年校庆，刘婉荟受校长邀请，重回母校做演讲。原2003级理科24班的学生问班主任张雪："老师，你知道咱班现在最出名的是谁吗？"

班主任说："是刘婉荟吗？"

曾经的学生们笑着说："她现在叫八月长安，因为生于盛夏八月，但求此生长安。"

无论如何，她到底是做到了。

作家精彩名句与段落摘录

◎ 名句

1. 爱是一生的难题,祝少年不老,祝爱情和自尊两全。祝所有想触碰却又缩回的手,最终都紧紧牵在一起。(《暗恋·橘生淮南》)

2. 时间偷走的选择,总会在未来用它喜爱的方式还给你。(《暗恋·橘生淮南》)

3. "我爱你但与你无关"是一句文艺而高明的借口,挽回了包括她在内的无数人的面子。(《暗恋·橘生淮南》)

4. 然而再怎样贪婪,她所想要的,也不过就是骑着心中的那头野兽,去捉住一只路过的蜻蜓。(《这么多年》)

5. 任何人都是这样,处理别人的事情总是大刀阔斧一把抓住主要问题,轮到自己却沉浸在细枝末节不肯放手。(《暗恋·橘生淮南》)

◆ 段落

人的身体里住了很多小野兽,有野心,有虚荣心,有羞耻心,有进取心,有攀比心,有爱心,也有狠心和漠不关心。我记得在自己成长的每一个阶段,他们是怎样一个个觉醒,力量此消彼长,控制着我做出正确或错误的事情,喜欢上匪夷所思的男孩,讨厌起人畜无害的女孩。

我真正学会控制自己,而不是被这些小野兽所控制,花了漫长的时间。在苛责后原谅,在期望后释怀,最终生活得真正快乐而坚强。

这比什么都重要。(《最好的我们》)

蒋胜男：出圈背后，藏着六亿女性的痛

笑风生

蒋胜男凭借她的两会提案频频出圈，被网友称为"唯一的姐"。

她体恤打工人的艰难处境，连提案都一股"班味"：建议逐步开放公务员录用的"三十五岁"门槛，提倡全社会招工消除年龄限制，指出"996"是导致就业难的重大原因……

她关注到女性在某些方面的弱势，撰写《推进全国多部门联合打拐及后续救助系列工程的建议》，邀请人大代表联名。她建议取消离婚冷静期，认为当一段婚姻面临家暴、威胁、债务等问题时，这可能会加剧弱势一方的不利处境。

面对"珍贵的女性声音"的赞赏，单身的蒋胜男却说："珍贵是因为稀少，我最大的希望就是我尽快地变得不珍贵。"

"谢谢大家，我是随处可见的蒋胜男。"

这句话是她的脱口秀结尾，也是她一直以来写给世界的答复。

01 温州城

1973 年，温州老城区的一户蒋姓人家里，一个女婴呱呱坠地——她是这个家庭的第三个女儿。

蒋妈沉浸在迎接女儿的欣喜里，但身边的亲朋面露难色，言语里劝说她再拼一个男孩。蒋妈不服气，直接给三女儿起名"胜男"。这个极富性别意识的名字，既是一种肯定，也像一份祝福，在未来和蒋胜男的人格和写作合而为一。

蒋家是当时邻里间少有的双职工家庭，蒋爸是工人，蒋妈是中学老师。

从小到大，蒋胜男看到的都是"家事商量着来，家务都分摊"，蒋爸积极承担很多家务，比如家里的打扫和烧菜。母亲、姐姐和自己在微小家庭结构中的平等地位，潜移默化地塑造了蒋胜男的性别观念。

母亲是蒋胜男生命里接触的第一位女性，这位出生于20世纪30年代农村的女人，边放牛边借钱上学念完初中，成为城市里的老师。

她要强，勉励女儿和班里的贫困生好好努力，出人头地；她心软，会资助班上的贫困生念书，陪着调皮的学生做值日做板报。彼时的蒋胜男还没有在文字里徜徉自身对女性的无边想象，却已在日复一日的耳濡目染中确认了平凡日常中的女性力量。

在蒋妈的影响下，蒋胜男从小就表现得很独立。一年级时，她趁着课间休息15分钟，独自拿病历卡去医院打针。在一片哇哇大哭中，她"岿然不动"，被医生表扬时还不理解为何这么简单的事能获得这份"殊荣"。

这份独立和自由的志趣，也被蒋胜男带入阅读世界中。"她喜欢揣着两个馒头去图书馆看自己喜欢的历史和武侠小说，一泡就是一整天。"

"我好像是个天生喜欢历史的人。"蒋胜男读的第一本书是《东周列国》，关于春秋战国的历史。后来她迷上了断代史和细说，《宋宫演义》《十八朝演义》都成了心头好。

搜寻爱书的过程，最终却让蒋胜男感到了深深的失望。她发现大部分的书籍是没有连接性的，从一个宏大叙事到另一个，人们为什么产生了这些制度？为何做出这样的选择？没有，不重要。

她读到的书籍惯于描摹男性英雄的"高光时刻"，过程和真实的人性被隐于幕后，人最终被凝缩成失真的符号。作为一名爱好历史的女性，她发现自己对历史的看法和感受与主流的男性话语不太一样。

"我觉得历史更应该是代入式的，体验式的，只有把自己也投入那一段历史，像他们一样挣扎，无所适从，毫无经验地面对着发生的一切，体验他们的困顿和探索，你才能够明白，他们为什么做出这样的选择。"[①]

[①] 摘选自甄静慧：《〈芈月传〉作者蒋胜男：以女性视角去写历史》，中访网2015年12月29日。

现实生活也时常让蒋胜男无力。初中时，她曾跟一个学习刻苦的女同学探讨，对方说努力其实源于"不得已"，因为只有每年都考进前几名，家里才会继续供她读书。"如果学习不好，我初中毕业就会嫁人。"

走出家庭，蒋胜男才知道身边重男轻女的现象如此严重。原来，不是每个女孩都会被公平对待。

02 写作中

上大学后，蒋胜男听从家人建议，选择会计，因为中文系实在不好找工作。

尽管专业是跟数字打交道，但生活里她还是循着兴趣学诗词、写散文和小说，一开始是用手写，买了电脑之后开始写网文。

1999年，蒋胜男开始在"清韵书院"网站的武侠版发表自己的网文作品。

那个年代，写网文还是一个小众圈层的爱好，大部分作者不仅无名无利，还得倒贴买电脑的巨资和网费。蒋胜男坦言，自己为爱发电，是因为受到读者的鼓励支持。

"我真实地感受到那种来自读者的鼓励和共鸣。我的所思所想，我的欢乐痛苦，千里之外有人和我同喜同悲，这是莫大的幸福。"[1]

蒋胜男连载的第一部小说是《魔刀风云》，主角云无双是一个魔头的女儿，故事的灵感源于学生时代搜寻爱书过程的一个遗憾。在蒋胜男读过的情节里，魔头无一不是NPC（非玩家角色），给大侠们制造困难、构陷绝境，然后被打败，作为结局的高光时刻结束。

蒋胜男带着激情保持日更，与线上粉丝保持密切互动。久而久之，她身边的朋友也开始读这本小说。不知不觉间，在那个更新不稳定的网文初开的时代里，蒋胜男写完了二十多万字。

在此阶段，"战斗力"是蒋胜男笔下女性的"外壳"，她们的内在仍然渴望被保护、被读懂、被引领。写完武侠，蒋胜男将关注点转向同样热爱的历史，写下宋辽夏系列的第一部曲——《凤霸九天》。

---

[1] 摘选自《作家职业道德大家谈》，"文艺报1949"公众号2021年9月3日。

《凤霸九天》以女主角刘娥的一生经历为主线，叙事横跨北宋初年太宗、真宗、仁宗三朝。讲述宋朝从建国之初的纷争离乱，到内部的皇位之争与南北融合，再到建制定法，走向经济繁荣，百姓安乐的历程。

在决定动笔写长篇历史小说后，蒋胜男先定下书写的朝代——宋朝。这是她最喜欢的历史阶段，"夜市千灯照碧云，高楼红袖客纷纷"，瓦市的烟火气和对文人宽容的氛围让她魂牵梦萦。

随后，她才定下主角"刘娥"。她认为，主角是一部历史小说的叙述切入点，主角是观众于历史情节间穿梭的依仗和视角。

她知道自己更擅长写女性，"刘娥"又因"狸猫换太子"在读者间具有一定认知度，不会造成阅读时的全然陌生感。

2015年写完《芈月传》后，蒋胜男重新打磨、修改《凤霸九天》，并将其改名为《天圣令》。

"虽然是一样的故事，但是内核已经完全改变了"，蒋胜男一直更迭着对女性的观察和塑造。

03 大女主

2009年6月，一则来自关中腹地的新闻报道引起蒋胜男的注意，"……在出土的秦俑中发现了一个奇异的字，后来证实这个字实则为两个字，即'芈月'"。

她想起此前读过秦宣太后芈月的那些史料，童年读过的春秋战国像一弯凉月一样挂在心里。蒋胜男决心动笔，书写这个传奇女性——她那不止于"秦昭襄王母亲"标签的一生。

从楚国到秦国，从后宫到庙堂，蒋胜男笔下的芈月，虽然陷落在对女性极不平等的古代社会结构里，却一直在问："难道我不行吗？"

正如《芈月传》的序言所写："在那个女性地位低下的男权社会，她以一个弱女子的姿态，却站到了华夏之巅的位置。叱咤风云，呼风唤雨，让多少男儿自叹弗如。"

芈月一生中经历过三个男人：青涩美好的初恋黄歇，成熟智慧的引导者秦王，勇敢热烈的义渠王。如果把女性生命比作一条流动的河，这三种男人是不同阶段的河岸，成长始终是主线，爱情是主体性的延伸。

最终，芈月没有选择男人作为归处靠岸。她推进"大一统"坚持灭楚，挥别了政见不一的初恋；卧榻前含泪，送走了垂垂老矣的"人生导师"秦王；为稳固大秦稳定，目睹义渠王惨死。

从回归爱情的云无双，到走向独立的芈月，蒋胜男为女性人物写出了更开阔的结局。"如果找不到女性视角的历史小说，那就由自己写出来。"

电视剧《芈月传》无疑将蒋胜男真正推至大众视野，但片首"芈月传"下面那行熠熠生辉的金色小字，是蒋胜男靠着与剧方对簿公堂的两场官司争取来的。

蒋胜男在接受采访时说，如果没有官司，这行字"百分百不会有"，又称自己"作为一个作者，再不能退了，我已经到墙角了"。

蒋胜男告制片方侵犯她原著作者以及相关编剧的署名，制片方反告她违反合同抢先出版书籍。2019年4月，《芈月传》编剧署名纠纷案最终裁定，历时五年，蒋胜男历经一审败诉、二审上诉被驳回、再审请求被驳回。

但明眼人都能看出，蒋胜男在这一局"虽败犹胜"，就此跻身国内一线编剧，名利双收，也正印证了笔下芈月的经典台词："不争则亡。"

04 再突破

《燕云台》是蒋胜男第二部影视化的小说。

如果说芈月的舞台在"五步一楼，十步一阁"之间的后宫和朝堂，那这本小说主角萧燕燕的生命则绽放在广阔的草原，直接跳出亭台楼阁，让视野来到北方。

在《燕云台》中，蒋胜男依旧以女性作为叙事主体，以萧燕燕与韩德让、耶律贤的"三角恋情"作为副线，串联起澶渊之盟、燕云十六州之争等历史大事。

很多读者都觉得蒋胜男喜欢把爱情写得诗意浪漫、惊心动魄，但却不能相伴相守。

"我依然相信真挚的爱情是存在的，这样的爱情是理想、信念和情趣的相互投合，是灵魂伴侣。"①但被问及对爱情的定位时，蒋胜男称这是"生活的调味品"，她坦诚写女性比年轻时多了一些锋芒，这为笔下的角色注入了一种不止于"回归爱情"的野心。

长出锋芒的不只是书中的女人，也是蒋胜男自己。或许人如其名，蒋胜男本就自带棱角，但那曾是一种模糊的意识。多年阅读史籍、写作改编、历经人事，蒋胜男已学会如何让利刃出鞘。

电视剧《燕云台》也是大制作，由知名演员唐嫣领衔主演，却在开播后被广泛质疑。首当其冲的是背景设定，在大部分观众的历史视野中，契丹是"敌人"，花如此大篇幅歌颂敌人的故事，怎么看也不是滋味。

蒋胜男没躲着，在网络上直接怼网友"这么多年的清宫戏怎么没见你们哭坟头"，并拉出自己的写作历程，"不止是写了关于辽国的故事《燕云台》，还写了关于北宋的故事《凤霸九天》和关于西夏的故事《铁血胭脂》⋯⋯所以那些连辽金元都分不清的假宋粉到底在唧唧歪歪个毛线？"

另一种质疑声则是关于角色的设定。萧燕燕其实是很老套的"大女主"，出场是活泼灵动的少女，所有男人都爱她，就连结局也是"帝王孤独，我所爱者，都一一离我而去"，跟那些年的芈月、武媚娘、周莹的底层逻辑别无二致。

书写女性的勇敢、野心、多情、对权力的争夺，显然助推了女性形象的更迭，作家用文字拓宽了女性自我赋义的自由度。但发展到今天，我们又要问，是不是要优秀独立如"大女主"，才有资格和机会追求种种美好？

光环映照不到的暗面，往往才是大部分普通女性真实、平凡的一生。

蒋胜男的小说没给出答案，但前不久她的人大代表议案里，却多出了普通女性的身影。

05 新身份

这几年，让作家蒋胜男出圈的另一个身份是人大代表。

2018年当选人大代表之后，蒋胜男意外又振奋，开始兢兢业业地工作。遇

---

① 摘选自虞婧：《新作谈｜蒋胜男〈天圣令〉：另一个穿龙袍的女人》，"中国作家网"公众号2022年1月7日。

到人她会说:"我是人大代表,你们有什么建议可以给我。"

她还在微博公布了自己的邮箱,每次两会前都会整理网友们的建议邮件。当选5年,她称之为"自我脱胎换骨的五年"。

"紫丝带妈妈"群体找到了她,诉说她们的配偶不服从法律判罚,抢夺和藏匿孩子,母亲求助无门等事。这样的故事唤醒了她作为作家的敏感,也让她再一次意识到女性主体在结构中的弱势。

蒋胜男不再是苦苦搜寻最爱的历史小说而不得的小孩,也不再是面对重男轻女处境时沉默无声的初中生。

她是作家、创作者、人大代表,敏感也保有锋芒。

"作为一个女性,为她们发声就是我的责任。"

5年来,蒋胜男提出了包括"建议明确离婚抢夺子女行为司法解释""警惕延长女性产假可能带来的就业歧视""建议民法典草案删除离婚冷静期"等提案。贴近实际、切中痛点,这既是作家的敏感,也是对女性的关怀。

她依然单身,甚至面对李诞"结了婚就能够写《甄嬛传》"的调侃,回击道:"结了婚哪有什么《甄嬛传》《芈月传》,不就只剩下围着家务团团转。"

但"未经他人苦",毫不影响蒋胜男将目光投向女性职场和婚姻,旁观者清一般地剖析困境和弊病,像芈月一样叩问"为什么",像萧燕燕一般求变革。

蒋胜男的一系列提案,引发网友直呼:"这样的人大代表请给我来一打!""她好像个战神!简直要疯狂种草!"

与笔下的传奇女性不同的是,人大代表蒋胜男很清醒,"我只是一个普通女性的声音"。因为深入生活、低到尘埃里,才能看到"大女主"弧光背后,那些普通、普遍又平凡的挣扎。

在埋头历史小说的童年,蒋胜男曾在心里暗暗问道:"家国天下,女人的位置在哪里?"

如今的蒋胜男,正在执笔写答案。

作家精彩名句与段落摘录

◎ 名句

1. 我虽出生王族,却一直被人踩在脚下,一无所有,我不墨守成规,也不怀挟偏见,我既能一掷决生死,又能一笑泯恩仇。(《芈月传》)

2. 许多人以为躲在阴影里就安全,却不知道鬼魅最喜欢的反而是阴暗处杀人,了无血痕。(《芈月传》)

3. 阳光如同绵软的丝绸,从蔚蓝的天空里一泻千丈。(《芈月传》)

◆ 段落

1. 芈月在秦王驷的灵位前,终于理解了当初秦王驷站在商鞅墓前的心情。他们活着的时候,给予对方致命的伤害,但也锤炼了他们的帝王之心。芈月执政秦国越久,就越会理解秦王驷的内心。(《芈月传》)

2. 我要斗的从来不是你们,我不屑斗,也不会斗。我一直想离开,小时候想逃离楚宫,长大了想逃离秦宫。最终我回来了,因为我领悟到,真正的自由不是逃离,而是战胜,是让自己变得强大,大到撑破这院墙,大到我的手可以伸到楚国,我的脚可以踩住秦国。那时候,才是真正的自由。夫唯不争,故天下莫能与之争。我不与你们争,我要与天下的英雄争,与这个世道争,与这个天地规矩争。(《芈月传》)